제2판

2022 개정 특수교육 교육과정 기반

특수교육 교육과정 재구성

김영미, 김혜리, 한경화, 김정미, 김동인

교육과학사

우리나라 교육과정은 1940년대 교수요목기를 시작으로 2007년 제7차 교육과정까지의 주기적 개정 체제를 거쳐 현재 수시 개정 체제에 이르기까지 급속하게 변화해오고 있다. 이러한 변화 가운데 특수교육 교육과정은 1967년 맹학교와 농학교 교육과정이 제정·공포되면서 최초로 편성·운영되었다. 하지만 농·맹을 제외한 다른 장애유형의 학생들은 여전히 일반 교육과정 아래 교육을 받았으며, 1974년에 이르러서야 지적장애학생을 위한 교육과정이 제정·공포되었다. 이후 특수교육 교육과정은 장애 영역별, 학교급별 목표 제시 및 지체장애학생을 위한 교육과정 제정(1983년), 지적장애·정서행동장애학교와 시각장애·청각장애·지체장애학교별 교육목표 제시(1998년), 제7차 특수교육 교육과정부터 2008 개정 특수교육 교육과정의 기본 교육과정 3단계 체제, 2010년 개정 특수교육 교육과정부터 현재까지의 학년군별 교육과정 체제 등으로 변화되었다.

이처럼 특수교육 교육과정은 특수교육이 발전함에 따라 학생의 장애유형별·정도별 특성에 맞는 교육을 제공하고자 수시 개정되고 있다. 하지만 장애학생들은 장애유형도 다양하고, 장애영역에 따른 장애의 정도 및 특성도 매우 다양하여 국가수준의 교육과정을 그대로 적용하기 어려운 것이 사실이다. 특히 현행 교육과정은 장애의 중도·중복화와 교육과정 대강화 반영으로 인해 교사에게 교육과정 편성·운영의 재량권이 많이 부여되어 있고, 중학교 자유학기제, 고등학교 고교학점제 전면 시행 등 현장의 요구는 교육과정 재구성과 책임 지도의 부담을 특수교사에게 가중시키고 있는 실정이다.

이 책은 이러한 고충을 겪고 있을 특수교사 및 예비 특수교사들에게 이론적 지식과 실천적 자료를 제공하기 위한 목적으로 집필된 특수교육 교육과정 재구성에 관한 최초의 책이라 할 수 있다. 이 책은 총 3부로 구성되어 있다. 제1부에서는 2022 개정 특수교육 교육과정 총론과 각론을 간략하게 정리하면서 교육과정 재구성의 이론과 전략에 대해 설명하였다. 그리고 제2부와 제3부에서는 특수교육 교육과정 재구성의 방법과 절차를 사례와 함께 소개하여 독자의 이해를 돕고자 하였다. 이 책의 집필자들은 대학에서 교육과정 강의를 담당하고 있는 현직 교수들과 현장에서 오랜 시간 교육과정 재구성 연구를 지속해 온 특수교사들이다. 따라서 특수교육을 전공하는 학생들은 무거운 주제로만 느껴졌을 교육과정을 생동감 있고 재미있게 학습하여 현장실무역량을 강화할 수 있고, 특수교사들은 답답하고 힘들기만 했던 교육과정 재구성의 방법과 절차 등을 속 시원하게 안내받을 수 있을 것이다.

끝으로 이 책의 집필에 도움을 주신 교육과학사 한정주 사장님, 서보운 과장님, 이정호 실장님께 감사의 인사를 전한다.

저자 일동

제 2 부 특수교육 교육과정 재구성 수업을 만나다!

제1부

응답하라!
특수교육 교육과정 재구성

제1장 특수교육 교육과정 총론

교육과정을 개발 수준별로 살펴보면 국가 수준 교육과정, 지역 수준 교육과정, 학교 수준 교육과정으로 구분할 수 있는데, 우리나라는 국가가 교육과정의 목표와 내용을 결정하여 고시하는 국가 수준 교육과정 제도를 채택하고 있다. 국가 수준 교육과정은 의도적이고 계획적인 학교 교육을 위한 기본 설계도이며 국민으로서의 권리와 의무를 이행하는 데 필요한 공통적이고 일반적인 기준이다. 영국의 경우, 주요 과목은 국가 수준 교육과정을 채택하고 그 이외의 과목은 지역 수준에서 개발하고 있으며, 국토가 넓은 미국은 주마다 교육과정을 달리해 지역수준 교육과정을 채택하고 있다. 반면 일본은 국가 수준 교육과정 지침에 따라 교육과정을 운영하고 있는 우리나라의 체제와 가장 유사하다. 이 장에서는 특수교육 교육과정 변천 과정에 대하여 제7차 특수학교 교육과정에서 2015 개정 특수교육 교육과정까지를 중심으로 간략하게 살펴보고, 특수교육 교육과정의 법적 근거를 비롯하여 2022 개정 특수교육 교육과정 총론의 주요 내용에 대하여 구체적으로 다루어보기로 한다.

1. 특수교육 교육과정의 변천 과정 및 법적 근거

1) 변천 과정

1998년 6월 30일 고시된 **제7차 특수학교 교육과정**은 그전까지 각각의 장애 영역별로 교육과정을 제정・개정・공포하던 것에서 특수학교 교육과정이라는 통합된 제목으로 교육과정을 개정한 것이 특징이다. 교육과정 편제는 유치부 교육과정, 기본 교육과정, 국민공통 기본 교육과정, 치료교육활동 교육과정, 고등부 선택 중심 교육과정으로 구성되었다. 시각장애·청각장애·지체부자유학교는 국민공통 기본 교육과정이, 정신지체와 정서장애학교는 기본 교육과정이 적용되었다. 7차 교육과정까지는 특정 기준 없이 5년 주기로 교육과정을 전면 개정하였으나 이는 개정을 위한 개정이라는 비판의 목소리가 높았다. 따라서 2008년도 교육과정은 8차 교육과정이라는 용어 대신에 2008 개정 교육과정이라는 용어를 사용하게 되었고, 향후 교육과정은 전면 개정이 아닌 부분 개정으로 진행된다(전병운, 유재연, 2009).

2000년부터 연차적으로 시행된 제7차 특수학교 교육과정은 공급자 중심 교육과정에서 수요자 중심 교육과정으로의 전환을 특징으로 내세우면서 교육과정을 전면 개정하게 되었고, 정신연령이 6세 이하인 발달지체아동을 대상으로 한 기본 교육과정을 처음으로 교육과정 편제에 도입하였다. 그러나 제7차 특수학교 교육과정은 현실적인 어려움 등으로 인하여 적용상 많은 문제점이 발생하였고, 기본 교육과정 적용 대상에 대한 논쟁과 더불어 통합교육을 위한 일반 교육과정과의 연계성 문제, 치료교육활동의 정체성과 운영 문제, 교육과정 편성·운영에 대한 단위학교의 자율성 문제 등이 주요 과제로서 등장하였다(권택환 외, 2010).

이러한 과제를 개선하기 위한 **2008 개정 특수학교 교육과정**의 중점내용은 다음과 같다. 첫째, 기본 교육과정의 정체성 확립을 위해 제7차 특수학교 교육과정에서 국민공통 기본 교육과정과 달리 설정되었던 교육목표를 학교급별에 따라 동일하게 설정하여 교육의 보편성을 우선시하고, 필요에 따라 목표 달성의 수단이 되는 교육 내용(교과 목표와 내용)을 편제를 달리하여 선택할 수 있도록 하여 교육의 특수성도 보장될 수 있게 하였다.

둘째, 기본 교육과정의 편제나 편성·운영 지침 및 교과, 재량활동, 특별활동 교육과정은 실생활 기능성 강화에 중점을 두고 개정하였다.

셋째, 국가 수준 교육과정의 대강화, 학습자 중심 교육과정, 만들어 가는 교육과정, 수준별 교육과정 등의 방향성은 가급적 유지하되, 지역 및 단위학교 수준의 교육과정 결정 권한을 대폭 확대하고 이러한 맥락에서 개별화교육계획 수립·운영, 특수학급 및 통합학급 교육과정 편성·운영, 장애 영유아 교육과정 편성·운영에 대해서는 별도의 자료를 개발하여 보급하도록 하였다. 그리고 기본 교육과정의 정체성 확립을 위해 보완형 성격보다는 대안적 성격의 기능이 보다 강화되도록 변경하였다.

넷째, 주 5일 수업제 시행 및 종전의 치료교육활동이 편제에서 삭제되는 점을 감안하여 전체 교육과정 활동 및 교과별 학습량을 적정화하였고, 그에 따라 교과 및 재량활동, 특별활동의 연간 수업시수도 합리적으로 조정하였다.

다섯째, 통합교육의 확대와 국민공통 기본 교육과정으로의 연계성 강화를 위해 기본 교육과정의 교과 목표 및 내용을 국민공통 기본 교육과정의 그것과 최대한 연계성을 가지도록 하였다. 이를 위해 '우리들은 1학년' 교과를 신설하였고 '예능'을 음악과 미술로 분과하였으며 '건강'을 체육으로 교과명을 변경함과 동시에 실과를 신설하였다.

여섯째, 특수교육 대상 학생의 장애 유형, 교육 배치, 정신연령에 관계없이 국민공통 기본 교육과정의 적용이 어려운 1학년부터 12학년까지를 기본 교육과정의 적용대상으로 명시하고, 기본 교육과정 적용대상자, 교육 여건, 실생활에서의 유용성 등을 고려하여 교육과정 적합성이 극대화되도록 교과 내용의 수준과 양을 재조정하였다.

일곱째, 특수교육의 질 관리와 책무성 보장을 위하여 교과별 목표 및 단계별 영역 목표 등을 행동목표로 진술하였고, 교수・학습 방법 및 평가에 관한 사항은 해당 교과의 특성이 충실히 반영될 수 있도록 구체적으로 제시하였다.

한편, **2010 개정 특수교육 교육과정**은 2009 개정 일반학교 교육과정과 연관・조정방식으로 수시・부분 개정체제에 의해 개정되었기 때문에 교육과정 체제의 변화 이외에는 교과 교육과정을 비롯한 대부분의 내용이 기존의 교육과정 범주를 그대로 유지하고 있다. 이의 주요 개정 내용을 살펴보면, 교육과정 명칭을 '특수학교 교육과정'에서 '특수교육 교육과정'으로 개정하였고, 교육과정의 성격에 특수교육대상자의 전반적인 기능 향상을 지원하기 위한 교육과정이라는 사항을 명시하고 있으며, 교육과정의 구조에 있어서 기본 교육과정은 초등학교 1학년부터 고등학교 3학년까지의 교과(군)와 창의적 체험활동으로, 그리고 공통 교육과정은 초등학교 1학년부터 중학교 3학년까지의 교과(군)와 창의적 체험활동으로 구성하였다(권요한 외, 2012).

다음으로 **2011 개정 특수교육 교육과정**은 총론의 내용만 개정되었던 2010 특수교육 교육과정의 성격 및 개정 방향을 유지하면서 특수교육대상자의 교육역량을 강화하는 데 초점을 맞추어 교과 교육과정 중심으로 개정되었는데, 그 주요 내용은 다음과 같다. 첫째, 일반 교육과정에의 접근성 강화를 위하여 기본 교육과정 학년(군)별 교육내용에 일반 교육과정의 내용을 반영하고, 일반 교육과정과 동일하게 초등학교 1-2학년, 3-4학년, 5-6학년 및 중학교 1-3학년, 고등학교 1-3학년의 5개 학년군별로 교과 교육과정을 개발하였다. 둘째, 기본 교육과정 운영에 있어서 학생 개개인에 따른 교육적 요구를 반영하기 위하여 다양한 선택교과를 신설하였다. 즉, 중학교에서는 재활, 여가활용, 정보통신활용, 생활영어의 4개 교과가, 고등학교에서는 재활, 여가활용, 정보통신활용, 생활영어, 생활경제, 보건, 재활과 복지 등이 편제되었는데, 이 중 재활과 복지를 제외한 6개 교과는 모두 신설 교과이다. 셋째, 학교 교육과정의 자율화를 위하여 학교의 필요에 따라 교과(군)별 수업시수를 20% 범위 내에서 증감 운영할 수 있도록 하였고, 기본 교육과정에서는 교과(군)별 수업시수의 20% 이내에서 감축하여 선택교과를 편성·운영할 수 있도록 규정하였다.

또한, **2012 개정 특수교육 교육과정** 총론의 주요 내용을 이유훈, 김형일, 정동영, 정희섭(2016)는 다음과 같이 정리하고 있다. 첫째, 일반 유치원 교육과정(3~5세 연령별 누리과정)의 내용을 반영하여 관련 지침을 대폭 추가하였다. 둘째, 기본 교육과정과 공통 교육과정 및 선택 교육과정의 교육목표 개선사항을 인성 교육에 두고 학교급별 교육목표에 인성 교육 요소를 체계적으로 반영하였다. 셋째, 집중 이수제를 개선하여 중·고등학교 체육·예술(음악/미술) 교과는 학기당 8과목 이내 편성에서 제외하도록 하였다. 넷째, 중학교 '학교스포츠클럽' 활동을 교육과정에 반영하여 창의적 체험활동으로 연간 34~68시간(총 136시간) 편성 운영할 수 있게 하였는데, 시수 확보는 교과(군)별 시수의 20% 범위 내에서 감축하거나 창의적 체험활동 시수를 순증하여 확보할 수 있도록 하였다. 다섯째, 장애유형 및 정도에 따른 교육과정 지원을 강화하기 위하여 '교육과정 편성과 운영의 공통사항'에 중도중복장애 학생을 위한 교육과정 운영지침을 신설하여, 중도중복장애 학생이 포함된 학급을 운영하는 특수학교의 경우, 해당 학급의 교육과정(단, 기본 교육과정을 운영하는 경우에만 해당)을 교과(군)별 50% 범위 내에서 시수를 감축하여 교과의 내용을 대신한 관련 생활기능 영역으로 창의적 체험활동 속에서 편성·운영할 수 있도록 명시하고 있다. 여섯째, 기본 교육과정 선택교과에 204시간을 배당하였다. 일곱째, 기본 교육과정 고등학교 진로 및 직업교육을 강화하기 위하여 사회, 체육, 예술, 진로와 직업 등의 교과를 중심으로 중점학교를 운영하는 경우 교과(군)별 50% 범위 내에서 시수를 감축하여 해당 교과로 편성·운영할 수 있도록 하였다. 여덟째, 선택 교육과정 전문 교과를 개편하여 직종 중심의 직업교과 편제 방향을 다원화하여 직업적응 및 기초직무 능력 배양, 시대 사회적 변화 반영 및 요구에 따른 직종 추가, 현장실습 확대 및 강화를 모두 포함할 수 있는 내용으로 재구조화하였다.

마지막으로 **2015 개정 특수교육 교육과정** 총론의 주요 개정 사항을 이하에서 요약 정리하였다. 첫째, 문서 체제 및 교육과정 구성의 방향을 개선하였다. 다시 말해, 초·중등학교 교육과정과의 연계를 위해 학교급별로 교육과정을 구성하고, 이의 적용이 어려운 학생들을 위한 교육과정인 기본 교육과정을 제시하였으며, 총론의 문서 체제를 체계화·유목화(이동 등)하여 문서의 가독성을 높였다. 또한 '교육과정 구성의 중점'에서 특수교육의 목적을 달성하기 위한 교육과정의 중점을 설정하고, 특수교육 대상 학생의 개별 특성을 고려한 교육을 강조하여 개별 학생의 역량을 강화하기 위해 노력하였다.

둘째, 유치원 교육과정(누리과정) 목적을 장애 유아 특성에 맞게 조정하여 제시하였는데, 즉 누리과정은 만 3~5세 특수교육 대상 유아의 심신의 건강과 조화로운 발달을 도와 개인의 일상생활 자립과 행복을 추구하는 것을 목적으로 한다고 명시하였다. 또한, 유치원 교육과정 개정(교육부 고시 제2015-61호, '15.2.24.)에 따른 1일 편성 시간을 현행 3~5시간에서 4~5시간으로 수정하고 순회교육 관련 지침을 신설하였으며, 개별화 교육계획, 특수교육 관련 서비스, 교수 방법 관련 사항을 명료화하였다. 아울러 '평가' 관련 사항을 제시하고 일반 유치원 교육과정에 있는 '유아 평가', '누리과정 운영 평가' 관련 내용을 상세하게 제시하였다.

셋째, 초·중등학교 교육과정 편성·운영에서 교육과정 편성·운영의 공통 기준을 유목화하고, 교육과정 유형을 학교급별 또는 대상 학생에 따라 선택할 수 있도록 제시하였다. 그리고 교육과정 편성·운영의 기본 사항을 통하여 현행과 같이 하나의 학교에서 공통 교육과정 및 선택 중심 교육과정과 기본 교육과정을 병행하여 편성·운영이 가능하도록 관련 지침을 제시하였고, 일반학교 배치 학생들에 대한 교육과정 편성·운영 사항을 구체화하였으며 '중도중복장애 학생 교육과정' 운영과 관련한 학교 교육과정 편성・운영의 실효성을 높이기 위해 단서 조항을 삭제하였다. 또한, 모든 특수학교에서 관련 지침을 활용하도록 개선하고(단, 기본 교육과정을 운영하는 경우에만 해당), 순회교육을 위한 교육과정 편성・운영에 관한 사항을 제시하였으며 특수교육 관련 서비스 운영에 대한 사항을 명료화하였다.

넷째, 공통 교육과정 및 선택 중심 교육과정 편성・운영에 있어서 창의적 체험활동을 통하여 장애 특성이나 요구에 따른 활동을 할 수 있도록 관련 지침을 신설(초・중・고)하고, 특수교육 공통 교육과정(국어, 체육, 영어) 편성・운영의 근거를 제시(초・중)하였으며, 특수교육 전문 교과(직업, 이료)를 전문 교과Ⅲ으로 편제하였다. 또한, 고등학교 보통 교과인 '재활과 복지'를 폐지하고('재활과 복지' 관련 내용은 '전문 교과Ⅲ'의 직업 준비, 안정된 직업생활 등으로 이동), 전문 교과Ⅲ(직업, 이료) 운영 관련 현행 지침을 수정하였으며, 특수교육 전문 교과(직업, 이료)를 중심으로 운영하는 학교의 '직업교육 운영 시수 확보를 위한 보완 지침' 신설을 통해 특성화된 직업교육을 지원하도록 하였다.

다섯째, 기본 교육과정 편성・운영에서 초등학교 1~2학년 통합교과 신설에 따른 편제와 시간을 배당하고 〈바른 생활(128), 슬기로운 생활(192), 즐거운 생활(384)〉, 초등 1~2학년의 수업시수를 주당 1시간 늘리되, 창의적 체험활동 시간을 활용해 체험 중심의 '안전한 생활'을 편성・운영하도록 함으로써 안전교육을 보다 강화하였으며, 기본 교육과정을 활용하는 장애학생의 특성 및 요구를 고려하여 수준별 교육과정으로 활용할 수 있도록 관련 지침을 신설(초・중・고)하였다. 아울러 장애 특성 및 요구에 따라 창의적 체험활동을 운영할 수 있도록 관련 지침을 신설(초・중・고)하였고, 자유학기제 운영과 관련하여 일반 중학교 자유학기제와 적용 내용을 동일하게 하되 지적장애 학생의 특성을 고려하여 운영될 수 있도록 일부 내용을 조정하였으며, 중학교 선택교과에 '보건' 과목을 신설(안전 단원 신설하여 안전교육 강화)하고 고등학교 선택교과 '생활경제'를 폐지하였다. 또한, 고등학교 '교육과정 편성・운영 기준'에서 '진로・직업' 교과 관련 지침을 제시하여 기본 교육과정 적용 학교의 직업 교육과정 운영에 있어서 다양한 교과목 선택 기회를 제공하였고, 고등학교 중점학교 관련 지침의 현행 유지, 현장 실습 관련 지침 신설 등으로 지적장애 학생 직업교육의 강화를 도모하였다.

여섯째, 학교 교육과정 편성·운영 및 지원에서 장애 특성과 정도를 고려한 교수·학습 및 평가 관련 지침을 신설하여 학교는 학생의 장애 특성 및 정도를 고려한 교육내용 재구성, 적절한 교수·학습 방법을 마련해야 하고, 필요한 경우 긍정적 행동 지원, 보조공학 기기 및 의사소통 지원 방안을 마련하는 것은 물론, 학생의 장애 특성 및 정도에 따른 평가 조정 방안을 마련하여 학생 평가를 실시하도록 명시하였다. 또한, 학교 교육과정 지원에서 국가 및 시·도교육청의 특수교육 대상 학생에 대한 평가, 행·재정적 지원, 연수, 진로·직업교육, 순회교육 등에 대한 지원 및 예산 편성의 근거를 마련하기 위하여 특수교육 대상 학생의 평가 조정 방안을 마련하여 장애 유형 및 정도에 적합한 평가 실시(국가 수준의 지원), 통합교육을 하는 학교에 대한 행·재정적 지원 및 진로·직업교육 참여 방안 마련, 순회교육 대상 학생의 교육과정 운영 및 질 관리를 위해 필요한 행·재정적 지원 강화(교육청 수준의 지원)의 내용을 제시하였다.

일곱째, 기타 사항으로서 특수교육 대상 학생에 대한 통합교육의 실효성을 제고하기 위하여 개정 초·중등학교 교육과정 총론에 특수교육 대상 학생에 대한 지원 지침을 신설하였고, 통합교육이 이루어지는 학교의 경우 학교 교육과정위원회에 특수교사가 참여할 것을 권장하였으며, 특수교육 대상 학생을 위해 특수학급을 설치·운영하는 경우, 학생의 장애 특성 및 정도를 고려하여 초·중등학교 교육과정을 조정하여 운영하거나 특수교육 교육과정 및 교수·학습 자료를 활용할 수 있도록 하였다. 또한 특수교육 대상 학생의 교육과정 편성·운영을 위해 관련 교과용 도서와 교수·학습 자료 개발, 평가 등에 필요한 제반 사항을 국가 수준에서 지원할 수 있도록 명시하였다.

2) 법적 근거

특수교육 교육과정 편성·운영의 근간이 되는 관련 법률들을 이하에서 제시하였다.

(1) 유아교육법 제13조

제13조(교육과정 등) ① 유치원은 교육과정을 운영하여야 하며, 교육과정 운영 이후에는 방과후 과정을 운영할 수 있다. 〈개정 2012. 3. 21.〉
② 국가교육위원회는 제1항에 따른 교육과정의 기준과 내용에 관한 기본적인 사항을 정하며, 교육감은 국가교육위원회가 정한 교육과정의 범위에서 지역 실정에 적합한 기준과 내용을 정할 수 있다. 〈신설 2021. 7. 20.〉
③ 교육부장관은 제1항에 따른 방과후 과정의 기준과 내용에 관한 기본적인 사항을 정하며, 교육감은 교육부장관이 정한 방과후 과정의 범위에서 지역 실정에 적합한 기준과 내용을 정할 수 있다. 〈개정 2008. 2. 29., 2010. 3. 24., 2012. 3. 21., 2013. 3. 23., 2021. 7. 20.〉
④ 교육부장관은 유치원의 교육과정 및 방과후 과정 운영을 위한 프로그램 및 교재를 개발하여 보급할 수 있다. 〈개정 2008. 2. 29., 2012. 3. 21., 2013. 3. 23., 2021. 7. 20.〉

(2) 초·중등교육법 제23조 및 제48조

제23조(교육과정 등) ① 학교는 교육과정을 운영하여야 한다.
② 국가교육위원회는 제1항에 따른 교육과정의 기준과 내용에 관한 기본적인 사항을 정하며, 교육감은 국가교육위원회가 정한 교육과정의 범위에서 지역의 실정에 맞는 기준과 내용을 정할 수 있다. 〈개정 2013. 3. 23., 2021. 7. 20.〉
③ 교육부장관은 제1항의 교육과정이 안정적으로 운영될 수 있도록 대통령령으로 정하는 바에 따라 후속지원 계획을 수립·시행한다. 〈신설 2021. 7. 20.〉
④ 학교의 교과(敎科)는 대통령령으로 정한다. 〈개정 2021. 7. 20.〉
[전문개정 2012. 3. 21.]

제48조(학과 및 학점제 등) ① 고등학교에 학과를 둘 수 있다.
② 고등학교의 교과 및 교육과정은 학생이 개인적 필요·적성 및 능력에 따라 진로를 선택할 수 있도록 정하여져야 한다.
③ 고등학교(제55조에 따라 고등학교에 준하는 교육을 실시하는 특수학교를 포함한다)의 교육과정 이수를 위하여 학점제(이하 "고교학점제"라 한다)를 운영할 수 있다. 〈신설 2021. 9. 24.〉
④ 고교학점제를 운영하는 학교의 학생은 취득 학점 수 등이 일정 기준에 도달하면 고등학교를 졸업한다. 〈신설 2021. 9. 24.〉
⑤ 고교학점제의 운영 및 졸업 등에 필요한 사항은 대통령령으로 정한다. 〈신설 2021. 9. 24.〉
[전문개정 2012. 3. 21.][제목개정 2021. 9. 24.]

(3) 장애인 등에 대한 특수교육법 제20조

제20조(교육과정의 운영 등) ① 특수교육기관의 유치원・초등학교・중학교・고등학교과정의 교육과정은 장애의 유형 및 정도를 고려하여 국가교육위원회가 정하고, 영아교육과정과 전공과의 교육과정은 교육감의 승인을 받아 학교장이 정한다. 〈개정 2008. 2. 29., 2013. 3. 23., 2019. 12. 10., 2021. 7. 20.〉
② 특수교육기관의 장 및 특수교육대상자가 배치된 일반학교의 장은 제1항에 따른 교육과정의 범위 안에서 특수교육대상자 개인의 장애유형과 정도, 연령, 현재 및 미래의 교육요구 등을 고려하여 교육과정의 내용을 조정하여 운영할 수 있다. 〈개정 2019. 12. 10.〉
③ 특수학교의 장은 교육감의 승인을 받아 유치원・초등학교・중학교・고등학교과정을 통합하여 운영할 수 있다.

(4) 국가교육위원회 설치 및 운영에 관한 법률 제12조 및 부칙 제4조

제12조(국가교육과정 기준 및 내용의 고시 등) ① 위원회는 국가교육과정(「유아교육법」 제2조제2호에 따른 유치원 및 「초・중등교육법」 제2조에 따른 학교에서 운영하는 교육과정을 말한다. 이하 같다)의 기준과 내용에 관한 기본적인 사항을 정하여 고시하여야 한다.
② 위원회는 제1항에 따라 고시한 국가교육과정에 대하여 조사・분석 및 점검을 할 수 있고, 그 결과를 국가교육과정에 반영하도록 노력하여야 한다.
③ 그 밖에 국가교육과정의 기준과 내용에 관한 기본적인 사항을 정하는 데 필요한 사항은 대통령령으로 정한다.

부칙

제4조(국가교육과정의 기준과 내용 수립 등에 관한 특례) 제12조제1항에도 불구하고 이 법 시행 당시 「초・중등교육법」 제23조제2항에 따라 교육부장관이 개정 중인 국가교육과정에 한하여는 위원회의 심의・의결을 거쳐 교육부장관이 2022년 12월 31일까지 고시한다.

2. 2022 개정 특수교육 교육과정 총론의 주요 내용

2022 개정 특수교육 교육과정 구성의 중점은 다음과 같다. 첫째, 디지털 전환, 기후・생태환경 변화 등에 따른 미래 사회의 불확실성에 능동적으로 대응할 수 있는 능력과 자신의 삶과 학습을 스스로 이끌어가는 주도성을 함양한다. 둘째, 학생 개개인의 인격적 성장을 지원하고, 사회 구성원 모두의 행복을 위해 서로 존중하고 배려

하며 협력하는 공동체 의식을 함양한다. 셋째, 모든 학생이 학습의 기초인 언어・수리・디지털 기초소양을 갖출 수 있도록 하여 학교 교육과 평생 학습에서 학습을 지속할 수 있게 한다. 넷째, 학생들이 자신의 진로와 학습을 주도적으로 설계하고, 적절한 시기에 학습할 수 있도록 학습자 맞춤형 교육과정 체제를 구축한다. 다섯째, 교과 교육에서 깊이 있는 학습을 통해 역량을 함양할 수 있도록 교과 간 연계와 통합, 학생의 삶과 연계된 학습, 학습에 대한 성찰 등을 강화한다. 여섯째, 다양한 학생 참여형 수업을 활성화하고, 문제 해결 및 사고의 과정을 중시하는 평가를 통해 학습의 질을 개선한다. 일곱째, 교육과정 자율화・분권화를 기반으로 학교, 교사, 학부모, 시・도 교육청, 교육부 등 교육 주체들 간의 협조 체제를 구축하여 학습자의 특성과 학교 여건에 적합한 학습이 이루어질 수 있도록 한다.

이 교육과정이 추구하는 인간상은 전인적 성장을 바탕으로 자아정체성을 확립하고 자신의 진로와 삶을 스스로 개척하는 자기 주도적인 사람, 폭넓은 기초 능력을 바탕으로 진취적 발상과 도전을 통해 새로운 가치를 창출하는 창의적인 사람, 문화적 소양과 다원적 가치에 대한 이해를 바탕으로 인류 문화를 향유하고 발전시키는 교양 있는 사람, 공동체 의식을 바탕으로 다양성을 이해하고 서로 존중하며 세계와 소통하는 민주시민으로서 배려와 나눔, 협력을 실천하는 더불어 사는 사람이다.

그리고 교육과정이 추구하는 인간상을 구현하기 위한 핵심역량은 자아정체성과 자신감을 가지고 자신의 삶과 진로를 스스로 설계하며 이에 필요한 기초 능력과 자질을 갖추어 자기 주도적으로 살아갈 수 있는 **자기관리 역량**, 문제를 합리적으로 해결하기 위하여 다양한 영역의 지식과 정보를 깊이 있게 이해하고 비판적으로 탐구하며 활용할 수 있는 **지식정보처리 역량**, 폭넓은 기초 지식을 바탕으로 다양한 전문 분야의 지식, 기술, 경험을 융합적으로 활용하여 새로운 것을 창출하는 **창의적 사고 역량**, 인간에 대한 공감적 이해와 문화적 감수성을 바탕으로 삶의 의미와 가치를 성찰하고 향유하는 **심미적 감성 역량**, 다른 사람의 관점을 존중하고 경청하는 가운데 자신의 생각과 감정을 효과적으로 표현하며 상호협력적인 관계에서 공동의 목적을 구현하는 **협력적 소통 역량**, 지역・국가・세계 공동체의 구성원에게 요구되는 개방적・포용적 가치와 태도로 지속 가능한 인류 공동체 발전에 적극적이고 책임감 있게 참여하는 **공동체 역량**의 총 6가지이다.

또한 학교 교육과정 설계와 운영의 주요 사항은 다음과 같다. 첫째, 교육과정의 합리적 설계와 효율적 운영을 위해 교원, 교육 전문가, 학부모 등이 참여하는 학교 교육과정위원회를 구성·운영하며, 이 위원회는 학교장의 교육과정 운영 및 의사결정에 관한 자문 역할을 담당한다. 단, 특성화 고등학교와 산업수요 맞춤형 고등학교의 경우에는 산업계 전문가가 참여할 수 있고, 통합교육이 이루어지는 학교의 경우에는 특수교사가 참여할 것을 권장한다. 둘째, 학교는 교과목의 성격과 학습자 특성을 고려하여 적합한 평가 방법을 활용하는데, 그 예시로서 수행평가를 내실화하고 서술형과 논술형 평가의 비중을 확대하는 것, 창의적 체험활동은 내용과 특성을 고려하여 평가의 주안점을 학교에서 결정하여 평가하는 것 등이 있다. 셋째, 모든 학생을 위한 교육 기회 제공의 측면에서 학습 부진 학생, 특정 분야에서 탁월한 재능을 보이는 학생, 특수교육 대상 학생, 귀국 학생, 다문화 가정 학생 등이 학교에서 충실한 학습 경험을 누릴 수 있도록 필요한 지원을 한다. 또한, 특수교육 대상 학생을 위해 특수학급을 설치·운영하는 경우, 학생의 장애 특성 및 정도를 고려하여, 초·중등학교 교육과정을 조정하여 운영하거나 특수교육 교과용 도서 및 통합교육용 교수·학습 자료를 활용할 수 있다. 아울러 다문화 가정 학생을 위한 특별 학급을 설치·운영하는 경우, 다문화 가정 학생의 한국어 능력을 고려하여 초·중등학교 교육과정을 조정하여 운영하거나, 한국어 교육과정 및 교수·학습 자료를 활용할 수 있는데, 한국어 교육과정은 학교의 특성, 학생·교사·학부모의 요구와 필요에 따라 주당 10시간 내외에서 운영할 수 있다.

한편, 학교 교육과정 편성 운영을 위한 주요 기본 사항을 이하에서 정리하였다. 첫째, 공통 교육과정은 초등학교 1학년부터 중학교 3학년까지, 학점 기반 선택 중심 교육과정은 고등학교 1학년부터 3학년까지, 기본 교육과정은 특수학교에 재학 중인 초등학교 1학년부터 고등학교 3학년까지의 학생을 대상으로 편성·운영하는데, 특수학교는 특수교육 대상 학생의 교육적 요구와 학교의 실정을 고려하여 공통 교육과정 및 선택 중심 교육과정을 기본 교육과정과 병행하여 편성·운영할 수 있다. 또한 학년 간 상호 연계와 협력을 통해 학교 교육과정을 유연하게 편성·운영할 수 있도록 학년군을 설정하는데, 단 창의적 체험활동과 일상생활 활동은 학생의 교육적 요구에 따라 생활연령과 발달 수준을 고려하여 학년군을 통합하여 운영할 수 있다.

그리고 시각장애 또는 청각장애 학생이 다른 장애가 함께 있는 경우 교육적 요구를 지원하는 별도의 교육 활동을 병행하거나 대체하여 편성·운영할 수 있다.

둘째, 기본 교육과정을 운영하는 특수학교는 장애 정도가 심한 학생의 교육적 요구를 반영하여 교과(군)별 50% 범위 내에서 시수를 감축하여 일상생활 활동으로 편성할 수 있다. 이 경우 시·도 교육감이 정하는 지침에 따라 사전에 필요한 절차를 거쳐야 한다. 기본 교육과정의 일상생활 활동 영역과 내용은 학생의 교육적 요구를 반영하여 학교가 정한다.

셋째, 학업 부담을 적정화하고 의미 있는 학습 활동이 이루어질 수 있도록 학기당 이수 교과목 수를 조정하여 집중 이수를 실시할 수 있고, 학교급 간 전환기의 학생들이 상급 학교의 생활 및 학습을 준비하는 데 필요한 교육을 지원하기 위해 진로연계교육을 운영할 수 있으며, 가정과 학교, 사회에서의 위험 상황을 알고 대처할 수 있도록 체험 중심의 안전교육을 관련 교과와 창의적 체험활동(자율·자치 활동, 동아리 활동, 진로 활동)과 연계하여 운영한다. 범교과 학습 주제(안전·건강 교육, 인성 교육, 진로 교육, 민주시민 교육, 인권 교육, 다문화 교육, 통일 교육, 독도 교육, 경제·금융 교육, 환경·지속가능발전 교육)는 교과와 창의적 체험활동 등 교육 활동 전반에 걸쳐 통합적으로 다루도록 하고, 지역사회 및 가정과 연계하여 지도한다.

넷째, 일반학급 및 특수학급에 배치된 특수교육 대상 학생의 교육과정은 편제와 시간 혹은 학점 배당은 해당 학년군의 교육과정을 따르고, 학생의 교육적 요구에 따라 초·중등학교 교육과정을 재구성하거나 특수교육 교육과정에 따른 교과용 도서, 통합교육용 교수·학습 자료 등을 사용할 수 있다. 또한, 특수교육 교육과정의 교과(군) 내용과 연계하거나 대체하여 운영할 수 있으며 교과 내용을 대체할 경우 생활기능 및 진로와 직업 교육, 현장 실습 등으로 운영할 수 있다.

다섯째, 시·도 교육청과 학교는 필요에 따라 이 교육과정에 제시되어 있는 과목 외에 새로운 과목을 개설할 수 있는데, 이 경우 시·도 교육감이 정하는 지침에 따라 사전에 필요한 절차를 거쳐야 한다. 그리고 직업, 예술, 체육 계열 분야의 전문적인 교육을 목적으로 설립된 특수학교의 교육과정은 특성화 중학교, 일반 고등학교, 특수 목적 고등학교, 특성화 고등학교와 산업수요 맞춤형 고등학교에 준하여 정하되, 학생의 교육적 요구에 따라 기본 교육과정을 편성·운영할 수 있다. 이 경우 시·

도 교육감이 정하는 지침에 따라 사전에 필요한 절차를 거쳐야 한다. 또한 고등학교에서는 학생의 필요에 따라 지역사회 기관에서 이루어진 학교 밖 교육을 과목 또는 창의적 체험 활동으로 이수를 인정한다. 이와 관련된 구체적인 사항은 시·도 교육감이 정하는 지침에 따른다. 다음의 〈표 1-1〉은 2022 개정 특수교육 교육과정의 학교급 및 학년별 적용 시기를, 〈표 1-2〉는 2015와 2022 개정 특수교육 교육과정의 차이점을 비교 분석하여 제시한 것이다.

〈표 1-1〉 학교급 및 학년별 교육과정 적용 시기

적용 시기	학교급 및 학년
2024년 3월 1일	유치원, 초등학교 1~2학년
2025년 3월 1일	초등학교 3~4학년, 중학교 1학년, 고등학교 1학년
2026년 3월 1일	초등학교 5~6학년, 중학교 2학년, 고등학교 2학년
2027년 3월 1일	중학교 3학년, 고등학교 3학년

〈표 1-2〉 2015와 2022 개정 특수교육 교육과정의 차이점

구분	2015 개정 특수교육 교육과정	2022 개정 특수교육 교육과정
편제 및 시간 배당 기준	• 교과(군), 창의적 체험활동 현행 유지	▶ 교과(군), 창의적 체험활동, 일상생활 활동(신설)
일상 생활 활동	• 별도 내용 없음	▶ (영역) 의사소통, 자립생활, 신체활동, 여가활동, 생활적응
교육 과정 구성	• 교과(군)별 30% 증·감축 • (중도중복장애 학생) 교과(군)별 50% 범위 내에서 시수 감축하여 창의적 체험활동으로 편성 가능	▶ 교과(군)별, 창의적 체험활동, 일상생활 활동 간 50% 증·감축으로 확대 • (장애 정도가 심한 학생) 교과(군)별 50% 범위 내에서 시수 감축하여 일상생활 활동으로 편성 가능
	• 창의적 체험활동 유지(자율/동아리/봉사/진로활동으로 구성)	▶ 창의적 체험활동 개선(봉사활동 통합·운영) (자율·자치/동아리/진로활동으로 구성)
	• 학생의 장애 특성 및 교육적 요구에 따른 교육내용 창의적 체험활동으로 편성·운영 가능	▶ 학생의 장애 특성 및 교육적 요구에 따른 교육내용 창의적 체험활동, 일상생활 활동으로 편성·운영 가능

구분	2015 개정 특수교육 교육과정	2022 개정 특수교육 교육과정
	▸(초·중·고) 시각·청각·지체장애학생 별도 교육과정 활용 가능 •(시각) 국어, 체육, 영어 •(청각) 국어, 체육, 영어 •(지체) 체육	▸(초·중·고) 시각·청각·지체장애학생 별도 교육과정 활용 가능 과목 확대 •(시각) 체육, 미술, 점자(영어 포함), 시각장애인 자립생활 •(청각) 국어, 수어, 농인의 생활과 문화 •(지체) 체육
초등학교	•(초1~2) '안전한 생활' 신설(64시간)	▸(초1~2) 통합교과로 안전한 생활 내용 흡수·통합
중학교	•자유학기 운영 근거 마련 •학교스포츠클럽 활동 현행유지	▸자유학기(중1)+진로연계학기(중3-2)로 개선 ▸학교스포츠클럽 활동 개선(학년별 연간 34시간 매 학기 편성)
고등학교	•고교학점제 일부 도입('23.부터 고1 적용) •단위제(1단위 50분 기준 17회), 204단위 •특수학교 전문교과(직업, 이료) 도입 •직업(11과목), 이료(10과목) 편성 •학교 밖 교육 인정 도입	▸고교학점제 전면 도입('25.부터) ▸학점제(1학점 50분 기준 16회), 192학점 ▸특수교육 전문교과(직업·생활, 이료) 재구조화로 학생 선택권 확대 및 학교교육 다양화(특수교육 전문교과 용어변경) •직업 → 직업·생활(사회적응 과목 신설, 창의적 체험활동의 시각장애인 자립생활, 농인의 생활과 문화 교과 전환) ▸학교 밖 교육 등 인정

출처: 교육부(2022). 2022 개정 특수교육 교육과정 질의응답 자료.

1) 유치원 교육과정

유치원 교육과정은 3~5세 유아를 위한 국가 수준 공통 교육과정으로서 추구하는 인간상은 건강한 사람, 자주적인 사람, 창의적인 사람, 감성이 풍부한 사람, 더불어 사는 사람이다. 이 교육과정의 편성 운영 지침은 일과 운영에 따라 확장하여 편성할 수 있고, 누리과정을 바탕으로 각 기관의 실정에 적합한 계획을 수립하여 운영한다. 또한 하루 일과에서 바깥 놀이를 포함하여 유아의 놀이가 충분히 이루어지도록 하고, 성, 신체적 특성, 장애, 종교, 가족 및 문화적 배경 등으로 인한 차별이 없도록 편성하여 운영한다. 그리고 유아의 발달과 장애 정도에 따라 조정하여 운영하는데, 즉, 유아의 개별적 요구에 따라 인지, 의사소통, 사회정서, 운동, 적응행동 등 특수교육이 필요한 발달영역을 중심으로 개별화교육계획을 수립하여 교육과정과 연계하여 운영하며, 장애 정도가 심한 유아의 경우 교육적 요구에 따른 활동을 교육과정과 연계하여 지도할 수 있다. 아울러 가정과 지역사회와의 협력과 참여에 기반하여 운영하고, 순회교육을 위한 교육과정 편성·운영은 유아의 배치 환경, 발달 특성 등을 고려하여 시·도 교육청에서 정한다.

2) 공통 교육과정 및 선택 중심 교육과정

공통 및 선택 중심 교육과정은 교과(군)와 창의적 체험활동으로 편성한다. 초등학교 및 중학교 공통 교육과정 편성·운영의 주요 기준을 설명하면 다음과 같다. 첫째, 학교의 특성, 학생·교사·학부모의 요구 및 필요에 따라 자율적으로 교과(군)별 및 창의적 체험활동의 20% 범위 내에서 시수를 증감하여 편성·운영할 수 있는데 단, 체육, 예술(음악/미술) 교과는 기준 수업 시수를 감축하여 편성·운영할 수 없다. 둘째, 특수교육 대상 학생을 위해 필요한 경우 교과(군)별 증감 시수를 활용하여 '점자', '시각장애인 자립생활' 또는 '수어', '농인의 생활과 문화'를 창의적 체험활동에 포함하여 운영한다. 셋째, 특수학교에서는 시각·청각·지체장애 학생을 위해 별도의 교육과정(시각장애: 체육, 미술, 점자, 시각장애인 자립생활, 청각장애: 국어, 수어, 농인의 생활과 문화, 지체장애: 체육)을 활용할 수 있다. 넷째, 지역과 연계하거나 다양하고 특색 있는 교육과정 운영을 위해 학교자율시간을 편성·운영(초등학교는 3~6학년에 한함)하는데, 학교자율시간은 학교 여건에 따라 연간 34주를 기준으로 교과별 및 창의적 체험활동 수업 시간의 학기별 1주의 시간을 확보하여 운영한다.

(1) 초등학교

초등학교 공통 교육과정은 각 교과의 기초적, 기본적 요소들이 체계적으로 학습되도록 교육과정을 편성·운영하는데, 특히 국어사용 능력과 수리 능력의 기초가 부족한 학생들을 대상으로 기초 학습 능력 향상을 위한 별도의 프로그램을 편성·운영할 수 있다. 또한, 입학 초기 및 상급 학교(학년)로 진학하기 전 학기의 일부 시간을 활용하여 학교급 간 연계 및 진로 교육을 강화하는 진로연계교육을 편성·운영하며, 1~2학년의 안전교육은 바른 생활·슬기로운 생활·즐거운 생활 교과의 64시간을 포함하여 교과 및 창의적 체험활동을 활용하여 편성·운영한다. 아래의 〈표 1-3〉은 초등학교 공통 교육과정의 편제와 시간 배당 기준이다.

〈표 1-3〉 초등학교 공통 교육과정 편제와 시간 배당 기준

<table>
<tr><th colspan="2">구 분</th><th>1~2학년</th><th>3~4학년</th><th>5~6학년</th></tr>
<tr><td rowspan="8">교
과
(군)</td><td>국어</td><td rowspan="7">국어 482
수학 256
바른 생활 144
슬기로운 생활 224
즐거운 생활 400</td><td>408</td><td>408</td></tr>
<tr><td>사회/도덕</td><td>272</td><td>272</td></tr>
<tr><td>수학</td><td>272</td><td>272</td></tr>
<tr><td>과학/실과</td><td>204</td><td>340</td></tr>
<tr><td>체육</td><td>204</td><td>204</td></tr>
<tr><td>예술(음악/미술)</td><td>272</td><td>272</td></tr>
<tr><td>영어</td><td>136</td><td>204</td></tr>
<tr><td>소계</td><td>1,506</td><td>1,768</td><td>1,972</td></tr>
<tr><td colspan="2">창의적 체험활동</td><td>238</td><td>204</td><td>204</td></tr>
<tr><td colspan="2">학년군별 총 수업 시간 수</td><td>1,744</td><td>1,972</td><td>2,176</td></tr>
</table>

(2) 중학교

중학교 공통 교육과정은 과정 중 한 학기는 자유학기로 운영하되, 해당 학기의 교과 및 창의적 체험활동을 자유학기 취지에 부합하도록 편성·운영한다. 또한 학교는 고등학교 생활 및 학습 준비, 진로 탐색, 진학 준비 등을 위해 교과와 창의적 체험활동 시간을 활용하여 진로연계교육을 자율적으로 운영하는데, 이 진로연계교육은 창의적 체험활동의 진로 활동 및 자유학기의 활동과 연계하여 운영한다. 그리고 학교스포츠클럽 활동은 창의적 체험활동의 동아리 활동으로 매 학기 편성하여 학년별 연간 34시간 운영한다. 다음 〈표 1-4〉는 중학교 공통 교육과정의 편제와 시간 배당 기준이다.

〈표 1-4〉 중학교 공통 교육과정 편제와 시간 배당 기준

구분		1~3학년
교과(군)	국어	442
	사회(역사 포함)/도덕	510
	수학	374
	과학/기술・가정/정보	680
	체육	272
	예술(음악/미술)	272
	영어	340
	선택	170
	소계	3,060
창의적 체험활동		306
총 수업 시간 수		3,366

(3) 고등학교

고등학교 선택 중심 교육과정의 총 이수 학점은 192학점이고 교과(군) 174학점, 창의적 체험활동 18학점(288시간)으로 편성하며, 교과는 보통 교과, 전문 교과, 특수교육 전문 교과로 구분된다. 보통 교과는 공통 과목과 선택 과목으로 나눌 수 있는데, 보통 교과의 교과(군)는 국어, 수학, 영어, 사회(역사/도덕 포함), 과학, 체육, 예술, 기술・가정/정보/제2외국어/한문/교양이며, 선택 과목은 일반 선택, 진로 선택, 융합 선택으로 구분된다. 또한 전문 교과의 과목은 전문 공통 과목, 전공 일반 과목, 전공 실무 과목으로 분류되는데, 전문 교과의 교과(군)는 국가직무능력표준 등을 고려하여 경영・금융, 보건・복지, 문화・예술・디자인・방송, 미용, 관광・레저, 식품・조리, 건축・토목, 기계, 재료, 화학 공업, 섬유・의류, 전기・전자, 정보・통신, 환경・안전・소방, 농림・축산, 수산・해운, 융복합・지식 재산 과목으로 이루어진다. 특수교육 전문 교과는 고등학교 과정의 특수교육 대상 학생이 재학하는 학교에서 개설하며, 교과(군)는 직업・생활과 이료 과목이다.

학교는 학생이 자신의 진로에 적합한 과목을 이수할 수 있도록 진로・학업 설계 지도와 연계하여 선택 과목에 대한 정보를 적극적으로 안내하고, 일정 규모 이상의

학생이 이 교육과정에 제시된 선택 과목의 개설을 요청할 경우 해당 과목을 개설해야 하며, 학교에서 개설하지 않은 선택 과목 이수를 희망하는 학생이 있을 경우 그 과목을 개설한 다른 학교에서의 이수를 인정하는데, 이와 관련된 구체적인 사항은 시・도 교육감이 정하는 지침에 따른다. 또한 학생의 필요에 따라 지역사회 기관에서 이루어진 학교 밖 교육을 과목 또는 창의적 체험 활동으로 이수를 인정하며, 이와 관련된 구체적인 사항은 시・도 교육감이 정하는 지침에 따른다.

한편, 특수교육 대상 학생을 위해 필요시 특수교육 전문 교과의 과목을 개설할 수 있으며, 이 경우 진로 선택 과목 또는 융합 선택 과목으로 편성한다. 또한 특수교육 대상 학생을 위해 필요한 경우 이 교육과정의 보통 교과, 전문 교과, 특수교육 전문 교과를 선택하여 편성・운영할 수 있고 이와 관련된 구체적인 사항은 시・도 교육청이 정하는 지침에 따르며, 특수교육 대상 학생을 위해 필요한 경우 '점자'와 '수어'를 창의적 체험활동에 포함하여 운영한다. 그리고 특수학교에서는 시각・청각장애 학생을 위해 별도의 교육과정을 활용할 수 있다(시각장애: 점자, 시각장애인 자립생활, 청각장애: 공통국어, 수어, 농인의 생활과 문화). 아래의 〈표 1-5〉는 선택 중심 교육과정 특수교육 전문 교과의 과목이다.

〈표 1-5〉 선택 중심 교육과정 특수교육 전문 교과 과목

교과(군)	과목			
직업・생활	직업준비 정보처리 외식서비스 시각장애인 자립생활	안정된 직업생활 농생명 직업현장실습 농인의 생활과 문화	기초작업기술 I 사무지원 직업과 자립	기초작업기술 II 대인서비스 사회적응(신설)
이료 (시각장애 학교)	해부・생리 전기치료 진단	병리 한방 이료실기실습	이료보건 침구	안마・마사지・지압 이료임상

• 특수교육 전문 교과 과목의 이수 학점은 시・도 교육감이 정한다.

3) 기본 교육과정

기본 교육과정은 교과(군)와 창의적 체험활동, 일상생활 활동으로 편성하며, 일상생활 활동은 의사소통, 자립생활, 신체활동, 여가활동, 생활적응 등 생활 기술을 중심으로 편성·운영한다. 학교는 학교의 특성, 학생·교사·학부모의 요구 및 필요에 따라 자율적으로 교과(군)별, 창의적 체험활동, 일상생활 활동 간 50% 범위 내에서 시수를 증감하여 편성·운영할 수 있으나 체육, 예술(음악/미술) 교과는 기준 수업 시수를 감축하여 편성·운영할 수 없다. 또한 필요한 경우 학생의 장애 특성 및 교육적 요구에 따른 교육내용을 창의적 체험활동과 일상생활 활동으로 편성·운영할 수 있다.

그리고 입학 초기 및 상급 학교(학년)로 진학하기 전 학교급 간 연계 및 진로 교육을 강화하는 진로연계교육을 편성·운영할 수 있으며, 중·고등학교 선택 과목은 필요에 따라 학교가 새로운 선택 과목을 개설할 수 있는데, 이때 시·도 교육감이 정하는 지침에 따라 사전에 필요한 절차를 거쳐야 한다.

(1) 초등학교

초등학교 기본 교육과정은 1학년 학생들의 입학 초기 적응 교육을 위해 교과 및 창의적 체험활동, 일상생활 활동의 시간을 활용하여 자율적으로 입학 초기 적응 프로그램 등을 편성·운영할 수 있으며, 정보통신 활용 교육이나 보건 교육 등은 관련 교과와 창의적 체험활동 시간을 활용하여 체계적인 지도가 이루어질 수 있도록 한다.

〈표 1-6〉 초등학교 기본 교육과정 편제와 시간 배당 기준

<table>
<tr><th colspan="2">구 분</th><th>1~2학년</th><th>3~4학년</th><th>5~6학년</th></tr>
<tr><td rowspan="6">교
과
(군)</td><td>국어</td><td rowspan="6">국어 352
수학 204
바른 생활 116
슬기로운 생활 180
즐거운 생활 320</td><td>340</td><td>340</td></tr>
<tr><td>사회</td><td>204</td><td>204</td></tr>
<tr><td>수학</td><td>204</td><td>204</td></tr>
<tr><td>과학/실과</td><td>204</td><td>272</td></tr>
<tr><td>체육</td><td>170</td><td>170</td></tr>
<tr><td>예술(음악/미술)</td><td>238</td><td>238</td></tr>
<tr><td colspan="2">소계</td><td>1,172</td><td>1,360</td><td>1,428</td></tr>
<tr><td colspan="2">창의적 체험활동</td><td>272</td><td>306</td><td>408</td></tr>
<tr><td colspan="2">일상생활 활동</td><td>300</td><td>306</td><td>340</td></tr>
<tr><td colspan="2">학년군별 총 수업 시간 수</td><td>1,744</td><td>1,972</td><td>2,176</td></tr>
</table>

(2) 중학교

중학교 기본 교육과정은 과정 중 한 학기를 자유학기로 운영하되, 해당 학기의 교과 및 창의적 체험활동을 자유학기 취지에 부합하도록 편성·운영한다. 또한 학교스포츠클럽 활동은 창의적 체험활동의 동아리 활동으로 매 학기 편성하여 학년별 연간 34시간 운영한다.

〈표 1-7〉 중학교 기본 교육과정 편제와 시간 배당 기준

구분		1~3학년
교과(군)	국어	374
	사회	374
	수학	306
	과학	204
	진로와 직업	476
	체육	272
	예술(음악/미술)	238
	선택(정보통신활용, 생활영어, 보건 등)	170
소계		2,414
창의적 체험활동		408
일상생활 활동		544
총 수업 시간 수		3,366

(3) 고등학교

고등학교 기본 교육과정의 총 이수 학점은 192학점이며 교과(군) 134학점, 창의적 체험활동 26학점, 일상생활 활동 32학점으로 편성한다. 진로·직업 교육은 '진로와 직업' 교과 외에도 선택 중심 교육과정의 전문 교과와 특수교육 전문 교과 중에서 학교의 여건에 맞는 것을 선택하여 편성할 수 있는데, 학교에서 개설하지 않은 선택 과목 이수를 희망하는 학생이 있을 경우 그 과목을 개설한 다른 특수학교 및 일반학교의 이수를 인정한다. 또한 학교는 '진로와 직업' 교과의 교육과정 내용과 관련된 현장 실습을 다양한 형태로 운영할 수 있으며, 이와 관련된 구체적인 사항은 시·도

교육감이 정하는 지침에 따른다.

한편, 학교는 교육과정을 특성화하기 위해 특정 교과를 중심으로 중점학교를 운영할 수 있는데, 이 경우 창의적 체험활동 및 일상생활 활동 학점의 50% 범위 내에서 감축하여 해당 교과(군)의 과목으로 편성하도록 권장하며, 이와 관련된 구체적인 사항은 시·도 교육감이 정하는 지침에 따라 사전에 필요한 절차를 거쳐야 한다. 또한 학생의 필요에 따라 지역사회 기관에서 이루어진 학교 밖 교육을 과목 또는 창의적 체험 활동으로 이수를 인정한다. 아래의 〈표 1-8〉은 고등학교 기본 교육과정 편제와 시간 배당 기준이다.

〈표 1-8〉 고등학교 기본 교육과정 편제와 시간 배당 기준

구분		1~3학년
교과(군)	국어	20
	사회	18
	수학	14
	과학	8
	진로와 직업	36
	체육	14
	예술(음악/미술)	14
	선택(정보통신활용, 생활영어, 보건 등)	10
소계		134
창의적 체험활동		26(416시간)
일상생활 활동		32
총 이수 학점		192

제2장 2022 개정 특수교육 교육과정 각론

특수교육 교육과정은 기본 교육과정, 공통 교육과정, 선택 중심 교육과정으로 구성된다. 기본 교육과정은 특수학교에 재학 중인 초등학교 1학년부터 고등학교 3학년까지, 공통 교육과정은 초등학교 1학년부터 중학교 3학년까지, 선택 중심 교육과정은 고등학교 1학년부터 3학년까지의 학생을 대상으로 한다. 특히, 2022 개정 특수교육 교육과정에서의 큰 변화 중 하나는 기본 교육과정에 중도중복장애 학생을 위한 '일상생활 활동'을 신설한 것과 공통 교육과정에 청각장애 학생을 위한 수어 교육과정을 신설한 것이다. 이 장에서는 2022 개정 특수교육 교육과정(교육부 고시 제2022-34호) 중 기본 교육과정의 각 교과(군)와 비교과인 창의적 체험활동, 일상생활 활동의 성격 및 목표, 교수·학습 및 평가를 중심으로 간략히 정리하고자 한다. 기본 교육과정의 학교(급)별 편제는 다음과 같다.

구분	교과(군)	비교과
초등학교	국어, 사회, 수학, 과학/실과, 체육, 예술(음악/미술) *1~2학년: 국어, 수학, 바른 생활, 슬기로운 생활, 즐거운 생활	창의적 체험활동 일상생활 활동
중·고등학교	국어, 사회, 수학, 과학, 진로와 직업, 체육, 예술(음악/미술), 선택(정보통신활용, 생활영어, 보건)	

1. 2022 개정 특수교육 교육과정 각론의 특징

특수교육 교육과정은 교육과정의 보편성과 특수성이 적절하게 배합되어야 하는 특성을 가지고 있다. 특수교육 교육과정은 2008 교육과정의 3단계의 체제, 2011 교육과정부터의 학년군 체제 등 많은 변화를 겪어 왔다. 특히, 기본 교육과정은 교육과정의 보편성과 특수성의 관점에서 볼 때, 2008년 교육과정이 특수교육의 특수성을 강조했다면 2011 교육과정은 보편성을 보다 강조했으며, 2015 교육과정은 보편성과 특수성을 모두 고려하여 개발하고자 노력하였다. 그리고 2022 교육과정은 기존 '대안형' 교육과정에서 '맞춤형' 교육과정으로의 성격을 명확히 하였다.

2022 개정 특수교육 교육과정은 통합교육의 확대에 따른 초·중등학교 교육과정과 특수교육 교육과정의 연계, 개별 학생의 장애특성과 교육적 요구 등을 고려한 특수교육 교육과정 강화를 개정의 기본 방향으로 설정하였다. 개정 방향에 근거하여 대표적으로 개선한 내용은 기본 교육과정 성격 확립, 장애 정도가 심한 학생의 맞춤형 교육을 위한 일상생활 활동 신설, 통합교육 내실화를 위한 지원 강화, 특수교육 고등학교 전문교과 재구조화 등이다. 2022 개정 특수교육 교육과정의 특징을 구체적으로 살펴보면 다음과 같다.

첫째, 편제에서 큰 변화는 일상생활 활동의 신설이다. 즉, 기존 교과(군)와 창의적 체험활동 편제에 일상생활 활동을 추가하였다. 일상생활 활동은 장애 정도가 심한 학생이 대상이며, 교과 및 창의적 체험활동과 상호 보완적으로 활용하기 위해 만들어진 교육과정이다.

둘째, 교과(군)별 증·감축 비율의 변화이다. 기존에는 중도중복장애 학생이 포함된 학급을 운영하는 특수학교에 한해 50% 범위 내에서 시수를 감축하여 창의적 체험활동으로 편성할 수 있었으나 기본 교육과정을 운영하는 특수학교로 범위를 확대하였을 뿐만 아니라 50% 범위 내에서 시수를 감축하여 일상생활 활동으로 편성할 수 있도록 하였다. 그리고 교과(군)별, 창의적 체험활동, 일상생활 활동 간 50% 범위 내에서 시수를 증감하여 편성·운영할 수 있다는 내용을 추가하였다.

셋째, 창의적 체험활동 영역을 재구조화하였다. 기존의 자율활동, 봉사활동, 동아리활동, 진로활동 4가지 영역을 자율·자치, 동아리, 진로의 3개 영역으로 재구조화하고, 봉사활동은 3개 영역과 연계하여 활동 수준으로 운영하도록 하였다.

넷째, 시각·청각·지체장애학생을 위한 별도의 교육과정 범위를 확대하였다. 기존에는 국어, 체육, 영어 교과로 제한하였으나 미술(시각장애)과 수어(청각장애) 교육과정을 신설하고, 영어는 제외하였다.

다섯째, 교수·학습 및 평가를 개선하였다. 핵심 아이디어를 추가하여 제시하되,

핵심 아이디어를 중심으로 지식·이해, 과정·기능, 가치·태도의 내용 요소를 유기적으로 연계함으로써 학생의 삶에 의미 있는 학습 경험을 제공하도록 하였다. 그리고 창의적인 교육과정 재구성 및 수업 활동 지원 방향을 제시함으로써 학생 맞춤형 교육을 활성화하도록 하였고, 에듀테크와 온·오프라인 연계 수업 및 평가를 할 수 있도록 기반을 마련하였다.

이상에서 설명한 초·중·고 교육과정 전반의 변화 외에도 학년(군)별 변화도 있다. 초등학교는 기존에 1~2학년 창의적 체험활동 시수에 포함되었던 '안전한 생활'을 1~2학년 통합교과에 흡수·통합하였고, 중학교는 기존의 자유학기에 진로연계학기(중학교 3학년 2학기)를 추가하였다. 고등학교는 고교학점제를 일부 도입에서 전면 도입으로 확대하였고, '직업' 교과를 '직업·생활' 교과로 변경하였다. 다음은 2015와 2022 개정 특수교육 교육과정 중 기본 교육과정의 문서 체제를 비교한 것이다.

2015 개정 특수교육 교육과정	2022 개정 특수교육 교육과정
1. 성격 2. 목표 3. 내용 체계 및 성취기준 가. 내용 체계 [영역, 핵심 개념, 내용(일반화된 지식), 학년군별 내용 요소, 기능] 나. 성취기준 - 영역명 •핵심개념 •성취기준 4. 교수·학습 및 평가 가. 교수·학습 (1) 교수·학습 방향 (2) 교수·학습 방법 (3) 유의 사항 나. 평가 (1) 평가 방향 (2) 평가 방법 (3) 유의 사항	교육과정 설계의 개요 1. 성격 및 목표 가. 성격 나. 목표 2. 내용 체계 및 성취기준 가. 내용 체계 [핵심 아이디어, 범주(지식·이해, 과정·기능, 가치·태도), 학년군별 내용 요소] 나. 성취기준 - 영역명 (가) 성취기준 해설 (나) 성취기준 적용 시 고려사항 3. 교수·학습 및 평가 가. 교수·학습 (1) 교수·학습의 방향 (2) 교수·학습 방법 나. 평가 (1) 평가의 방향 (2) 평가 방법

특히, 2022 교육과정은 '교육과정 설계의 개요'를 추가하여 각 교과 교육과정의 설계 방향과 원리를, 내용 체계에 핵심 아이디어와 범주를 제시하도록 하였고, 성취기준 해설과 함께 성취기준 적용 시 고려사항을 제시함으로써 성취기준을 보다 구체화하였다. 또한 성취기준 진술은 내용 체계와의 연계성을 고려하여 내용 체계표의 지식·이해, 과정·기능, 가치·태도의 세 가지 범주 중 두 가지 이상의 범주를 정합하는 방식으로 진술하고, 학습량 적정화, 학년군별 수준 등을 고려하여 성취기준의 수를 조정하여 개발하였다(한혜정, 2023).

2. 기본 교육과정 교과별 주요 내용

1) 통합교과: 바른 생활, 슬기로운 생활, 즐거운 생활

통합교과는 2015년 개정 특수교육 교육과정에 새롭게 편성된 교과로 바른 생활, 슬기로운 생활, 즐거운 생활의 3개 교과로 구성되어 있다. 특히, 교육과정 개정 취지에 입각하여 통합교과 전반에 걸쳐 안전 교육 요소 반영, 입학 초기 적응 활동 강화, 범교과 학습과의 관련성 향상, 즐거운 생활에서의 신체활동을 강화했다. 또한, 통합교과의 성격을 삶에서 경험하는 탈학문적 주제 중심 교과로 규정하고 바른 생활, 슬기로운 생활, 즐거운 생활의 교육과정을 수평적으로 연계하여 교육목표, 내용 체계 및 성취기준을 개발하였으며, 생활 주제 중심의 통합단원으로 재구성하여 운영할 수 있도록 설계하였다. 특히, 초등교육은 진보주의와 발달심리학에 기초한 '과정으로서의 교육' 비중이 높으며, 경험을 강조한다는 측면에서 통합교과가 특수교육에 편제된 것은 의미가 있다. 이러한 주제 중심 학습은 학생들이 사회, 과학, 미술 등의 교과를 배우는 것으로 인식하는 것이 아니라 일정 시기 동안 하나의 주제를 배운다고 인식하게 함으로써 분과교육이 놓칠 수 있는 통합적 사고력을 향상시킬 수 있다. 탈학문적 통합을 지향하는 통합교과의 교수·학습은 다음과 같이 일반적으로 '주제 중심 학습' 절차에 따라 실시된다.

[주제 중심 학습 절차]

- 주제 만나기: 단원의 주제를 처음 접하는 단계. 선행 지식의 영향을 최소화하면서 주제를 쉽게 인식할 수 있도록 직관적이고 직접적인 체험 중심으로 개관함. 교사는 학생과 함께 단원에서 학습할 내용을 살펴보며 단원에 대해 기대하고 관심을 가질 수 있도록 유도함

  '주제 만나기'에서 중요한 것은 학습 주제를 인식하고 학습 계획을 세우는 것으로 특히, 학생들과의 협의가 중요하다. 이 단계에서 할 수 있는 세 가지 주요 활동으로는 그림 읽기, 이야기 읽기, 단원 읽기가 있다(정광순, 홍영기, 강충열, 2012).

- 주제 학습하기: 차시별 주제 활동을 경험하는 단계. 교사는 학습 과정을 점검하며 학습 경험 방식을 조정하거나 난이도와 양 수정, 지도 순서 변경 등 재구성하여 운영함
- 주제 학습 마무리하기: 단원 주제를 정리하고 평가하는 단계. 단원 학습으로 경험한 다양한 주제 활동을 되돌아보고 정리하며 학생의 학습 활동을 평가함. 평가 결과에 따라 단원의 학습 내용을 보충 · 심화함

통합교과의 모든 차시 수업은 80분 연차시를 기준으로 구성하며, 차시별 주제 학습은 아래와 같이 실시된다.

[차시별 주제 학습 절차]

- 시작하기: 본시 주제 활동에 관해 개관함. 학생의 선행 지식을 보완하고, 학습 동기 유발을 위해 흥미롭고 의미 있는 활동을 제공함
- 해보기: 본시 주제에 관한 구체적인 학습 경험을 다양한 활동으로 제시함. 교사는 공동의 학습자가 되어 수업을 전개함
- 마무리하기: 본시 학습 활동에서 경험한 것을 되돌아보고 정리하며 가정과의 연계 방안을 제시함. 평가 결과에 따라 보충 · 심화 학습의 기회를 제공함

평가는 지식 · 이해, 과정 · 기능, 가치 · 태도 범주를 통합적으로 평가하되, 실제 삶의 맥락과 유사한 환경에서 참평가를 실시하고, 학습 과정을 구체적이며 질적으로 서술한다. 만약 원격수업이라면 직접 관찰하여 평가하거나 학생이 제출한 과제를 확인한 후 그 과정과 결과를 평가한다.

(1) 바른 생활

바른 생활과는 삶의 주체이자 공동체의 구성원으로서 행복한 삶을 살아가기 위한

사회적 약속과 가치를 익혀 '실천'하는 교과이다. 따라서 공동체 구성원으로서의 역할과 가치를 익히고, 삶의 주체로서 나를 인식하고 존중하며, 함께 살아가기 위한 관계맺음을 목표로 한다. 목표를 달성하기 위한 내용 요소는 10가지 지식·이해, 3가지 과정·기능, 6가지 가치·태도 요소로 구성되어 있다. 교수·학습 방법 중 공동체 구성원으로서 역할과 가치를 익힐 때는 주변의 다양한 관계와 상호작용할 수 있도록 하고, 일상생활 속에서 자기 주도적인 삶을 살아가도록 하기 위해서는 자기를 보호·관리하며 스스로 선택할 수 있는 기회를 제공한다. 다른 사람에게 관심을 가지도록 하기 위해서는 주변 사람과의 관계에서 유익함을 경험하고 도움을 주고받을 수 있는 일상의 관계를 반복 경험하게 하며, 다양한 생활 규칙과 규범을 습관화하기 위해서는 가정과 연계하여 충분한 연습 기회를 제공한다. 그리고 옳고 그름 등의 가치를 스스로 판단하기 위해서는 모델링을 활용하되, 스스로 판단할 기회를 만들어 준다.

[실천 활동 중심 수업 모형]

- 학습 문제 인지하기: 일상생활 속에서 학습할 주제를 찾아보는 활동을 통해 동기를 유발하고, 학습할 필요성 및 중요성을 알도록 함
- 바른 행동 알아보기: 일상생활 중의 에피소드, 경험담, 사례, 제시 자료 등을 통해 바른 행동을 찾아보고, 바른 행동과 바르지 못한 행동을 구분하면서 바른 생활 습관화의 필요성을 알도록 함. 또한, 구체적인 행동 지침이나 절차를 찾아 함께 공유함
- 바른 행동 실천해 보기: 바른 행동에 대해 스스로 판단해보고, 바른 행동을 연습하면서 바른 행동의 좋은 점을 내면화하도록 함
- 바른 생활 다짐하기: 실천 과정을 돌아보며 반성·평가하는 활동을 통해 바른 생활에 대한 계속적인 실천 동기를 강화시킴

출처: 정광순, 홍영기, 강충열(2012). 2009 개정 교육과정에 따른 초등학교 통합교과 교육론. 학지사.

(2) 슬기로운 생활

슬기로운 생활과는 삶의 주체이자 공동체의 구성원으로서 행복한 삶을 살아가기 위해 자신과 주변에 관심을 갖고 직관적 체험을 통해 '탐구'하는 교과이다. 따라서 자신과 주변의 여러 가지 모습과 변화에 관심을 가지고 자신과 사회, 자연과의 관계를 인식하며, 탐구하는 과정에서 배운 지식이나 기능을 일상생활에 활용하는 것을

목표로 한다. 목표를 달성하기 위한 내용 요소는 11가지 지식 · 이해, 5가지 과정 · 기능, 5가지 가치 · 태도 요소로 구성되어 있다. 교수 · 학습 방법으로 자신과 주변 세계에 관심을 갖고 직관적 체험을 통해 탐구할 수 있도록 실제적 맥락에서 학생에게 의미 있는 활동을 제공한다. 주변의 다양한 모습과 현상에 민감하게 반응할 수 있도록 일상생활의 두드러진 특징을 중심으로 환경을 구조화하고 자신과 사회, 자연에 관한 탐구 주제를 공동체 구성원과의 상호 작용으로 경험할 수 있도록 한다. 그리고 탐구 과정에서 배운 것들을 일상생활에서 활용할 수 있도록 문제 상황을 제시한다.

[탐구 활동 중심 수업 모형]

- 탐구 상황 확인하기: 일상생활 중 특정 상황에서의 문제를 인식하는 단계로 일상에서 유발된 탐구 동기를 이끌어 내도록 함. 이때 교사는 학생들에게 시나리오로 구성된 탐구 문제 상황을 제시할 수 있음
- 탐색하기: 탐구 대상과 관련하여 학생의 배경지식을 활성화함으로써 구체적인 탐구 사례 및 자료에 접근하도록 하고, 각 항목에 대한 탐구 방안 및 절차를 만들어 보게 함
- 탐구 활동하기: 탐구한 문제에 대한 해결점을 찾고 서로 공유하도록 함. 이때 탐구 결과를 중심으로 공통점과 차이점을 분석하고, 탐구 상황에서 발견한 지식 및 원리를 찾아 정리하도록 함
- 탐구 결과 정리하기: 탐구 활동을 통해 발견한 결과를 정리하고, 일상생활 중 유사한 상황을 찾아 발견한 것을 응용하도록 함

출처: 정광순, 홍영기, 강충열(2012). 2009 개정 교육과정에 따른 초등학교 통합교과 교육론. 학지사.

(3) 즐거운 생활

즐거운 생활과는 삶의 주체이자 공동체의 구성원으로서 행복한 삶을 살아가는 과정을 '느끼고 표현하며 즐기는' 교과이다. 따라서 나와 주변 세계를 경험하며 아름다움을 느끼고, 자신의 감정과 정서를 자유롭고 풍성하게 표현하며 다양한 문화예술, 신체활동과 놀이를 즐기는 것을 목표로 한다. 목표를 달성하기 위한 내용 요소는 7가지 지식 · 이해, 6가지 과정 · 기능, 7가지 가치 · 태도 요소로 구성되어 있다. 교수 · 학습 방법으로는 공동체 안에서 자기 삶의 주인공으로 몸과 마음이 건강하고 풍요로운 삶을 살 수 있도록 실제 맥락에서 아름다움을 느끼게 하고, 감정과 정서를 풍부하게 표현하며, 다양한 문화예술 및 신체활동에 참여하는 기회를 제공한다. 나와

주변 세계의 아름다움을 느끼도록 관심거리를 제공하며 다양한 방식으로 경험할 수 있게 충분한 시간과 기회를 제공한다. 또한, 감정과 정서를 자유롭게 표현하도록 다른 사람의 표현 방식을 관찰·모방할 수 있게 하며, 자신의 감정과 정서를 표현하는 기회를 충분히 제공한다. 그리고 다양한 문화예술과 신체활동을 즐기도록 참여 방식과 절차를 단순화하고 자유롭고 창의적인 방식을 허용한다.

[표현 놀이 중심 수업 모형]

- 준비하기: 활동 과제를 확인하고, 활동 자료를 준비하며, 방법과 절차를 살펴봄으로써 활동에 대한 동기를 유발함
- 탐색하기: 활동에 필요한 기초적인 것, 알아야 할 내용, 익혀야 할 기능, 아이디어를 구체적으로 구상하는 단계로 교사는 학생들이 활동과 관련하여 익혀야 할 기능, 요소 등을 파악하도록 지도하고, 활동에 적절한 방법과 절차를 협의를 통해 탐색하도록 지도함
- 표현하기: 가장 많은 시간이 소요되는 핵심 단계로 교사는 활동이 원활히 이루어질 수 있도록 여건을 조성하고, 학생으로 하여금 활동 관련 기능을 사용하여 표현 놀이를 하며, 활동 과정을 즐기도록 함
- 느낌 나누기: 표현놀이를 통해 익힌 것을 다른 활동에 적용하여 일반화하는 단계로 활동 결과를 감상하며, 활동 후 느낌을 나누고 정리하도록 함

출처: 정광순, 홍영기, 강충열(2012). 2009 개정 교육과정에 따른 초등학교 통합교과 교육론. 학지사.

2) 국어

(1) 성격 및 목표

국어과는 국어사용 능력을 기르고, 자신의 특성에 맞는 의사소통 방법을 학습하여 일상생활에서 자기주도적인 국어 생활을 하도록 하는 교과로 의사소통 역량, 자기관리 역량, 공동체·대인 관계 역량, 디지털·미디어 역량, 창의적 사고 역량, 문화향유 역량을 국어과 역량으로 설정하고 있다. 이 가운데 '디지털·미디어 역량'은 디지털 다매체 시대로 변화한 언어 환경을 고려하여 기존의 '지식정보처리 역량'을

수정한 것이고, 역량의 범위를 확대하기 위해 기존의 '대인 관계 역량'이 '공동체·대인 관계 역량'으로, '심미적 감성 역량'이 '문화향유 역량'으로 이름을 바꾸었다. 국어과는 듣기·말하기, 읽기, 쓰기의 3개 영역으로 구성되어 있다. 구체적인 목표는 '자신의 의사소통 특성에 적합한 매체와 도구를 사용하여 의사소통하기, 일상생활·학습·건강·진로에 필요한 국어사용 능력 함양하기, 상황과 대상에 맞는 언어 예절로 원만한 대인 관계 유지 및 언어 공동체 의식 함양하기, 매체·매체 자료·보완대체의사소통 기기를 사용한 지식과 정보 소통 과정에서 창의적으로 사고하고 표현하기, 정보·재미·정서가 반영된 글·매체 자료·문학 작품 감상 및 국어문화 향유하기'이다.

(2) 교수 · 학습 및 평가

교수·학습은 실생활에서의 활용성을 고려한 개념이나 지식, 사회적 상호 작용을 유도할 수 있는 의사소통 기능과 태도를 중심으로 계획하고 실행한다. 특히, 중도중복장애 학생을 위해 학생의 의사소통 의도와 기능에 초점을 맞추어 교수·학습을 계획하고 디지털 교육 환경 및 미래 디지털 환경에서의 의사소통 맥락을 고려하여 의사소통에 필요한 다양한 디지털 도구를 활용할 수 있도록 한다. 음성 언어로 의사소통하기 어려운 학생에게 듣기·말하기 지도 시, 표정이나 몸짓과 같은 비도구 체계와 함께 그림, 사진, 기호, 단어와 같은 보완대체의사소통 상징을 활용하여 의사소통할 수 있도록 한다. 읽기에 어려움이 있다면 다양한 보조공학 기기를 제공하고 전자저작물과 교재는 화면 읽기나 화면 넘기기 기능이 있는 프로그램을 활용하도록 한다. 신체·운동의 제한으로 쓰기에 어려움이 있다면 보완대체의사소통 기기와 컴퓨터 등 대체 입력 방법을 활용할 수 있도록 지도한다.

평가는 지식·이해, 과정·기능, 가치·태도를 다면적이고 종합적으로 고려하여 계획을 수립하고, 듣기·말하기, 읽기, 쓰기의 3개 영역을 유기적으로 연관 지어 통합적인 평가를 실행하도록 설계한다. 특히, 중도중복장애 학생의 평가는 의사소통 의도, 비언어적 의사소통, 시선이나 감정 표현과 같은 사회적·정서적 행동을 중심으로 하며, 성공적인 의사소통을 제한하거나 촉진하는 환경 등 질적인 면도 고려한다. 듣기·말하기 영역은 언어적 표현과 함께 준언어적, 비언어적 표현 요소를 사용한 활동에 참여하는지 여부에 중점을 두며, 보완대체의사소통 체계 활용 능력은 운동, 언어, 상징 사용, 기기 선정 영역 등으로 구분하여 평가한다. 온오프라인 연계 수업 평가는 온라인 수업에서 작성한 과제물 수행 결과보다 등교 수업 시 학생의 성취도, 태도, 참여도, 수행 역량 등을 중심으로 평가하고, 원격수업은 학생이 제출한 과제의 수행 주체와 과정을 교사가 직접 관찰·확인하여 평가한다.

3) 사회

(1) 성격 및 목표

사회과는 학생들이 생태학적 맥락에서 사회현상에 관심을 가지고 생활연령에 따른 사회·문화적 경험을 통해 사회에 참여하면서 민주시민의 자질을 알아가도록 하는 교과이다. 따라서 학생의 사회화 과정을 지원하는 민주시민 교육의 핵심 교과라 할 수 있다. 사회과는 자율생활 역량, 대인관계 역량, 사회참여 역량을 사회과 역량으로, 내용 영역은 나의 삶, 관계의 삶, 시민의 삶의 3개 영역으로 설정하고 있다. 내용 영역별 하위 범주는 다음과 같다.

내용 영역	범주
나의 삶	자율성
관계의 삶	도덕적 인성, 사회성
시민의 삶	인간과 자연의 공존, 역사·문화 소양, 민주시민

특히, 3개 내용 영역은 지리, 역사, 정치, 법, 경제, 사회, 문화 등으로 나누는 분과적 구성 방식 대신 학생의 삶을 중심으로 통합한 2015 개정 특수교육 교육과정의 틀을 유지하면서 '학생의 삶과 연계한 교육'이라는 2022 개정 교육과정의 중점 사항을 반영한 것이다. 한편, 하위범주별로 전통적인 사회과 영역들에 참정권을 포함한 민주시민 교육, 생태전환 및 디지털 기초소양 교육을 포함하였으며, '인간과 자연의 공존'은 지리와 경제를, '역사·문화소양'은 역사와 문화를, '민주시민'은 정치와 법을 포함하였다. 또한, 학년(군)별로 설정된 사회적 맥락의 범위는 탄력적 환경 확대법을

적용하되, 생태학적 접근과 경험주의 교육과정 특성을 반영하였고, 생활연령의 변화에 기초한 나선형 순환의 계열화는 기능적 교육과정 원리에 기초한다. 이상의 내용을 바탕으로 한 사회과의 목표는 '생활연령과 교육적 요구에 맞는 다양한 사회·문화생활을 경험하고 사회에 참여하여 민주시민으로서 가치와 태도를 기르고 실천하는 것'이다.

(2) 교수·학습 및 평가

교수·학습은 과정·기능과 가치·태도를 중심으로 진술된 성취기준에 따라 실제 사회 장면에서의 구체적인 학습 활동으로 계획하되, 지식·이해는 그러한 활동을 경험하는 과정 및 결과로써 수반될 수 있도록 설계한다. 실생활 체험형 융합 수업, 테크놀로지 활용 수업, 혼합집단 운영을 통한 상호 의존적 협동 학습이 이루어지도록 한다. 특히, 나의 삶 영역에서는 자기 관리 전략, 자기 존중감 향상 전략 등을, 관계의 삶 영역에서는 역할 놀이, 모의 학습, 극화 학습, 협동 학습, 마음이론 등을, 시민의 삶 영역에서는 웹 기반 지리 학습, 지역사회 중심 교수, 시사 학습, 추체험 학습 등을 활용한다.

평가는 생활연령과 교육적 요구에 적합한 다양한 사회생활 경험을 향유하였는가를 핵심 방향으로 설정한다. 지식·이해, 과정·기능, 가치·태도를 종합적으로 평가하며, 다면적 평가로 학생의 교육적 요구에 맞춤화한다. 특히, 기능 측면의 평가는 학생의 수행 여부를 중심으로 가족, 친구, 지역사회 인사 등을 평가 자원으로 활용하여 사회적 타당도를 높일 수 있도록 한다.

4) 수학

(1) 성격 및 목표

수학과는 학생이 주변 현상을 관찰하고 주변 사물을 조작하는 과정을 통해 수학적 기본 개념과 원리를 이해하도록 하는 교과로 문제 해결 역량, 추론 역량, 의사소통 역량, 연결 역량, 정보처리 역량을 수학과 역량으로 설정하고 있다. 즉, 수학과

학습을 통해 실생활 속 수학적 용어와 표현을 사용함으로써 다른 사람과 의사소통할 수 있고(의사소통 역량), 특정 기준에 따라 주위 정보를 수집·정리하고 자료를 해석하며(정보처리 역량), 논리적으로 사고하고 추론하며(추론 역량), 수학적 지식을 실생활이나 다른 교과와 연결하고(연결 역량), 생활 속 문제를 합리적으로 해결할 수 있도록 한다(문제해결 역량). 수학과는 수와 연산, 도형, 측정, 규칙성, 자료와 가능성의 5개 영역으로 구성되어 있으며, 내용 영역별 하위 범주는 다음과 같다.

내용 영역	범주
수와 연산	수의 기초, 수, 수의 연산, 화폐
도형	모양과 도형, 만들기와 꾸미기, 공간감각
측정	양의 측정, 시간
규칙성	규칙성
자료와 가능성	분류하기, 표와 그래프, 가능성

이상의 내용을 바탕으로 한 수학과의 목표는 '기초적이고 기본적인 수학 개념과 원리를 익히고, 수학적으로 사고하고 의사소통하며 합리적으로 문제를 해결하는 능력을 길러 일상생활을 하는 데 필요한 수학적 역량을 갖추는 것'이다.

(2) 교수·학습 및 평가

교수·학습은 학생의 생활연령과 주도적 참여를 고려하여 다양한 실생활 활동을 적용하는 생활 수학이 구현되도록 한다. 장애 정도가 심한 학생을 위해서는 구체적 조작활동, 실생활과 친숙한 소재 활용, 놀이 중심 활동을 계획하여 운영한다. 또한, 학생의 인지적 발달 단계를 고려하여 동작적·영상적·상징적 표상 활용 학습, 놀이를 통한 수학 학습, 인지·초인지 전략 등의 교수·학습 이론을 적용한다. 특히, 지식·이해를 돕기 위해서는 생활 주변의 사물을 활용하며, 구체적인 조작 및 탐구 활동으로 기초적인 개념과 원리를 이해시킨다. 과정·기능 학습을 위해서는 여러 가지 문제 상황에서의 해결 과정을 경험하게 하고 계산기, 컴퓨터, 교육용 앱 등의 공학적 도구뿐만 아니라 구체물, 가상 조작물 등을 활용한다.

평가는 수업 전개 과정에 따라 진단 평가, 형성 평가, 총괄 평가 등을 적절히 활용한다. 특히, 지속적인 평가가 되도록 하되, 실생활과 관련된 다양한 문제 상황에서의 실제적인 평가로 생활 수학으로의 전개를 위한 환류 자료로 활용한다.

5) 과학

(1) 성격 및 목표

과학과는 과학적 소양을 토대로 개인의 안녕을 추구하는 주체적인 사람을 키우기 위한 교과로 과학적 사고력, 과학적 탐구 역량, 과학적 문제 해결 역량, 과학적 의사소통 역량, 과학적 협동 역량, 진로·직업 역량을 과학과 역량으로 설정하고 있다. 내용 영역은 운동과 에너지, 물질, 생명, 지구의 4개 영역으로 구성되어 있는데, 이 가운데 2015 개정 특수교육 교육과정의 '에너지'가 '운동과 에너지'로 변경되었고, '우리 몸', '동물과 식물'은 '생명'으로 통합되었으며, '지구와 우주'는 '지구'로 변경되었다. 내용 영역별 하위 범주는 다음과 같다.

내용 영역	범주
운동과 에너지	전기와 자석, 열, 소리와 빛, 힘과 운동
물질	물체와 물질, 물질의 성질, 물질의 변화
생명	우리 몸, 동물과 식물, 환경과 생태계
지구	지구 모습과 지각 변화, 날씨와 기후, 지구와 인간 활동, 천체

과학과는 주변의 자연현상과 일상생활 문제를 해결하기 위해 기초탐구과정(관찰, 분류, 측정, 예상, 추리, 의사소통 등)을 중심으로 관찰 및 문제 확인, 분류와 측정, 자료 수집과 비교·분석, 예상과 추론, 의사소통 및 협업 등의 탐구활동 요소를 적용한다. 이상의 내용을 바탕으로 한 과학과의 목표는 '자연현상과 일상생활에 대한 흥미와 호기심을 바탕으로 과학적 탐구를 통해 주변의 현상을 이해하고 기초적인 과학 지식을 습득하며, 참여와 협동을 통해 일상생활의 문제를 해결할 수 있는 과학적 소양을 기르는 것'이다.

(2) 교수 · 학습 및 평가

교수 · 학습은 자연현상에 관심을 두고 탐구활동을 통해 과학적 기초 지식을 습득할 수 있도록 계획한다. 특히, 과정 · 기능 범주의 교수 · 학습은 관찰, 분류, 측정, 예상, 추론, 의사소통 등 기초탐구과정을 학년(군)별로 적절히 세분화하여 활용할 수 있도록 하며, 인간 활동과 생태계의 상호 영향 관계를 인식하고, 생명 존중과 환경보호 등 생태전환교육이 이루어질 수 있도록 계획을 수립한다. 교사 중심의 실험보다 학생 중심의 탐구 실험이 되도록 하며, 구체적 조작 경험과 탐구활동을 위해 학생의 선호 학습양식을 고려하고, 모형을 사용할 때는 모형과 실제 자연현상 사이에 차이가 있음을 이해하도록 지도한다. 실험 기구의 사용 방법과 화학 약품을 다룰 때 주의사항을 사전에 지도하여 사고가 발생하지 않도록 하고, 생명을 다룰 때는 생명을 아끼고 존중하는 태도를 보이도록 지도한다. 특히, 운동과 에너지 영역에서는 물리학적 지식이나 수량적 측정보다는 기초탐구에 중점을 두고, 속력을 지도할 때는 안전과 연결하여 지도하며, 생명 영역의 우리 몸을 지도할 때는 눈에 보이지 않는 기관에 대한 오개념이 발생하지 않도록 유의한다. 지구 영역에서는 자연재해에 효율적으로 대처하는 방법을 지도하고, 천체 관측 소프트웨어 등을 이용하여 천체에 대한 공간적 이해를 돕는다.

평가는 과학과의 대표적인 수행평가인 탐구활동에 대한 관찰 평가, 이해 정도를 알아보기 위한 서술형 평가를 개별적으로 실시한다. 한편, 장애 정도가 심한 학생을 위해서는 탐구활동 관련 기초 학업기술 및 세분화된 단계적 수행에 대해 직접 관찰하여 평가하는 등 수행 과정 중심의 평가를 실시한다.

6) 실과

(1) 성격 및 목표

실과는 개인이 일상에서 자립적으로 살아가는 데 필요한 지식과 기능을 습득하도록 하여 일상생활을 충실하게 수행하고, 미래 사회 변화에 유연하게 대처할 수 있는 능력과 태도를 기르는 데 목적이 있는 기능 교과이며 교양 교과이다. 실과는 초등학교 5~6학년에 편제・운영되는데 중・고등학교 '진로와 직업', 선택 교과 중 '정보통신활용'과 종적 연계성을, 기본 교육과정 5~6학년의 각 교과, 공통 교육과정 '실과', '일상생활 활동'과 횡적 연계성을 갖는다. 내용 영역은 기본생활, 기술・정보, 생명・안전, 진로 인식의 4개 영역으로 구성되어 있고, 기본생활은 일상생활 활동과 횡적으로, 기술・정보는 선택 교과 중 정보통신활용과 종적으로, 진로 인식은 중・고등학교 진로와 직업과 종적으로 연계되어 있다. 이상의 내용을 바탕으로 한 실과의 목표는 '다양한 체험 활동과 실천적 경험을 통해 실생활에 필요한 기본적인 능력을 기르고, 작업의 즐거움과 가치를 경험하게 하며, 생명 존중과 안전 생활에 대한 인식 및 습관을 기를 뿐만 아니라 자신의 진로를 주도적으로 준비하는 것'이다.

(2) 교수・학습 및 평가

교수・학습은 실과가 기능 교과인 동시에 교양을 함양하기 위한 성격을 가지므로 단순히 기능만을 향상하기 위한 교과와는 구별되도록 계획한다. 또한, 실과를 중심으로 기본 교육과정의 진로와 직업, 선택 교과의 정보통신활용, 일상생활 활동을 아우르는 통합적 접근이 이루어지고, 각 교과가 연계될 수 있도록 한다.

평가는 교육성과가 실생활에서의 기능성 향상으로 이어지고 있는지, 습득한 기술을 다양한 생활 장면에서 일반화할 수 있는지에 둔다. 특히, 기술・정보 영역 평가는 간단한 생활용품 만드는 수행 과정을 전반적으로 평가하고, 정보통신 기기의 기본적인 활용이 학생 삶의 질 향상에 기여하고 있는지를 종합적으로 평가한다. 생명・안전 영역은 안전사고 발생 이후의 대처 여부보다는 안전사고 발생 전 예방을 위한 지식 및 태도를 평가하며, 진로 인식은 중・고등학교 진로와 직업 교과와의 연계성을 고려하여 평가 계획을 수립한다. 그리고 일상생활에서의 직접적인 체험과 실습 활동 성과에 대한 평가는 모델링, 역할 놀이, 모의 상황 훈련, 실습에서의 지식・기술・태도를 관찰하는 상황 평가를 활용한다.

7) 진로와 직업

(1) 성격 및 목표

진로와 직업과는 학생이 고등학교를 졸업한 후 지역사회에서 독립적인 삶을 살아가기 위해 자신에 대한 객관적인 인식과 직업의 세계에 대한 폭넓은 이해를 기반으로 진로를 탐색하여 능동적으로 진로를 설계하고 준비하는 것과 관련된 역량을 기르는 교과이다. 특히, 생애주기별 진로 발달 단계인 진로 인식, 진로 탐색, 진로 준비에 이르는 일련의 경험 과정에 기초하여 학생이 학교 교육을 마친 후 지역사회에서의 자립 및 직업생활로 나아갈 수 있도록 하는 전환교육의 관점에 중점을 두었다. 또한, 기본 교육과정 초등학교 5~6학년 '실과'의 진로 인식 영역과 종적으로, 선택 중심 교육과정의 전문 교과인 '직업 · 생활'과 횡적으로 연계되어 있으며, 중학교와 고등학교 간 순환적 내용으로 구성하여 학습할 수 있도록 나선형 교육과정을 기반으로 설계되었다. 내용 영역은 자기 인식, 직업의 세계, 작업 기초 능력, 직업 태도, 진로 설계, 진로 준비의 6개 영역으로 구성되어 있다. 이상의 내용을 바탕으로 한 진로와 직업과의 목표는 '자신의 흥미, 적성, 능력 등에 대한 이해와 다양한 진로 및 직업 세계에 대한 폭넓은 탐색과 경험을 바탕으로 자립생활, 직업생활, 계속교육의 진로 계획을 설계하고 주체적으로 진로를 준비하는 것'이다.

(2) 교수 · 학습 및 평가

교수 · 학습은 진로와 직업과를 중심으로 기본 교육과정의 교과, 선택 중심 교육과정의 직업 · 생활, 창의적 체험활동, 일상생활 활동을 아우르는 통합적 접근이 가능하고, 각 교과가 연계될 수 있도록 설계한다. 또한, 미래 사회 및 산업 구조가 변화하는 상황에서 관련 디지털 기초소양을 함양할 수 있도록 계획한다. 특히, 고등학교에서 진로와 직업 교과를 중심으로 중점학교를 운영할 경우에는 창의적 체험활동, 일상생활 활동 학점의 50% 범위 내에서 감축하여 진로와 직업과로 편성하도록 한다. 그리고 개별화교육지원팀은 학생의 요구와 직업흥미검사, 전환능력검사, 적응행동검사 등 직업평가 도구를 활용하여 현행 수준을 객관적으로 파악한 후 진로 방향을 설정하고, 지역사회 전문가와의 협력을 통해 현장 중심 수업이 이루어지도록 한다.

실습 및 실기 평가는 사전 목표에 따른 평가 항목과 기준을 세분화·단계화하여 계획하고, 실제 작업 환경 요소를 충분히 반영하되 작업 표본 평가, 상황 평가, 현장 평가 등의 방법을 적용하여 객관적으로 평가한다. 더불어 현장 전문가나 실습 담당자를 포함하여 전반적인 역량을 평가하도록 한다.

8) 체육

(1) 성격 및 목표

체육과는 신체활동을 통해 건강하고 주도적인 삶, 활동적이며 창의적인 삶, 신체활동 문화를 향유하며 사회 속에서 바람직하고 더불어 사는 삶의 자질을 길러주는 교과로 움직임 수행 역량, 건강 관리 역량, 신체활동 문화 향유 역량을 체육과 역량으로 설정하고 있다. 내용 영역은 운동과 스포츠이며, 내용 영역별 하위 범주는 다음과 같다.

내용 영역	범주
운동	체력운동, 건강활동
스포츠	도전형 스포츠, 표현형 스포츠, 경쟁형 스포츠, 생태형 스포츠

운동은 경험하기, 모방하기, 기능 익히기, 습관 기르기 단계로 확장하도록 설계하였고, 스포츠는 다양한 움직임 경험, 기초 움직임 실행과 모방, 게임에 이르도록 구성하였다. 특히, 스포츠는 반사운동기, 초보운동기, 기본운동기, 전문운동기로 구성되는 운동 발달 모형과 움직임 교육, 연습과 릴레이, 비조직적 게임, 간이 게임, 조직적 게임으로 구성되는 발달상의 게임 위계를 근거로 한다. 한편, 스포츠 하위 범주 가운데 '생태형 스포츠'는 생활 주변 및 자연환경 등 다양한 환경적 맥락 속에서 이루어지는 스포츠로 2022 개정 교육과정에서 새롭게 제시되었다. 이상의 내용을 바탕으로 한 체육과의 목표는 '운동과 스포츠를 경험하면서 사회 구성원으로 더불어 살아가는 데 필수적인 신체활동 역량을 기르는 것'이다.

(2) 교수 · 학습 및 평가

교수 · 학습은 발달적 지도법과 기능적 지도법을 적용하되, 학생들의 기능 수준과 과제 난이도에 따라 적합한 것을 활용한다. 또한, 모든 학생이 역동적으로 많은 시간 동안 과제에 참여하는 수업을 운영한다. 즉, 활동 과제에 참여하지 않는 시간을 최소화하고, 기구를 더 많이 사용하거나 대기 시간을 줄임으로써 활동 참여 시간을 늘려준다. 학생이 특정 과제나 동작을 수행하지 못할 경우에는 동작 중심의 과제 분석이나 유사 활동 중심의 과제 분석을 사용하여 동작의 질을 높여준다. 한편, 부정확한 동작만을 지나치게 교정하게 되면 학습 거부로 이어질 수 있으므로 활동 초기에는 성공 가능성이 높아지도록 적절한 수준의 과제를 제공하고, 활동 시 안전과 건강상의 문제가 있는 학생에 대한 배려가 선행되도록 한다. 특히, 체육활동에서는 활동 전 준비 운동과 활동 후 정리 운동, 적절한 운동복과 운동화 착용, 경기 규칙 준수, 운동기구 사용법 습득, 친구와의 활동거리 유지, 적절한 휴식 등으로 안전사고에 철저히 대비하도록 한다. 또한, 온오프 융합형, 스마트폰 활용, 가상현실 · 증강현실 · e-스포츠 등 정보통신 활동 체육 수업을 계획하고 실행한다. 한편, 장애 정도가 심한 학생은 원시반사를 억제하는 활동, 기본적인 감각을 활용하는 활동 등으로 활동 내용을 선정하되, 과도한 자극을 주지 않도록 하며, 지도 시간은 짧게 자주 제공한다.

평가는 기기를 이용할 경우 학생과 학부모에게 평가 도구, 시간, 보조도구 활용 방법 등을 안내한다. 운동과 스포츠 전 영역을 대상으로 균형 있게 평가하되, 평가 비중은 달리할 수 있다. 특히, 교육 목표 성취 여부는 주로 신체활동 요소인 과정 · 기능 위주로 평가하고 수업 주제에 따라 지식 · 이해, 가치 · 태도를 추가하여 평가한다. 단, 평가에서 나타난 수행 능력과 실제 수행 능력은 차이가 있을 수 있으므로 평가 방법이나 내용을 학생이 알고 이해하였는지 확인하여 정확한 평가가 이루어지도록 한다.

9) 음악

(1) 성격 및 목표

음악과는 음악활동을 통해 일상생활 속에서 자신을 표현하고 음악을 즐기며 음악으로 소통하고 사회·문화적 안목과 공동체 의식을 함양하도록 하는 교과로 감성, 창의성, 자기주도성, 공동체, 소통을 음악과 역량으로 설정하고 있다. 내용 영역은 표현, 창작, 감상의 3개 영역인데, 2015 개정 교육과정에서의 '생활화' 영역을 모든 음악 영역과 융합하고, 총론의 창의성 강조 및 공통 교육과정 음악과와의 연계를 위해 '창작' 영역을 신설하였다. 특히, 핵심 아이디어는 음악 활동 전체를 관통하는 음악 자체의 고유한 특성과 원리, 학습자를 둘러싼 배경과 맥락, 일상생활 속에서의 음악적 참여와 활용 등 세 가지 진술문으로 제시하였다. 이상의 내용을 바탕으로 한 음악과의 목표는 '표현, 창작, 감상의 다양한 음악 활동을 총체적으로 경험하고 이해하며, 이를 바탕으로 감성, 창의성, 자기주도성을 신장하여 일상생활과 공동체 안에서 음악으로 소통하는 태도를 기름으로써 감각, 지각, 인지, 정서, 사회성을 발달시키는 것'이다.

(2) 교수·학습 및 평가

교수·학습은 기악 교육의 경우 학생의 신체적 특성, 흥미, 수행 능력을 고려하여 적합한 악기를 활용하되, 연주하기 적합한 타악기를 중심으로 학생이 스스로 다양한 종류의 악기를 선택할 수 있도록 설계한다. 감상 영역은 악곡 전체를 감상하기보다 주제 선율을 중심으로 반복적으로 감상하게 한다. 또한, 실제 악기뿐만 아니라 디지털 기기를 활용한 가상악기 체험이나 작곡 애플리케이션을 활용한 창작 및 편곡의 기회를 제공하고, 실감형 미디어 콘텐츠를 활용하여 음악 감상 시 심리적 체험 범위를 더욱 확대시킨다.

평가는 음악의 기능적인 부분에 치중하기보다 음악을 통한 학생의 긍정적인 정서 변화와 향상 정도를 파악한다. 특히, 표현 영역은 실제적 수행을 통한 실음 중심의 평가를 하며, 표현과 감상 영역에서 실감형 미디어를 활용한 평가도 실시할 수 있다.

10) 미술

(1) 성격 및 목표

미술과는 학생이 삶 속에서 경험하는 아름다움을 미술 활동으로 표현하고, 소통하는 즐거움과 자유로움을 느끼며, 사회적 관계 속에서 공존하며 생활할 수 있는 능력을 길러 민주시민의 기초를 형성하는 교과로 심미적 감성, 시각적 소통, 자기주도성, 창의성, 공동체를 미술과 역량으로 설정하고 있다. 내용 영역은 체험, 표현, 감상의 3개 영역이다. 특히, 핵심 아이디어는 미술 활동 전체를 관통하는 미술 자체의 고유한 특성, 학습자를 둘러싼 배경과 맥락, 일상생활 속에서의 미술적 참여와 활용을 바탕으로 각 내용 영역별 특성을 살려 세 가지 진술문으로 제시하였다. 이상의 내용을 바탕으로 한 미술과의 목표는 '체험, 표현, 감상의 다양한 미술 활동을 총체적으로 경험하고 이해하며, 이를 바탕으로 심미적 감성, 창의성, 자기주도성을 신장하여 일상생활과 공동체 안에서 미술을 즐기고 소통하는 능력과 태도를 기르는 것'이다.

(2) 교수 · 학습 및 평가

교수 · 학습은 디지털 환경과 미술의 변화를 고려하여 다양한 디지털 매체를 활용하고 온오프라인 연계 수업이 가능하도록 설계한다. 또한, 생활 속 탄소중립을 실천하고 환경 친화적인 미술 활동을 위한 교수 · 학습이 될 수 있도록 계획한다. 안전사고 예방을 위해 표현 재료와 용구 사용 및 보관 방법을 충분히 지도하고, 구성 성분 및 유의 사항을 파악하여 학생들의 피부와 호흡기에 해로운 재료와 용구는 사전에 제외한다. 특히, 감상 영역은 감상 관련 지식 습득에 치중하기보다 체험과 연계하여 작품의 아름다움을 감각적, 직관적으로 느끼도록 하며 미술 문화의 다양성을 수용하고 존중하는 태도를 지닐 수 있도록 한다. 또한, 감각적으로 민감하거나 둔감한 학생은 개별적인 감각의 역치를 사전에 확인한 후 감각 수준에 적절한 방법으로 미술 활동에 참여할 수 있도록 한다. 디지털 교육 환경과 관련하여 학생 수준에 적합한 디지털 문해력 교육 및 디지털 매체의 경험을 적극적으로 제공하여 변화하는 미래 시각 문화 환경에 대응할 수 있는 능력을 길러준다. 한편, 장애 정도가 심한 학생을 위해서는 인공지능을 활용한 다양한 애플리케이션과 디지털 매체 등을 활용하여 표현 범위를 확장할 수 있도록 하고, 받침대 있는 붓, 양손 가위, 잡기 보조 도구 등 수정된 미술 자료를 제공한다. 특히, 지속가능한 환경을 고려한 생태전환 미술 교육이 이루어지도록 환경 친화적인 소재로 체험·감상하고 표현할 수 있도록 한다.

평가는 스케치 평가, 제작 또는 탐색 과정 보고서 평가, 발표, 체크리스트 등의 방법을 활용하여 교수·학습 과정 중에 평가가 이루어지도록 한다. 단, 체계적인 교육 계획을 작성하기 위하여 학생의 동기, 행동, 기술 습득, 미적 표현, 감정 부분 등은 영역별로 진단하여 평가한다.

11) 선택: 정보통신 활용

(1) 성격 및 목표

정보통신활용과는 일상에서 접하는 정보의 의미를 이해하고, 정보통신 기기의 사용법을 익혀 필요한 정보를 수집·생산하며, 문제 해결을 위해 정보통신을 활용할 수 있는 능력을 기르는 교과이다. 내용 영역은 정보통신 이해와 기기의 사용, 정보통신 생활과 소프트웨어, 정보통신 윤리와 디지털 문화의 3개 영역으로 구성되어 있다. 이상의 내용을 바탕으로 한 정보통신활용과의 목표는 '정보통신의 기초 지식과 기본 기능을 익혀 정보를 활용하고, 컴퓨팅 사고력 함양을 통해 생활 속 문제를 해결하며, 디지털 사회에 필요한 정보통신 활용 능력을 기르는 것'이다.

(2) 교수·학습 및 평가

교수·학습은 학생의 정보 활용 능력, 학교의 정보통신 환경 및 교구 준비도, 디지털 기술의 발전 속도 등을 고려하여 학습 내용과 시기를 계획한다. 또한, 정보통신 기기를 자유롭게 선택하여 활동에 참여하도록 함으로써 학생이 정보통신 활용의 즐거움을 느낄 수 있도록 하고, 정보통신 윤리를 실천하며, 디지털 기술이 적용된 가정, 지역사회의 디지털 문화를 경험하여 실생활에 적용할 수 있도록 한다. 특히, 시청각장애 학생이 잔존 감각을 활용하여 정보통신 기기를 활용할 수 있도록 화면의 밝기 및 각도 조절, 불필요한 소음 제거 등 맞춤형 환경을 제공한다. 빛에 민감한 학생은 광과민성 발작을 예방할 수 있는 매체를 선정하며, 적합한 밝기를 설정하여 조작하도록 하고, 신체·운동에 제한이 있다면 적합한 보조공학 기기를 제공하여 기기에 대한 접근성을 높여준다. 단, 정보통신 기기의 알람 기능, 메모 기능, 자동 꺼짐 기능 등을 적용하여 정보통신 기기 사용 시간을 확인할 수 있도록 하고, 기기에 오랜 시간 노출되거나 중독되지 않도록 유의한다.

평가는 학습 과정에서 관찰되는 학생의 컴퓨팅 사고력 향상 정도를 평가하기 위해 관찰, 평정 척도, 교사 제작 검사 등 다양한 방법을 고안한다. 장애 정도가 심한 학생은 정보통신 기기에 대한 흥미와 관심, 정보통신 활용 의도와 기능, 학습 및 활동 참여 정도 등을 고려하여 평가한다. 특히, 시청각장애 학생은 단순히 정보통신에 대한 지식 정도보다는 잔존 감각을 활용하여 정보통신 기능을 파악하고 활용하는 데 중점을 두되, 자막 제공, 시간 연장, 보조공학 기기 사용 등의 방법을 적용한다.

12) 선택: 생활영어

(1) 성격 및 목표

생활영어과는 일상생활에서 영어를 의미 있고, 효율적으로 사용하는 방법을 익히고, 영어를 매개로 하는 의사소통 방식을 학습하며, 공동체의 언어문화를 학습하는 교과이다. 내용 영역은 듣기·말하기, 읽기, 쓰기의 3개 영역으로 구성되어 있으며, 하위 범주를 언어와 맥락으로 구분하였다. 특히, 2015 개정 특수교육 기본 교육과정에 포함되어 있던 '문화'영역이 제외된 대신, '문화'의 내용을 3개 영역에 모두 포함시키면서 세계시민으로서의 소양을 높이고자 하였다. 교육과정 내용 구성은 중학교의 경우 학생의 생태학적 환경 맥락을 개인, 가정, 학교로 하였고, 고등학교는 직업생활과 지역사회로 정하여 그 시기에 적합한 보편적 경험을 반영하도록 하였다. 이상의 내용을 바탕으로 한 생활영어과의 목표는 '일상생활 속에서 실용 가능한 생활영어 지식을 익히고 의사소통 맥락과 요소를 이해하여 상황과 목적, 학생의 특성에 맞는 다양한 의사소통 과정에 협력적으로 참여하며, 다양한 문화를 이해하고 포용하는 세계인의 자세를 기르는 것'이다.

(2) 교수 · 학습 및 평가

교수·학습은 학생의 생활환경을 고려하여 가정, 학교, 지역사회, 직업생활 등에서 사용하는 실용 영어를 학습하도록 하되, 변화하는 스마트 환경과 학생의 스마트 기기 사용 능력 등을 고려하여 삶에서 활용 가능한 생활영어를 학습할 수 있도록 계획한다. 또한, 인공지능 음성 인식 및 다국어 번역 애플리케이션 등의 다양한 매체를 활용하여 학생이 영어 활용 환경에서 문제 해결 능력을 신장할 수 있도록 설계한다. 가정, 학교, 지역사회, 직업생활 등에서의 유용한 상황과 맥락을 활용하여 언어 기능이 통합적으로 표현되도록 지도하고, 생활 속 영어 관련 경험을 활용하여 우리나라 문화를 이해하고 다양한 문화를 존중할 수 있도록 한다. 특히, 언어의 형식적인 면과 정확성에 치중하기보다는 실제 생활에서의 문제 해결 능력과 자립 능력 향상에 중점을 둔다.

평가는 단일 영역 평가 또는 2개 이상의 영역을 통합하여 유연하게 실시하고, 원격수업에서의 평가는 디지털 평가 도구를 활용하여 평가한다. 또한, 학습한 영어표현과 실생활의 관련성을 인식하고 현장·상황 중심의 영어 활용 능력을 평가한다. 언어적 평가는 다양한 평가 도구(직접 평가, 보완대체의사소통 기기, 스마트 기기 등)를 적절하게 활용하고, 비언어적 평가는 몸짓이나 행동으로 평가한다. 특히, 시청각장애 학생은 잔존능력을 파악하여 평가도구를 촉각·청각·시각화하여 제시한다.

13) 선택: 보건

(1) 성격 및 목표

보건과는 건강의 가치와 신체적·정신적·정서적 발달 과정에 대한 이해를 바탕으로 건강한 생활 습관과 태도를 함양함으로써 개인과 공동체의 건강 및 삶의 질을 향상하기 위한 교과이다. 내용 영역은 생활 속 건강 관리, 건강한 선택, 건강한 성, 생활 속 안전의 4개 영역으로 구성되어 있다. 특히, 2015 개정 특수교육 기본 교육과정의 내용 영역이었던 일상생활과 건강, 성과 건강, 안전과 건강의 3개 영역 중 '일상생활과 건강', '안전과 건강' 영역에서 중복하여 다루었던 내용을 통합하여 '건강한 선택' 영역을 신설함으로써 학습량을 적정화하였다. 이상의 내용을 바탕으로 한 보건과의 목표는 '건강의 가치와 안전의 중요성을 이해하고, 건강 관리 능력과 건강 문제 해결 능력을 증진하고 생활화하여 건강과 생활 안전의 주체자로서의 삶을 영위하는 것'이다.

(2) 교수 · 학습 및 평가

교수 · 학습은 시대적 특성을 반영한 다양한 성범죄 유형과 진화하는 디지털 성범죄 위험 상황을 인지할 수 있도록 최근 쟁점과 사건을 활용하여 학습을 계획한다. 성 인권 및 성 인지 감수성 교육은 지식 전달보다는 인식 변화에 초점을 맞추어 탐색적 · 성찰적 과정을 경험할 수 있도록 실제 사례 중심으로 구안하며 흡연, 음주, 약물 오 · 남용, 사이버 중독 등 건강 위험 행위를 금지하는 데 초점을 두기보다 건강한 삶을 위한 건강 습관 실천에 초점을 두어 설계한다. 건강한 생활 습관을 내면화하기 위하여 행위 중심의 건강 관리를 강조하고, 의료 기관 이용을 위한 모의 실습, 현장 체험, 119 안전 체험 등 현장 학습을 실시하여 실생활에서 건강과 안전 관련 문제 발생 시 대처할 수 있도록 한다. 특히, 성적 위험 상황, 흡연 및 음주 위험 상황, 생활 안전 위험 상황 등을 교수할 때는 상황극이나 역할극을 활용하고, 신체 기관별 건강 관리를 위해서는 인체 모형 등의 구체물이나 그림, 사진 등의 반구체물을 활용한다. 또한, 성폭력, 성 상품화, 음란물에 영향을 미칠 수 있는 잘못된 성 의식 및 성 문화의 원인을 비판적으로 분석할 수 있도록 신문기사, 인터넷 자료 등을 활용한다. 흡연, 음주, 약물 오 · 남용, 사이버 중독 예방 및 대처 방안 교육은 캠페인 활동에 참여하기, 표어 만들기, 포스터 그리기 등을 활용하고, 현장 체험이 어려운 응급처치 상황, 사회 재난 상황, 자연 재난 상황 등을 교수하기 위해 가상현실, 증강현실, 혼합현실 등 실감형 콘텐츠를 활용한다.

평가는 학습자가 성취할 수 있는 전반적인 영역을 평가하되, 실생활에 적용할 수 있는 기능적 요소에 중점을 두어 평가한다. 특히, 성적 위험 상황, 흡연 및 음주 위험 상황, 생활 안전 위험 상황 등을 평가할 때 상황극이나 역할극을 활용할 수 있으며, 건강생활 습관, 감정 조절, 스트레스 관리 등 건강생활 관리 기술을 실생활에 적용할 수 있는지 평가한다.

14) 창의적 체험활동

(1) 성격 및 목표

창의적 체험활동은 학년군을 통합하여 필요한 기본 생활 습관에 대한 기능 중심 활동부터 미래 사회에 필요한 인공지능·코딩 교육, 기후·생태계 환경의 지속가능한 발전과제에 대한 인식 및 공동체적 가치를 함양하는 데 중점을 둔 비교과 교육과정이다. 영역은 자율·자치, 동아리, 진로의 3개 영역으로 구성되어 있는데, 2015 개정 교육과정의 자율, 동아리, 봉사, 진로의 4개 영역 중 봉사 영역을 활동 수준으로 변경하여 재구조화하였다. 창의적 체험활동의 영역 및 활동, 주요 내용은 다음과 같다.

영역	활동	주요 내용
자율 · 자치	자율활동 자치 · 적응 활동	자신의 의견과 권리 표현, 삶에서 직면하는 문제 해결 · 실천
동아리	예술 · 문화 · 스포츠 활동 생활실습 활동 단체 · 봉사 활동 정보통신기술 활동	개개인의 소질과 잠재력 계발 · 신장, 여가 활용과 디지털 소양 능력 및 공동체 의식 함양
진로	자기 이해 활동 진로 인식 및 탐색 활동 진로 체험 및 계획 활동	자신에 대한 이해를 바탕으로 흥미와 적성 파악, 진로 탐색 · 개발

창의적 체험활동의 목표는 '다양한 개별 및 단체 활동에 참여함으로써 나눔과 배려를 실천하고, 개인의 소질과 잠재력을 계발·신장하는 것'이다. 이를 위해 사회통합을 위한 공동체 의식 함양, 급변하는 미래 사회에 대처하기 위한 디지털 소양 능력 및 창의적 삶의 태도 함양에 주안점을 둔다. 특히, 학교(급)별 특성을 반영하여 초등학교에서는 공동체 생활에 필요한 기본 생활 습관 형성 및 자신의 개성과 소질 탐색·발견, 중학교에서는 자기 이해를 바탕으로 자아 정체성 확립 및 진로 탐색, 고등학교에서는 공동체 의식 확립 및 더불어 살아가는 실천 능력 함양과 진로 설계·준비에 중점을 둔다.

(2) 설계 및 운영

창의적 체험활동 교육과정 설계와 관련하여, 시수 편성은 특정 학년이나 학기에 편중하여 편성하지 않도록 하되, 초등학교 1학년은 입학 초기 적응 활동으로 입학 후 3월 중 34시간을 배정할 수 있다. 영역별 활동 구성은 3개 영역에 각각 속하거나 각 영역의 활동을 연계 통합하여 설계할 수 있으며, 일부 영역과 활동을 선택하여 집중적으로 편성·운영할 수도 있다. 특히, 입학 초기 및 상급학교나 학년으로 진학하기 직전 학기에는 학교(급) 간 연계를 위해 진로연계교육을 운영할 수 있으며, 중학교는 자유학기 프로그램과 연계하여 계획할 수 있다. 또한, 정일제, 격주제, 전일제, 집중제 등 여건에 맞게 활용할 수 있는데, 각각에 따른 편성 방법과 예시는 다음과 같다.

시수 편성 방법		예시
정일제	1학기 또는 1년 동안 매주 동일한 요일, 동일한 시간에 편성	매주 고정 시간표를 활용하는 경우
격주제	1학기 또는 1년 동안 격주로 편성	동아리 활동과 같이 주당 2시간 이상의 활동이 요구되는 경우
전일제	하루 동안 교과 활동 없이 창의적 체험활동 시수로만 편성	발표회, 체육대회, 일일형 현장체험학습 등 학교 행사가 있을 경우
집중제	전일제의 연장선에서 2일 이상을 교과 활동 없이 창의적 체험활동 시수로만 편성	숙박형 현장체험학습이 요구되는 경우(등하교형, 캠프형 중 선택하여 편성 가능)
	특정 월, 분기, 기간 등에 집중적으로 시간을 편성하되, 해당 기간 동안 교과와 창의적 체험활동을 함께 편성	1학년 입학 직후 2개월(3~4월)간 입학 초기 적응 활동이 요구되는 경우

한편, 방학식, 개학식 당일의 원활한 학교생활 적응을 위해 자율·자치 영역을 중심으로 운영할 수 있으며, 동아리 영역은 학년군 또는 학생 단위로 운영할 수 있다. 단, 의식 행사, 발표회, 현장체험학습, 가정체험학습 등 각종 행사를 특정 영역에 국한시키지 않도록 하고, 타 교과와 창의적 체험활동을 연계·통합할 경우, 시수를 교과와 창의적 체험활동 간에 중복하여 편성하지 않도록 유의한다. 특히, 초등학교 1~2학년은 학생의 발달 수준을 고려하여 자율·자치 영역의 활동을 중심으로 운영

할 수 있고, 중학교는 학교스포츠클럽 활동 및 자유학기에 이루어지는 다양한 활동들과 연계할 수 있다. 고등학교는 창의적 체험활동 전 영역에 걸쳐 학생의 진로를 고려하여 지역사회 기관에서 이루어지는 학교 밖 교육을 창의적 체험활동으로 이수할 수도 있다.

(3) 평가

평가는 영역별로 평가기준을 마련하되 참여도, 협력도, 자발성 및 선호도, 완성도 등이 골고루 반영되도록 한다. 또한, 영역별 평가 관점 작성 시, 해당 학년에서 편성한 학교(급)별 목표와 영역별 활동 목표를 고려하여 상세화하며, 각 영역의 실천과 관련하여 계획, 과정, 결과 등의 전 과정을 평가하도록 유의한다.

15) 일상생활 활동

(1) 성격 및 목표

일상생활 활동은 학생의 생활 적응 능력을 신장시켜 자기주도적인 삶을 도모하는 존재로 성장하도록 학교에서 자율적으로 편성・운영하는 학생 중심의 실제적 교육과정이다. 2022 개정 특수교육 교육과정에서 새롭게 등장한 것으로 교과와 창의적 체험활동과 상호 보완적 관계에 있으며, 장애 정도가 심한 학생을 대상으로 한다. 일상생활 활동은 실제성(다양한 상황에서 필요한 기능을 배우고 익힘으로써 생활 적응 능력 향상), 통합성(생태학적 환경 속에서 필수적인 생활 기능 역량을 함양하여 일상생활 활동, 교과, 삶으로 확장・전이), 지속성(생애 맞춤형 교육의 반복적・지속적 제공)의 원리를 기반으로 설계되었다. 일상생활 활동 영역은 의사소통, 자립생활, 신체활동, 여가활동, 생활적응(시각중복, 청각중복, 지체중복)의 5가지로 구성되어 있다. 총괄 목표는 '일상생활 활동으로 학생의 잔존 능력과 잠재력을 계발하여 자신과 주변 환경을 이해하고, 현재와 미래의 삶에 필요한 생활 적응 능력을 함양하며, 지역사회 속에서 능동적인 사회 구성원으로 더불어 살아가는 태도를 기르는 것'이다. 특히, 일상생활 활동은 학생 맞춤형 교육과정, 기능적 활동 중심 교육과정, 모듈형 교육과정으로 규정된다. 특징적인 부분은 '모듈형' 교육과정이라는 점인데, 즉, 일상생활 활동 영역과 내용 요소는 학습 단위이자 교육과정의 한 구성 요소로 분절성, 독립성, 상호 관련성의 성격을 가진다. 따라서 제시한 교육과정을 활용하여 학생에게 적합한 영역을 선택하거나 새로운 교육과정으로 설계하고 운영할 수 있다.

(2) 설계 및 운영

시간 배정은 기본 교육과정을 운영하는 특수학교의 경우, 장애 정도가 심한 학생의 교육적 요구를 반영하여 교과(군)별 50% 범위 내에서 시수를 감축하여 일상생활 활동으로 편성할 수 있다. 또한, 학교는 학교의 특성, 학생·교사·학부모의 요구 및 필요에 따라 자율적으로 교과(군)별, 창의적 체험활동, 일상생활 활동 간 50% 범위 내에서 시수를 증감하여 편성·운영할 수도 있다. 특히, 모듈형 교육과정은 학교에서 자율적으로 교육과정을 설계할 수 있는 방법으로 일상생활 활동의 영역 내 선택형, 영역 간 통합형, 일상생활 활동·교과·창의적 체험활동 연계형, 학교 자체 개발형의 4가지 방법으로 설계 가능하다.

(3) 평가

평가는 학생의 생활 적응 능력을 기능적이고 통합적으로 평가하는 한편, 실제적인 삶의 맥락에 적용하면서 다양한 문제를 해결할 수 있는 역량을 평가한다. 특히, 평가 대상이 중증 장애 학생인 점을 고려하여 학생의 몸짓, 시선, 움직임 등 다양한 반응을 주의 깊게 관찰하고 참여 과정에서 보이는 흥미, 참여 범위, 참여 정도, 참여 시간 등을 토대로 학생의 태도를 종합적으로 평가한다.

제3장 교육과정 재구성 이론과 전략

교육과정 재구성이라는 용어는 국내에서 명확하게 규정되어 있지 않고, 각 학자마다, 저서마다 다르게 규정하고 있으며 그 쓰임이나 의미도 상이하게 혼용되고 있다. 국가수준 교육과정 문서에서 교육과정 재구성의 의미는 국가 교육과정을 학교나 학생의 수준과 특징에 맞게 적합화시키는 것이라 볼 수 있다. 현재 다양하게 정의되고 있는 교육과정 재구성의 정의를 살펴보면, 허영주(2011)는 교사가 국가수준 및 지역수준 그리고 학교수준 교육과정을 자신만의 교육과정으로 구성해나가며, 교수-학습과정안을 작성하고 이를 실제로 지도하는 모든 활동을 교육과정 재구성이라 한다고 언급하였다. 또한 성열관과 이민정(2009)은 교육과정 재구성이란 교사가 자신이 가진 전문성을 바탕으로 교육과정 목표를 효율적으로 달성하기 위하여 교육목표 및 내용 그리고 교과서 등을 재조직하고 수정・보완하는 등의 제반 활동을 의미한다고 설명하였다. 아울러 윤성한(2017)은 교육과정 재구성의 기준으로 교육과정 중심 재구성과 교과 중심 재구성을 들면서, 교육과정 재구성의 방법은 교사의 수만큼 많지만 교육과정 재구성이 교사 수만큼 많다고 해서 교사 마음대로 운영하라는 의미는 결코 아니며, 국가수준의 교육과정 구성 방침 및 성취기준 내에서 탄력적으로 재구성되어야 한다고 강조하였다.

이들 정의를 종합하면 교육과정 재구성은 '교사가 자신만의 교육과정으로 교육과정을 구성해가는 모든 과정'이라고 할 수 있는데, 즉 교사가 교육과정 그 자체라는 것이다. 그러므로 교과서는 바이블이 아니라 그저 잘 정선된 자료일 뿐이며, '교과서를' 가르치는 것이 아니라 '교과서로' 가르친다는 인식의 전환이 필요하다(윤성한, 2017). 교과서의 재조직화는 현실적으로 교과 내 재구성, 교과 간 재구성, 교과와 비교과를 연계한 재구성 등으로 나타난다. 그리고 교과 내 재구성에는 특정 주제를 중심으로 한 주제통합뿐만 아니라 교과 내 교재 재조직화, 특정 시기를 중심으로 한 지도 시기의 조정, 지도 내용과 방법의 수정 등이 모두 해당된다.

흔히 특수교사들은 교과서가 학생수준에 맞지 않아 활용할 수 없다고 생각하는 경우가 종종 있다. 하지만 교과서 또한 교육과정의 성취기준을 재구성한 자료이므로 교과서 집필자에 따라 그 내용과 구성이 완전히 달라질 수 있다. 따라서 교과서를 재구성하는 것 또한 교육과정을 재구성하는 하나의 방법이라 할 수 있다. 예를 들면, 교과서를 자료로 활용하여 교과서 단원의 순서를 바꾸거나 성취기준에 근거하여 새로운 단원 또는 활동 내용을 추가하고 생략할 수 있다. 이것이 바로 학습자 수준에 맞게 교육과정 및 교과서를 재해석하고 재구성하는 과정이다.

한편, 일반교육에서는 오랫동안 교과 중심의 교육과정에서 벗어나기 위한 다양한 방식의 시도들이 있어 왔다. 다시 말해, 국가 수준의 획일적 교육과정이나 정해진 교과서에서 벗어나 학생의 실제 경험을 중시하고, 교과 간 통합을 통해 교과의 내용이 사회적 가치와 연계를 이룸으로써 학생이 자신의 삶을 주체적으로 꾸려 나갈 수 있는 역량을 키우는 방향으로 나아가고 있다(김현진, 2016). 이에 따라 교사는 주어진 교육과정을 그대로 이행하는 존재가 아니라 교육과정을 적극적으로 재구성하고 설계하는 실천가라는 인식이 확산되었다. 특히 2010년 이후 혁신학교가 확대되면서 일반교육의 교육과정 재구성 움직임이 확산되었고, 교육과정-수업-평가를 하나의 흐름으로 보면서 교사의 전문적 학습공동체를 통하여 학교 전체 교육과정을 새롭게 바꾸려는 움직임이 활발해졌다. 이러한 추세에도 불구하고 지금까지 특수교육 교육과정 재구성은 일반교육에 비하여 체계적인 수준이라기보다는 개인적인 관심에서 이루어지는 사례가 많은 까닭에 현장 특수교사들의 욕구를 충족시키지 못하는 경향이 강하였다.

그러나 최근 이러한 일반교육의 움직임이 특수교육으로 확산되고 있다. 특히 2015 개정 특수교육 교육과정에서 도입된 중학교 자유학기제는 자유학기가 적용되는 기간 동안 교육과정 재구성과 교과수업 방법 개선이 집중적으로 이루어진다(정현선, 오은하, 2016)는 측면에서 학생 참여형 수업을 실천하기 위한 교육과정 재구성에 관심을 가지는 계기로 작용했다. 또한 특수교육에서는 한 교사가 몇 개의 교과를 동시에 담당하고 있는 경우가 많기 때문에 교과 간 연계를 고려한 교육과정 재구성이 일반교육에 비해 상대적으로 용이하다. 따라서 특수교육에서도 학생의 발달단계를 고려한 학년(군) 단위의 교육과정 재구성을 통해 학생의 발달과 성장을 지원하기 위한 노력이 활발히 이루어져야 한다.

한편, 효율적인 교육과정 재구성을 위해서는 특수교육 기본 교육과정의 학년군제 교육과정적 의의를 살펴본 후, 교과의 내용을 학생들의 수준별로 재구성하거나 동일한 내용을 폭과 깊이를 더할 수 있도록 재구성하는 방안 등을 생각해 볼 수 있다(윤광보, 2014). 특히 중도중복장애 학생을 위해서는 기본 교육과정을 생활 중심의 통합교육과정으로 재구성하는 방안, 개별화된 맞춤형 교육과정으로 재구성하는 방안, 교육과정 운영 자료의 실제적인 적용 방안 등이 고려되어야 한다(오세웅, 2014).

2015 개정 교육과정이 교육과정 대강화를 내세우며 개정된 이후, 그 맥을 이어 2022 개정 교육과정 또한 한 단계 더 대강화되고 〈표 3-1〉과 같이 성취기준의 수도 줄었다. 이를 기반으로 학교 교육과정 운영 자율권을 확대하였으며 교사의 교수학습 설계에 대한 재량권과 융통성을 강화하였다. 특히, 코로나19 상황을 겪으며 학생의 현재 삶을 담은 교육과정을 운영하고 실제 상황을 반영한 교수학습설계가 강조되면서 성취기준 재구조화에 관심을 가지기 시작하였다. 2015 개정 교육과정이 기존 내용형 교육과정에서 기준형 교육과정으로 변화되면서 성취기준의 해석과 재구조화에 더 관심을 가지기 시작하였고, 코로나 19 상황을 겪으며 그 필요성을 절실히 느끼게 되었다. 다음은 학교생활기록부에 기재된 성취기준 재구조화에 대한 내용이다.

> '성취기준의 재구조화'는 교육과정 성취기준을 실제 상황에서 준거로 사용하기에 적합하도록 보다 구체적이고 명료하게 하는 것을 의미한다. 다만, 성취기준을 통합하거나 일부 내용을 압축하여 재구조화할 경우, 성취기준의 내용 요소 일부가 임의로 삭제되지 않도록 유의해야 하며, 일부 내용 요소를 추가해야 하는 경우에는 학생의 학습 및 평가 부담이 가중되지 않도록 학년(군), 학교급 및 교과(군) 간의 연계성을 충분히 고려하여야 한다.

출처: 2023학년도 학교생활기록부 기재요령 88쪽

〈표 3-1〉 2015 개정 특수교육 기본 교육과정과 2022 개정 특수교육 기본 교육과정의 성취기준 수 비교표

과목명		2015	2022	가감
통합교과	바른 생활	32개	10개	-22
	슬기로운 생활	32개	11개	-21
	즐거운 생활	32개	9개	-23
국어	초등학교	43개	34개	-9
	중학교	17개	14개	-3
	고등학교	17개	14개	-3
사회	초등학교	28개	22개	-6
	중학교	17개	13개	-4
	고등학교	19개	14개	-5
수학	초등학교	89개	81개	-8
	중학교	36개	33개	-3
	고등학교	36개	34개	-2
과학	초등학교	34개	37개	-3
	중학교	24개	20개	-4
	고등학교	23개	21개	-2
실과		28개	23개	-5
진로와 직업	중학교	37개	27개	-10
	고등학교	38개	30개	-8
체육	초등학교	49개	29개	-21
	중학교	27개	14개	-13
	고등학교	27개	14개	-13
음악	초등학교	47개	26개	-21
	중학교	23개	13개	-10
	고등학교	24개	13개	-11
미술	초등학교	28개	23개	-5
	중학교	14개	11개	-3
	고등학교	15개	12개	-3

교육과정 재구성과 성취기준 재구조화는 학생에게 맞는 맞춤형 교수학습을 설계하기 위해 선행되는 작업이라 할 수 있다. 그러므로 교육과정 재구성과 성취기준 재

구조화, 맞춤형 교수학습 설계는 맥락을 같이하고 있다고 할 수 있다.

하지만 교육과정 재구성이든 성취기준 재구조화든 교수학습설계 방법이든 특수교육 현장에서 성공적으로 실행하기 위해서는 교육과정을 해석하는 특수교사의 특수교육 교육과정 재구성 역량과 전문성이 무엇보다 중요하다(권순황, 2014; 김현진, 2016). 다시 말해, 국가수준의 특수교육 교육과정이 단위학교에서 실천 가능하도록 적절하게 개발되기 위해서는 수업을 통하여 교육과정을 실천에 옮기는 교사의 역할이 중요한 것이다. 교사수준에서 수업에 알맞게 교육과정을 재해석하여 교육내용을 재구성하는 작업은 교육과정의 적합성과 실천가능성을 높이고, 교사의 자율성과 전문성을 신장시키며, 수업의 질과 더 나아가 교육의 질을 향상시키는 데 중요한 역할을 담당한다고 할 수 있다.

1. 교육과정 재구성을 위해 교사가 갖추어야 할 능력

교육과정 재구성을 위해 교사가 가져야 할 전문지식에 대한 대표적인 입장 중 하나인 Shulman(1986)의 견해를 제시하면 다음과 같다. 첫째, 내용지식으로서 이는 가르치는 교과에 대한 전문지식을 의미하는데 즉, 교과의 기본 개념 및 원리들의 조직방식, 명제의 진위와 타당성을 검증하는 방법 등 교과의 실질적-구문론적 구조에 대한 이해이다. 둘째, 일반 교수학 지식으로서 이는 개별 주제나 교과 영역을 넘어서 수업 및 학습관리에 관한 것을 포함하며, 수업 전략들이 어떻게 학습을 촉진하고 효과적인 학습기법은 무엇인가 등에 대한 이해를 말한다. 셋째, 교육과정 지식으로서 이는 교육과정 문서와 자료에 대한 지식을 의미하는데, 즉 해당 학년의 교과나 주제를 가르치기 위한 다양한 대안적 자료에 대한 지식, 학생들이 배우고 있는 다른 교과 영역 자료에 대한 지식인 수평적 교육과정 지식, 동일 교과 분야에서 이전과 이후에 교수할 주제 및 쟁점에 대한 수직적 교육과정 지식 등이 포함된다. 넷째, 교수 내용 지식으로서 이는 교수를 위한 내용지식을 말하는데, 다시 말해 교과 내용을 학생들이 이해할 수 있도록 가르칠 수 있는 지식이다. 예를 들어, 특정 교과 내용을 이해하는 데 있어서 어려움은 무엇인지 또는 내용에 대한 선개념 및 오개념은 무엇인지를 파악하여 적절한 전략을 선택할 수 있는 지식을 의미한다. 다섯째, 학습자에 대한 지식으로서 이는 개개인에 대한 지식과 학습자의 발달 특성 등에 대한 지식을 의미하는데, 지식과 정보가 학습자의 인지 구조 속에서 변형되는 방식이나 다양한 맥락 안에서 학습이 이루어지는 방식을 이해하는 것이다. 여섯째, 교육 상황에 대한 지식으로서 학교, 가정, 지역사회, 국가 등 교과와 관련된 제반 상황에 대한 지식, 교육공동체 구성원들에 대한 지식, 교육을 둘러싼 사회, 문화, 정치적 맥락에 관한 지식 등을 포함한다. 일곱째, 교육목적 및 가치 그리고 기저에 내재된 철학적 역사적 배경에 대한 지식 이해이다.

한편, 교육과정을 재구성하기에 앞서 특수교사는 다음의 세 가지 재구성 능력을 길러야 한다. 첫째, 개별 학생의 능력에 따라 버려야 하는 것과 집중해야 하는 것을 찾을 수 있어야 한다. 둘째, 교육과정을 횡적 또는 종적으로 볼 수 있는 시각을 길러야 한다. 셋째, 앎과 삶을 연결시킬 수 있는 능력을 길러야 한다. 이 세 가지 능력은 학생의 눈높이에 맞는 교육과정을 재구성하고 수업을 바꾸기 위한 작은 실천의 시작이라 할 수 있다. 다시 말해, 개별 학생의 능력에 따라 버려야 하는 것과 집중해야 하는 것을 찾는 작업은 특히 특수교육에 있어 보다 더 중요한 의미를 가진다.

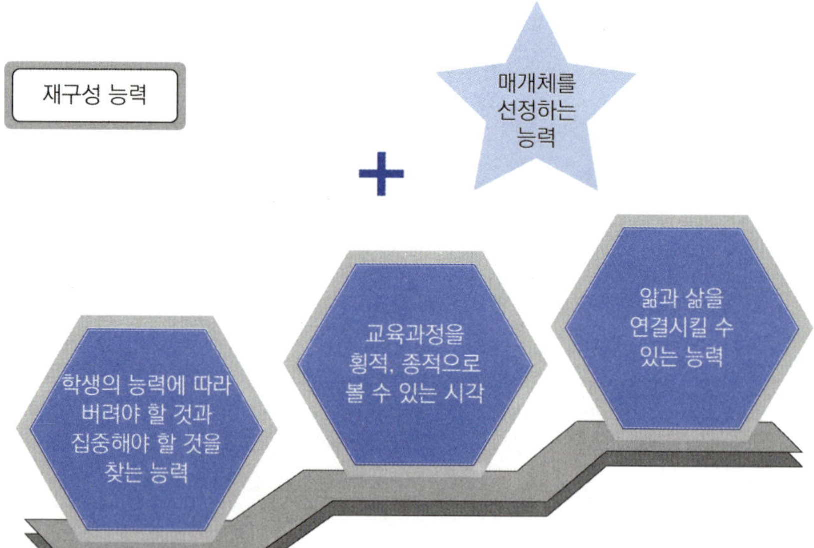

[그림 3-1] 교육과정 재구성을 위해 갖추어야 할 능력

이를 구체적으로 살펴보면, 특수교사는 개별 학생의 능력에 따라 버려야 하는 것과 집중해야 하는 것을 찾을 수 있어야 한다. 일반적인 특수교육 장면을 살펴보면, 한 학급에는 장애 유형과 정도가 전혀 다른 학생들이 함께 어울려 수업을 받고 있다. 그런 까닭에 학생들의 학습 수준은 학생 수만큼 다양하다. 수업이 학습 목표 도달을 위한 수단이라고 한다면 목표 도달의 대상은 당연히 학생이다. 다시 말해, 학급의 모든 학생이 학습 목표에 도달하는 것이 수업의 핵심이라고 할 수 있다. 개별화교육을 지향하고 있는 특수교육에서는 서로 다른 목표를 가지고 있는 학생들이 모두 학습 목표에 도달하도록 동 시간에 수업하기란 쉽지 않은 일이다. 더욱이 교사의 일방적인 설명식 수업으로 이 문제는 해결되기 어렵다. 수업은 결국 교육과정 운영의 한 방편이다. 따라서 수업의 전문성은 수업 내용과 관련된다고 볼 수 있다. 그러므로 교사는 끊임없이 수업을 되새김해 보고 학습 수준을 고려하여 다양한 수업을 시도해보아야 한다. 이러한 시도들이야말로 수업전문성을 향상시킬 수 있는 출발점이라 할 수 있다. 이러한 과정을 통해 교사는 가르치는 학생의 능력에 따라 버려야 하는 것과 집중해야 하는 것을 선택하는 능력이 길러지게 된다. 그러므로 교사의 선택과 집중에 대한 능력은 서로 다른 목표를 가진 학생들을 동 시간에 공통의 주제로 공통의 목표에 도달할 수 있도록 지원해주는 핵심적인 능력이라 할 수 있다.

둘째, 특수교사는 교육과정을 횡적으로 종적으로 볼 수 있는 시각을 길러야 한다. 특히 특수교육 교육과정 재구성에서 이러한 시각은 특별한 의미를 가지고 있다. 특수교육의 경우 한 교사가 여러 교과를 담당하고 있는 경우가 많다. 특히 특수학급에서는 여러 학년의 학생이 동시에 수업을 받고 있는 경우가 대부분이므로 특수교사에게 있어 교육과정을 횡적 또는 종적으로 볼 수 있는 시각이 매우 중요하다. 또한 이는 일반화에 제한적인 특수교육 대상 학생을 지도하기 위해서 반드시 선행되어야 하는 역량이라 할 수 있다.

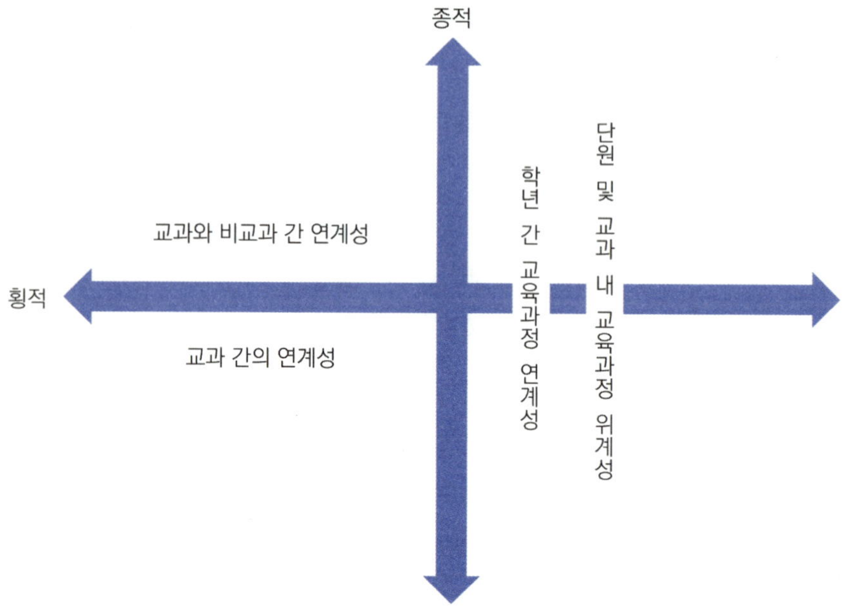

[그림 3-2] 교육과정을 종적 · 횡적으로 보는 시각

셋째, 특수교사가 지닌 앎과 삶을 연결시킬 수 있는 능력은 특수교육 대상 학생들이 학습한 내용을 실생활에 적용하는 능력과 직결되는 중요한 요소로 작용한다. 교과지식과 삶의 관련성이 동떨어져 '앎'과 '삶'이 괴리되는 현상을 극복하기 위해 일반적으로 '주제통합'을 도입하고 있다. 특수교육에서도 마찬가지이다. 특수교육대상자들이 배우고 싶어 하는 것은 '교과' 내용뿐만 아니라 이를 생활 속에서 다양하게 적용할 수 있는 '주제'이기 때문이다. 이는 정답을 찾으려 하기보다는 주어진 조건을 활용할 수 있는 역량을 길러주는 교육에 보다 관심을 기울이자는 의미인데, 지금까지의 지식 중심의 이해교육이 '앎 중심의 교육'이라고 한다면 역량을 길러주는 교육은 '삶 중심의 교육'이라고 할 수 있다. 학습의 학(學)은 배움을 의미한다. 즉 학생들이 무엇을 이해하고 안다는 것에 의미가 닿는다. 반면에 습(習)은 알아낸 것을 자기화하는 과정이다. 즉 알아낸 것을 쓸모 있게 익히는 과정을 말한다. 결국 학이 '앎'을 의미한다면 습은 '삶'을 의미한다고도 볼 수 있다(윤성한, 2016). 이러한 앎과 삶의 전환은 특수교육 대상 학생에게는 어려운 부분으로 인식되며 이를 인위적으로 전환할 수 있는 능력을 키워주는 역할이 특수교사의 몫이라 할 수 있다. 그러므로 특수교사는 앎과 삶을 연결시킬 수 있는 시각과 이를 교육과정상에서 재구성할 수 있는 능력을 끊임없이 키워나가야 한다.

한편, 이상의 세 가지 주요 능력에 더하여 부가적으로 요구되는 능력은 바로 매개체를 선정하는 능력이다. 매개체는 교사가 교육과정을 재구성하는 데 있어서 단원 간, 교과 간, 교육과정 간 주제를 연결시켜 주는 역할을 한다. 매개체는 학생들에게 친숙하고 흥미를 유발할 수 있는 것이어야 하며, 재구성할 교육내용을 담고 있어야 한다. 매개체는 그림책과 같이 눈에 보이는 것이 될 수도 있고 노래와 같이 눈에 보이지 않는 것일 수도 있다. 또한 매개체는 교육과정 안에서 교육과정을 종적 또는 횡적으로 연결시켜 주며, 앎과 삶을 연결시켜주는 징검다리 역할을 한다. 물론 매개체를 선정하지 않고서도 교육과정을 충분히 재구성할 수 있다. 하지만 매개체를 통해 교육내용을 연결시킨다면 보다 수업에 생기를 불어넣을 수 있으며, 장애학생들이 배운 내용을 실생활 속에서 자연스럽게 적용할 수 있도록 감초 역할을 해줄 수 있을 것이다. 매개체 선정에 대해서는 교육과정 재구성 사례를 통해 구체적으로 제시하고자 한다.

2. 교육과정 재구성 유형

교육과정 재구성은 크게 교육과정 중심 재구성과 교과 중심 재구성으로 구분할 수 있다(윤성한, 2016). 교육과정 재구성은 그 형태를 어떻게 할 것인가와 그에 따라 교육내용 구성을 어떻게 할 것인가의 두 가지 문제가 핵심이다. 즉, 성취기준을 중심으로 재구성을 하고자 한다면 학습 목표를 어떻게 재구성할 것이며, 이후 목표 도달을 가장 효율적으로 할 수 있는 교육내용을 어떻게 재구성할 것인가로 문제가 압축될 수 있다. 즉, 학습자의 수준에 맞게 성취기준을 해석하여 교재, 즉 교과서를 새롭게 구성한다고 보면 된다. 따라서, 학교 현장에서 활용하기에는 많은 노력과 시간이 투자될 수도 있다. 그러므로 교사들에게는 교과 중심 교육과정 재구성이 보다 편리하다고 느껴질 수 있다. 교과 중심 교육과정 재구성은 다음과 같은 몇 가지 유형으로 구분된다.

〈표 3-2〉 교과 중심 교육과정 재구성 유형

구분	재구성 영역	재구성 형태	재구성 내용
교과 내 교육과정 재구성	단원 내 재구성	학습 수준을 고려한 학습 목표 조정	성취기준 조정 및 단원 지도 시수 증감 운영
		핵심역량 강화	핵심역량이 강화되도록 성취기준 재설정
		창의 · 인성교육 강화	창의 · 인성 능력이 신장될 수 있도록 성취기준 재설정
교과 간 교육과정 재구성	교과 간 통합	STEAM 교육	과학, 수학, 미술 중심의 운영
		주제 중심 통합	특정 주제를 중심으로 재구성
		교과군 통합	사회/도덕, 과학/실과, 진로와 직업 교과군 통합
	교과 간 병합	학습 내용 연계 · 운영	둘 이상의 교과를 학습 내용 중심으로 수업 시간 전후 배치
교과와 비교과 간 교육과정 재구성	교과 · 비교과 통합	창의적 체험활동과 연계 · 운영	창의적 체험활동 내용과 관련 교과 연계 운영
		자유학기활동과 연계 · 운영	자유학기활동 주제와 관련 교과 연계 운영
		기타 통합 운영	특정 주제를 중심으로 교과 · 비교과 간 재구성
			창의 · 인성, 핵심역량 등 특정 이슈 중심의 재구성
	교과 · 비교과 병합	학습 시간 연계 · 운영	교과와 비교과 시간 전후 배치
학급 교육과정 재구성	교과 간, 교과-비교과 간 통합	학급경영 목표와 연계 · 운영	담임교사의 지도 교과, 창 · 체를 학급경영 목표에 맞게 재구성
지도 시기 중심 교육과정 재구성	특별실 운영	특별실 운영	음악실, 과학실, 미술실, 도서실, 기타 특별실 활용
	학교행사 운영	학예회 운영	행사 직전 시수 집중 배치
		체육대회 운영	

출처: 윤성한(2017). 교육과정 재구성과 수업디자인. 교육과학사.

교과 중심 교육과정 재구성 유형을 유사한 재구성형태에 따라 구분하여 설명하면 다음과 같다.

첫째, 특정 교과를 중심으로 교과 내에서 이루어지는 재구성 형태는 실제 교육현장에서 가장 활발하게 이루어진다. 이 경우 단원을 중심으로 재구성이 이루어지는 것이 일반적인데, 대체로 학습자의 학습 수준을 고려하여 학습 내용을 재조직하게 된다. 학습자의 수준을 고려하여 목표를 조정하거나 강화할 핵심역량 또는 창의·인성 능력을 중심으로 성취기준을 재설정할 수 있다. 핵심 역량이나 창의·인성과 같이 특정 능력을 신장시키기 위한 교육과정 재구성은 학급경영 목표와 연계한 교육과정 재구성으로 확장할 수도 있는데, 바로 학급 교육과정 재구성이 그 사례이다. 학급 교육과정 재구성은 한 해 동안 학급 학생들에게 지도하고 싶은 목표 행동이나 특정 능력을 신장시키기 위해 담임교사가 자신의 교과를 중심으로 교육과정을 재구성하는 형태를 말한다.

이 과정에서 수업 시수 운영은 탄력성을 띤다. 교과 내 재구성 방법에는 아래 〈표 3-3〉과 같이 압축, 생략, 추가, 순서 바꾸기가 있다.

〈표 3-3〉 교과 내 교육과정 재구성 방법

교과 내 재구성 방법	압축	교육과정 내용 중에서 보다 중요하고 핵심적인 내용을 중심으로 지도하면서 나머지 내용들을 포함하여 지도
	생략	보다 중요하고 핵심적인 내용을 중심으로 지도하는 과정에서 일부 교육과정의 내용 생략
	추가	보다 풍부한 이해를 위해 교육과정 이외의 내용을 추가적으로 지도
	순서 바꾸기	교과서의 내용 및 배열 순서를 바꾸어 지도

특히, 순서 바꾸기는 특수교육 장면에서 흔히 사용되는 소극적인 교육과정 재구성 방법으로 첫째, 이유 있는, 둘째, 의도가 있는, 셋째, 주제가 있는 교육과정 재구성이다.

일반적으로 교과 내 재구성은 압축, 생략, 추가, 순서 바꾸기 중 한 가지 방법만 사용하기보다 4가지 유형을 혼용하여 사용한다. 교과 내 재구성의 구체적인 절차는 다음 [그림 3-3]과 같다.

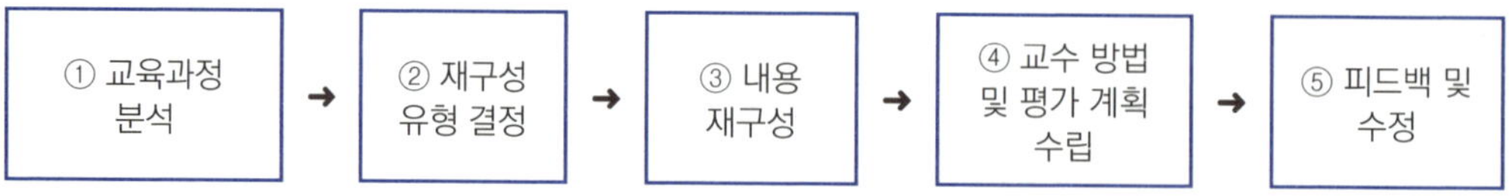

[그림 3-3] 교과 내 재구성 절차

윤성한(2017)에 의하면 교과 내 재구성 절차는 일반적으로 5단계로 이루어지는데, **1단계 교육과정 분석**에서는 교육과정 해설서, 교과서, 교사용지도서, 국가수준, 지역수준, 학교수준의 교육과정, 교과 교육과정의 성격, 핵심목표, 내용, 방법, 평가 방법, 학생수준, 학교 및 지역사회의 요구 등을 분석한다.

2단계 재구성 유형 결정에서는 재구성 필요도를 고려하여 유형을 선택하는데, 이때 전개 순서를 변경하며, 내용추가, 내용 대체, 이슈 중심 재구성, 핵심역량 중심 재구성 등을 결정한다. 특히, 학습자에게 적합한 방법인지 고려하여 재구성 유형을 결정하는 것이 중요하다.

3단계 내용 재구성에서는 교수학습 방법을 구안하고 재구성할 학습 요소를 선정한 다음 교과 지도계획을 수립하며, 교사 수준의 1차 재구성, 학생 수준의 2차 재구성 등을 시도한다. 또한 단원 학습 요소를 나열한 후 분류 및 배열 과정을 거친 후 내용을 재구성하게 된다. 이후 내용 재구성 결과를 점검하고 필요시 타 교과 학습 내용과의 통합을 시도할 수 있다.

4단계 교수 방법 및 평가 계획 수립에서는 교수전략 구안, 교수 설계, 학생 참여 계획 등을 수립하고 교수학습 과정안 작성 및 지도상의 유의점을 설정한다. 또한, 형성평가, 수행평가, 자기평가 및 모둠 평가 계획 등도 수립한다.

5단계 피드백 및 수정에서는 수업 적용 후 수정 사항을 반영하고 재구성 전반에 대한 피드백을 수행하게 된다.

둘째, 교과 간 교육과정 재구성은 두 가지 이상의 교과를 통합하거나 병합하여 운영하는 방식으로 STEAM 교육 방법, 주제 통합 프로젝트학습 등이 대표적인 예시이다. 그중에서 주제 중심 교육과정 재구성은 교과 간 교육과정 재구성 외에도 교과와 비교과 간 교육과정 재구성도 있다. 첫째, 교과 내용을 중심으로 창의적 체험 활동을 연계·운영하는 교과-창의적 체험활동 간 재구성과 둘째, 교과 내용을 중심으로 자유학기활동을 연계·운영하는 교과-자유학기활동 간의 재구성이 있다. 주제 중심 교육과정 재구성 유형은 〈표 3-4〉와 같다.

〈표 3-4〉 **주제 중심 교육과정 재구성 유형**

교과 간 재구성	주제를 중심으로 교과 간 교육과정을 재구성하여 운영
교과-창체 간 재구성	교과 내용을 중심으로 창의적 체험활동 연계 · 운영
교과-자유학기활동 간 재구성	자유학기활동 내용과 연관된 주제를 중심으로 교과내용 연계 · 운영

교과 간 재구성은 주제를 통합하여 두 개 이상의 교과를 재구성하여 운영하는 형태이다. **교과-창의적 체험활동 간 재구성**은 교과 내용을 중심으로 창의적 체험활동을 연계·운영하는 형태로 예를 들면, 학교행사와 체험학습 등을 교과와 연계하여 운영할 수 있다.

교과-자유학기활동 간 재구성은 자유학기제 운영 시기에만 적용되는 형태로 자유학기활동인 진로탐색활동, 주제탐색활동, 예술·체육활동, 동아리활동 등과 연계·운영하는 형태를 말한다. 예를 들어, 진로와 직업 교과와 연계한 진로탐색 체험활동 등을 할 수 있다. 2022 개정 교육과정에서는 자유학기활동이 축소되어 진로탐색활동과 주제탐색활동으로만 운영된다.

셋째, 학습 시기를 중심으로 교육과정 재구성을 하는 방법도 있다. 이는 교육과정 재구성의 가장 고전적인 방법으로 주로 특별실과 같은 학교 시설을 사용하거나, 행사 등을 운영하기 위한 방법이다.

그 밖에 교과군을 중심으로 성격상 유사한 교육내용을 통합하여 교육과정을 재구성하는 방법, 집중 이수제 운영을 위한 예술 교과군 교육과정 재구성 방법 등도 있다. 또한 자유학기제의 교과 시수 축소에 의한 교육과정 재구성이 요구될 수도 있다.

3. 교육과정 재구성 이론

일반적인 교육과정 개발 모형은 Tyler의 모형부터 최근 강조되고 있는 백워드 설계 모형, 개념 기반 교육과정까지 다양하다. 특히 백워드 설계 모형과 2022 개정 교육과정 교과 교육과정 개발의 기본 방향으로 제시된 개념 기반 교육과정(김은영, 2023)은 교사들이 단원 수준의 교육과정을 개발할 때 사용하기에 적합한 모형이라고 할 수 있다.

교육과정은 존립하는 수준에 따라 세계 수준 교육과정과 국가 수준 교육과정, 지역 수준 교육과정, 학교 수준 교육과정, 교실과 교사 수준 교육과정으로 구분할 수 있다(홍후조, 2017). 여기에서 '수준'은 교육과정 결정 주체의 차이를 드러내기 위해 사용하는 용어로 교육과정을 결정하고 통제하는 주체가 누구인지에 따라 결정되며 결정 수준은 교육과정 실제에 영향을 미치게 된다(교육부, 2018; 임재일, 2020). 즉 교육과정을 개발한 주체에 따라 국가 수준 교육과정, 지역 수준 교육과정, 학교 수준 교육과정, 교사 수준 교육과정으로 구분된다.

교육과정 재구성은 교실 또는 학급 수준에서 결정되는 교육과정으로 교사가 주체가 되어 이루어진다. 교육과정 재구성에서 교사는 교육과정 사용자로서 학습자의 수준과 교육과정의 수준 연계, 학습 스타일과 교수·학습 방법 연계 등 구체적인 학습 상황을 충분히 반영하여 단원 수준의 적절한 교수·학습을 설계한다(홍후조 외, 2021). 즉 동일한 성취기준, 동일한 학생, 동일한 환경이라 할지라도 교사가 누구인지에 따라 다른 형태로 교수·학습이 설계되고 이에 따라 학생들의 학습과정과 경험은 달라질 수 있다.

정리하면 교육과정 재구성은 교사 수준에서 개발되는 교육과정으로 국가 수준 교육과정과 같이 법령에 의해 작성된 문서로서의 교육과정을 근거로 학습자에게 적절한 교수·학습을 설계하는 것으로 이해할 수 있다. 이에 본 교재에서는 교육과정 재구성을 교사 수준에서 개발하는 교수·학습 설계로서의 교육과정으로 한정하기로 한다.

1) 교육과정 문서와 자료의 구분

'교육과정 재구성'이라는 단어를 들었을 때 무엇이 떠오르는가. 보편적으로 국가에서 고시한 교육과정 총론, 각론을 떠올리거나 '교과서'를 떠올릴 것이다. 여기에 한 가지 질문을 더 해보자. 교과서는 교육과정인가.

교육과정 재구성은 교육과정이 무엇인지를 파악하는 것에서부터 시작된다고 볼 수 있다. 교육과정은 교육과정 문서와 교육과정 자료로 구분하여 이해하는 것이 필요하다. 교육과정 문서는 법령에 의해 작성되는 것으로 교사 수준에서 수정이 불가하다. 교육과정 자료는 교육과정 문서를 기초로 활용하기 위하여 가공된 자료로서 교사 수준에서 선택적으로 사용할 수 있고 수정·보완이 가능하다(경기도교육청, 2016). 따라서 교사가 교육과정을 재구성한다는 것은 문서로서의 교육과정을 근거로 학습자의 특성과 교육적 요구 등 학습의 실태를 반영하여 적절한 교수·학습을 설계하는 것인데 이때 필요에 따라 교육과정 자료를 선택적으로 활용할 수 있다.

가령, 「지역사회의 특산품 알기」를 주제로 교수·학습을 설계한다고 할 때 교과서가 적절하다면 교과서를 중심으로 교수·학습을 설계할 수 있으며, 해당 단원의 차시 중 적절하지 않은 차시나 활동이 있다면 성취기준을 분석하여 다른 내용과 활동으로 재구성할 수 있다. 또한 교과서에 제시된 단원의 내용이 학습자가 속한 지역사회의 여건과 맞지 않다고 판단된다면 교사가 자체적으로 해당 주제에 대한 차시를 구성하고 관련 학습 및 평가 자료를 개발하여 교수·학습을 설계할 수 있다. 〈표 3-5〉는 교육과정 문서와 교육과정 자료를 구분한 것이다.

〈표 3-5〉 교육과정 문서와 자료의 구분

구분		종류
문서	국가 수준	• 2022 개정 국가 수준 교육과정의 총론, 각론
	지역 수준	• 예) 전라남도 특수교육 교육과정 • 예) 경상남도 초 · 중 · 고등학교 교육과정
	학교 수준	• 학교 교육과정 편성 · 운영 계획
자료	국가 수준	• 교육과정 해설서, 교사용 지도서, 교과서 등
	지역 수준	• 지역화 교과서, 인정도서, 학교 지도용 자료 등
	학교 수준	• 교수 · 학습 과정안, 교수 · 학습 자료, 활동지, 평가지 등

출처: 경기도교육청(2016). 교사의 교육과정 문해력 신장에서 발췌하여 수정하였음

2) 교육과정 재구성 과정

교육과정 재구성은 교사가 가르쳐야 할 내용을 선정하고 학생들의 특성과 교육적 요구, 여건들을 고려하여 효과적으로 가르치고 평가하는 방법을 내적으로 고민하는 순간부터 시작된다. 이러한 과정에 대해 Shulman(1987)은 교수적 추론과 실행 과정을 다음과 같이 설명하고 있다.

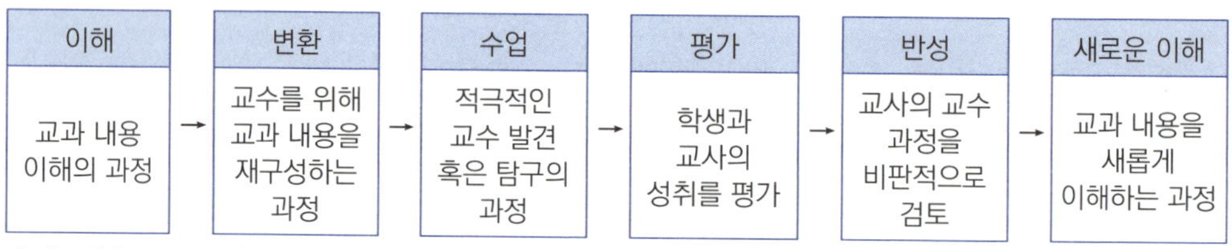

출처: 민윤(2023). 사회과 역사수업에서 초등교사의 교수내용지식에 대한 이해(p.30). 박사학위 논문. 한국교원대학교 대학원.

[그림 3-4] Shulman의 교수적 추론과 실행 모델

첫째, 이해 단계는 가르칠 내용들을 비판적으로 해석하는 단계로 교사가 무엇을, 언제, 어떻게 다른 내용들과 관련지어 가르칠 것인지를 결정한다.

둘째, 변화 단계는 교수적 추론의 핵심 과정으로 준비(preparation), 표상(representation), 선택(selection), 적용(adaptation) 및 맞춤(tailoring)의 과정으로 나누어진다. 준비 과정에서는 교재를 비판적으로 해석하고 교수 목표를 명확히 한다. 표상 과정에서는 교사 유추, 은유, 사례 들기, 논증, 설명 등의 방식으로 교과 내용을 학생들이 이해하기 쉬운 형태로 바꾸어 제시한다. 선택 과정에서는 다양한 교수 유형과 방법을 선정한다. 적용 과정에서는 학습자의 능력, 특성을 반영하여 교과 내용을 변형시키고, 맞춤 과정에서 특수한 학습자를 위한 교과 내용을 변화시키려는 노력을 한다.

셋째, 수업 단계는 다양한 교수 행위들이 직접 등장하는 단계로 학생과 상호작용하며 교수한다.

넷째, 평가 단계는 교수·학습 과정에 대한 분석을 토대로 학생들의 이해 정도를 평가하며, 반성 단계와 연결된다.

다섯째, 반성 단계는 교사가 실천 경험을 통해 획득하는 것으로, 추구하고자 했던 목표와 일련의 교수 과정을 검토하고 수정한다.

여섯째, 새로운 이해 단계에서 교사는 일련의 과정을 거쳐서 만들어진 교과 내용을 통해 교육 목표, 교과 내용, 학생, 교수·학습 등에 대한 새로운 이해를 하며, 다시 교과 내용의 변환으로 순환되는 과정을 거친다.

교사는 각 단계에서 내용 지식과 교육학 지식을 학생과 상황에 맞게 변화시켜 교수 내용 지식으로 만들고, 이와 같은 과정이 순환되면서 교사의 교수 내용 지식은 더욱 풍성해진다(이유훈, 정동영, 김형일, 정희섭, 2023).

3) 교사 교육과정 개발을 위한 교육과정 재구성 과정

교육과정 재구성은 교육과정에 대한 교사의 자율성과 전문성을 바탕으로 교사가 주체가 된다. 교육과정 재구성은 국가 수준 교육과정 또는 시·도 수준, 학교 수준 교육과정을 기반으로 하며 교실 상황, 학생 특성 등 교수가 이루어지는 다양한 맥락을 반영하여 교수·학습 계획을 설계한다. 이 과정에서 교사에게는 문서를 읽고 해석하여 교실 상황에 적절하게 교육과정 기준에 부합하는 수업을 설계·실행·평가할 수 있는 상용능력이 요구된다(김세영, 2015; 임재일, 2020). 이를 교육과정 문해력이라 한다. 즉 교육과정 재구성은 교사의 교육과정 문해력을 바탕으로 학생 개인의 지식, 관심, 흥미 등의 특성을 고려하여 교육과정에 기반한 교수·학습을 설계하는 과정을 통해 이루어진다(김동인, 2022).

교육과정 재구성 과정은 이론과 모형에 따라 다를 수 있다. 다음 〈표 3-6〉은 교육과정 재구성을 통해 개발되는 교사 교육과정에 대해 박수원 외(2020)가 제시한 교사 교육과정 개발 과정을 수정하여 제시한 것이다.

〈표 3-6〉 교사 교육과정 개발 과정

구분	구성	하위 내용
1단계	교사 교육과정 준비하기	① 교육과정 조망도 확인하기 ② 철학을 반영한 교육 목표 세우기
2단계	교육과정 계획하기	① 교육과정 계획 틀 만들기 ② 주제(Unit) 만들기 ③ 성취기준 배치하기 ④ 수업시수 조정하기

구분	구성	하위 내용
3단계	수업 만들기	① 수업계획 틀 만들기 ② 주제(Unit) 목표 정하기 ③ 평가 계획하기 ④ 차시별 수업 구상하기
4단계	교사 교육과정 실천 및 피드백	① 계획한 교육과정 실천 ② 수업 결과 및 교사 교육과정 평가

(1) 1단계: 교사 교육과정 준비하기

① 교육과정 조망도 확인하기

교육과정을 조망하기 위해 교육과정 문서와 자료를 구분하여 읽고 교과 교육과정을 조망하는 것이 필요하다. 2022 개정 교과 교육과정은 다음 내용을 포함하고 있다.

- 교과 교육과정 설계의 개요: 교과별 교육과정 설계의 근거(일러두기 포함 등)를 명확히 제시
- 성격과 목표: 성격과 목표 항을 통합하여 하나의 큰 항목 안에서 하위 항목으로 제시
- 내용 체계 및 성취기준: 내용 체계 및 성취기준 제시방식 수정 · 보완, 영역별 내용 체계표 제시 후 성취기준 제시
  - [성취기준 해설] 새로 개발되었거나 이해를 돕기 위해 필요한 성취기준에 대해서만 해설
  - [성취기준 적용 시 고려사항] 학생들이 성취기준에 도달할 수 있도록 수업을 계획하고 운영할 때 필요한 교수 · 학습 방법 및 평가상의 주안점을 진술(기존 교육과정의 '교수 · 학습 방법 및 유의 사항'과 '평가 방법 및 유의 사항'은 이 항목에 통합하여 제시)
- 교수 · 학습 및 평가의 방향: 현행 교육과정의 항을 유지하되, 교수 · 학습 및 평가의 방향뿐만 아니라 학교 현장에 필요한 구체적인 교실 수업에서의 활용을 위한 가이드 제시, 평가 방안 구체화 등

출처: 교육부(2022). 2022 개정 교과 교육과정 개발 방향과 기준

교과 교육과정을 조망하는 과정을 통해 교사는 교과 교육과정의 설계 원리와 강조 사항, 핵심 역량, 성격과 목표, 가르칠 내용과 방법, 평가의 방향을 확인할 수 있으며 이를 반영하여 교육과정을 재구성할 수 있다.

② 철학을 반영한 교육 목표 세우기

'철학을 반영한 교육 목표 세우기'에서 가장 먼저 '교사가 가르치는 학생'을 염두에

두어야 한다. 국가 교육과정에서 제시한 인간상과 교육 목표는 교육과정 전체를 통해 이루어야 할 목표라고 할 수 있다. 그러나 교사가 학생을 가르치는 기간은 보통 1년 정도인 점을 고려할 때 교사는 자신이 가르치는 학생들의 특성과 교육적 요구를 바탕으로 학생을 성장시킬 수 있는 목표를 세우는 것이 필요하다. 교사의 교육 철학은 이와 같은 교육의 방향을 설정하고 목표를 세우는 기준으로서의 역할을 하게 되며, 나아가 교육을 지속해 나갈 수 있게 하는 원동력이 된다(박수원 외, 2020).

(2) 2단계: 교육과정 계획하기

① 교육과정 계획 틀 만들기

'교육과정 계획 틀 만들기'는 교사가 재구성한 교육과정, 즉 교수·학습 계획을 효과적으로 실천하고 피드백하기 위한 형식으로 볼 수 있다. 일반적으로 교육과정 내용을 조직하고, 내용을 표와 같은 형식으로 정리한다. 이때 학사 일정과 교수·학습 계획을 함께 만들어 놓으면 주제 중심 또는 성취기준을 중심으로 교육과정을 운영하고 관리하기 수월하다.

교육과정 계획 틀은 보편적으로 각 학교별로 공통된 형식을 사용하며, 교사의 편의에 따라 다양한 모습으로 만들어질 수 있다. 그러나 학사 일정, 주제명, 성취기준, 교과 및 단원, 시수 등을 포함하여 정리하는 것이 효과적이다.

월	기간	주(시수)	주제	성취기준	단원명	차시
3	4~8	1(4)				
	11~15	2(4)				
	18~22	3(4)				
	25~29	4(4)				

[그림 3-5] 교과 교육과정 계획표 예시

② 주제(Unit) 만들기

'주제(Unit) 만들기'는 교육 목표에 도달하기 위해 주제를 중심으로 교육과정을 재구성할 경우 필요한 과정이다. 주제는 크게 성취기준들 중에서 공통된 개념을 중심으로 주제를 만드는 내용 중심, 학교의 공통 행사, 계기 교육 등의 상황을 반영하는 상황 중심, 학생들의 의견을 반영하는 방법으로 정할 수 있다(박수원 외, 2020).

③ 성취기준 배치하기

'성취기준 배치하기'에서는 각 주제와 관련된 성취기준을 적절하게 배치하는 과정이다. 교과 교육과정에 제시된 내용 배열은 반드시 따라야 할 학습 순서를 의미하는 것은 아니기에 주제와의 관련성 또는 교사의 교육적 의도에 따라 성취기준을 누락하지 않고 배치하는 것이 필요하다. 예를 들어 초등학교 3학년 1학기에 가르쳐야 할 사회과 성취기준이 아래와 같다고 가정하자. 새로운 학급 구성원들과의 관계를 형성하고 친밀도를 높이기 위한 '대인관계 형성'을 학습 목표로 설정한다면 [4사회02-03]을 3월 초에 먼저 배치하는 것이 효과적일 것이다.

〈2022 개정 특수교육 기본 교육과정 초등 사회과 기준〉

[4사회02-01] 우리 가족의 화목한 모습을 살펴보며 우리 가족을 소중히 여기는 마음을 가진다.
[4사회02-02] 가족 간에 서로 존중하는 모습을 보며 가족에게 예의 바르게 행동한다.
[4사회02-03] 학교에서 친구를 아끼고 사이좋게 생활한다.

④ 수업시수 조정하기

'수업 시수 조정하기'에서는 일 년 또는 한 학기, 월, 주를 기준으로 운영 가능한 시수를 확인하고 주제 혹은 성취기준별 시수를 배정한다. 이를테면 4주간 운영 가능한 사회 교과의 시수가 20시수라고 가정했을 때, 교사의 의도에 따라 위에 제시된 성취기준 중 [4사회02-01]은 6시수를 배정하고 [4사회02-02]는 14시수를 배정할 수 있다. 즉 학생들의 학습 수준 및 교육적 요구 등에 따라 얼마만큼의 시수를 배정할지 판단하는 것이 필요하다.

(3) 3단계: 수업 만들기

① 수업계획 틀 만들기

수업계획은 정해진 양식이나 틀이 있는 것이 아니다. 따라서 교사가 차시별 수업의 흐름을 파악하고 수업에 필요한 것을 미리 준비하는 데 효과적인 틀을 만들어서 활용할 수 있다. 그런 면에서 '수업계획 틀 만들기'는 세부적인 수업계획을 수립하고 교사가 수업의 흐름을 쉽게 파악하기 위해 활용할 수 있다. 수업계획 틀에는 주제명, 운영 시기 및 시수, 단원 목표, 성취기준, 평가 계획, 교육 활동 등의 내용을 구체적으로 담는 것이 좋다.

주제: 삶에 대하여											
기간	기본 성취기준	평가 방법	평가기준		시수	제재	주요학습활동	차시	평가 과제	수업 방법	수업자료
4월 1주~2주	[6국어01-02] 그림이나 사진을 보고 내용을 말한다. [6국어02-03] 읽고 그림을 단서로 내용을 파악한다. [6국어03-02] 사물의 이름, 존재, 상태, 동작을 나타내는 낱말을 쓴다. [6국어03-04] 쓰기에 흥미를 갖고 스스로 글자를 쓰려는 태도를 지닌다.	구술 평가	3	그림책에서 발견한 의미를 자신의 삶과 연결하여 말할 수 있다.	2	문학 작품 탐색하기	• 책의 외모 탐색하기 • 책의 낱말 탐색과 낱말 확장하기	1 2	낱말 보고서	토론 수업	그림책, 감정카드
			2	그림책의 의미와 관련된 자신의 경험을 말할 수 있다.	2	문학 작품 톺아보기	• 가볍게 읽고 내용 말하기 • 자세히 읽고 내용 파악	3 4	내용 파악 활동지	직접 교수	독서질문 카드
			1	그림책 속 사건과 비슷한 자신의 경험을 연결할 수 있다.							
		포트 폴리오 평가	3	그림책을 읽고 내용과 의미를 파악할 수 있다.	2	삶과 연결하기	• 주제와 의미 표현하기 • 의미를 삶으로 연결하기	5 6	삶으로 연결 활동지	스마트 러닝	그림책
			2	그림책을 읽고 질문에 답할 수 있다.	2	작품 읽어 주기	• 유창하게 읽기 • 책 읽어 주고 촬영하기	7 8	영상 만들기	스마트 러닝	스마트폰
			1	그림책의 내용과 관련된 사진을 연결할 수 있다.							

[그림 3-6] '문학과 삶' 주제 중심 수업계획 예시

② 주제(Unit) 목표 정하기

'주제(Unit) 목표 정하기'는 주제 중심으로 교육과정을 재구성할 경우 활용될 수 있다. 주제 중심 교육과정 재구성은 각각의 성취기준을 분석하여 학습 요소를 도출하고 이와 관련된 공통의 주제를 선정하여 교육과정을 재구성한다. 이를 통해 학생들에게 배움의 방향을 명확하게 제시할 수 있으며 학습 부담을 줄일 수 있다. 또한 주제의 목표는 학생들이 수업 중 성취하고 경험했는지 점검해야 할 평가내용이 된다.

③ 평가 계획하기

'평가 계획하기'에서는 평가해야 할 성취기준을 어떤 방법으로 평가할 것인지 계획하는 단계이다. 차시별 수업계획보다 평가 계획을 먼저 수립하는 과정을 통해 수업에서 확인해야 할 목표를 명확하게 설정할 수 있으며, 이를 위한 효과적인 평가 과제를 제시할 수 있다. 또한 최종적으로 확인해야 할 목표가 명확하기에 교수・학습 과정에서 학생들이 보이는 이해 수준, 수행 정도 등을 수시로 평가할 수 있어 효과적으로 과정 중심 평가를 실천할 수 있다.

④ 차시별 수업 구상하기

'차시별 수업 구상하기'는 학생들이 주제의 목표 및 성취기준에 도달할 수 있도록 구체적인 차시별 교육 활동을 구상하는 단계이다. 특히 학생들의 흥미, 수준, 내용, 장애 특성 등을 고려하여야 하며 학습 목표, 평가 방법에 따른 평가 과제, 학습 내용의 위계, 적절한 활동 내용, 매개체와 자료를 구체적으로 구상하는 것이 필요하다.

(4) 4단계: 교사 교육과정 실천 및 피드백

교사가 재구성한 교육과정은 실제 수업을 통해 실천되고 얻어진 결과와 평가를 통해 개선되고 발전될 수 있다. 즉 이번 학기 또는 학년에서 실천한 교육과정 재구성이 적절했다면 더욱 세련되고 정교하게 다듬어 나갈 수 있으며 부족하거나 실패했다면 이를 바탕으로 다음 학기 또는 학년에 더 개선된 교육과정으로 재구성할 수 있다. 따라서 교육과정을 재구성하고 수업으로 실천했다면 평가를 통한 피드백이 반드시 이루어져야 할 것이다.

4) 백워드 설계 모형에 따른 재구성

교육과정 재구성에는 다양한 이론이 존재하며 무엇을 강조하느냐에 따라 기본적인 관점과 재구성의 방향이 달라질 수 있다. 백워드 설계(Backward Design)는 이해 중심 교육과정 설계를 위한 방법으로 설명된다. 이해 중심 교육과정은 수행을 중심으로 개선된 2015 개정 교육과정의 성취기준 진술 방식과 관련성이 있으며 각론 내용

체계의 구성 또한 이해 중심 교육과정에 기반을 두고 제시되었다. 따라서 2015 개정 교육과정의 교과 교육과정은 사실상 이해 중심 교육과정을 이론적 배경으로 한다(홍후조 외, 2021).

깊이 있는 학습과 교과 간 연계와 통합, 삶과 연계한 학습, 학습 과정에 대한 성찰을 강조하고 있는 2022 개정 교과 교육과정에서도 백워드 설계는 여전히 중요하다(교육부, 2022a). 특히 교육과정과 수업, 평가의 일관성을 유지하면서 단원 수준의 교수·학습 계획을 체계적으로 설계할 수 있다는 점에서 백워드 설계의 필요성이 강조된다고 볼 수 있다.

(1) 백워드 설계 모형의 배경

백워드 설계 모형은 1980년대부터 2000년대 초반까지의 미국의 교육개혁 운동과 밀접한 관련이 있다(조재식, 2005). 1985년에 발표된 IEA(International Association for Evaluation of Education Achievement) 결과에 따르면, 미국 학생들의 수학과 과학 성취도가 다른 나라 학생들에 비해 현저하게 낮았으며, 시간이 지남에 따라 백인과 유색 인종의 학력 격차가 심화되었다. 이에 미국 정부에서는 학생들의 학력 향상을 위해 다양한 방법을 마련하였는데, 이 중 대표적인 것이 2000년대 초반 미국 부시 정부가 발표한 낙오학생방지법(NCLB: No Child Left Behind)과 연간 학력 향상 계획(AYP: Adequate Yearly Progress)이다. 이 정책들에서는 학생의 학업성취도에 대한 학교와 교사의 책무성을 강조하였으며, 이에 따라 미국의 학교와 교사는 학생들의 학업 성취도 향상을 위해 다양한 노력을 시도하였다.

이 시기에 교육 개혁을 주도했던 인물이 평가전문가였던 Wiggins와 McTighe이다. 이들은 성취기준을 기반으로 한 교육과정과 수업 설계에 관심을 갖고, 학생들의 영속적 이해를 달성할 수 있는 이해 중심 교육과정, 즉 백워드 설계 모형(Backward design model)을 개발하였다. 평가와 이해를 중시하는 이 모형은 기준에 기반한 수업 설계를 안내하기 위해 등장했으며, 연방정부나 주가 제시한 성취기준을 중심으로 교사 수준에서 교육과정 '단원'을 설계할 때 유용한 모형으로 간주되고 있다. 미국의 학교 수업 문화는 교육과정에 대해 교사 개인이 발휘할 수 있는 재량권이 큰 편이다. 따라서 지정된 교과서 없이 교사가 직접 자료를 발췌하거나 만들어서 수업에 사용하는 경우가 많으며, 이로 인해 수업이 학생들에게 흥미로운 활동 위주로 흘러가는 경향이 지나치게 나타났다(김영미, 김혜리, 한경화, 김정미, 김아영, 2018). 이러한 이유로 당시 학생들의 학업 성취수준을 올려야 하는 압박감에 시달리고 있던 미국 교사들에게 백워드 설계 모형은 호응을 얻으며 널리 활용되었다(이유훈 외, 2023).

백워드 설계 모형은 용어에서 알 수 있듯이 역방향으로 교육과정을 개발한다는 의미이다. Tyler의 교육과정 설계 방식은 교육목표를 설정하고, 학습 경험을 선정·조직한 후 성과물과 평가를 계획한다. 이를 포워드(Forward) 설계 방식이라 한다. 반면 백워드 설계 방식은 바라는 결과(목표)를 먼저 확인하고 학습의 증거(평가)를 설정한 후 학습 경험(방법)을 선정하는 방식이다. 즉, 평가를 학습 경험과 수업 설계의 출발점으로 설정하고 여기에 맞춰 수업계획을 설계하는 방식이다. 따라서 교사들은 교육과정 재구성의 순서를 포워드 설계 방식을 거슬러 역으로 개발을 진행하게 된다.

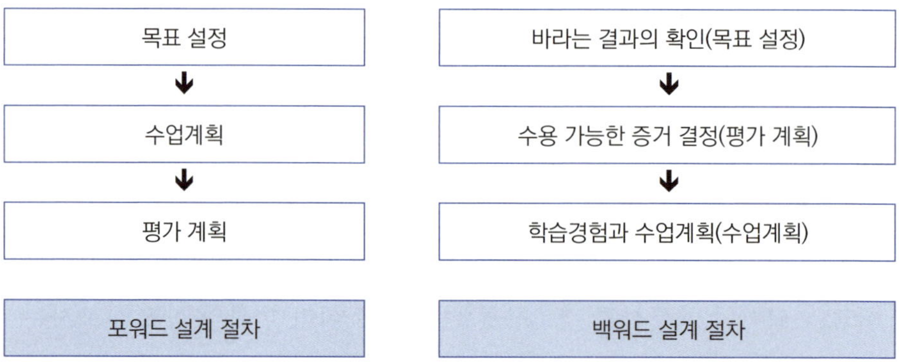

[그림 3-7] 포워드 설계 절차와 백워드 설계 절차 비교

(2) 백워드 설계 모형의 절차

백워드 설계 모형의 절차는 ① 바라는 결과의 확인(목표 설정), ② 수용 가능한 증거 결정(평가 계획), ③ 학습경험과 수업계획(수업계획)의 3단계로 다음 [그림 3-8]과 같다.

1단계: 바라는 결과 확인 (목표 설정)	→	2단계: 수용 가능한 증거 결정 (평가 계획)	→	3단계: 학습 경험과 수업계획 (수업계획)
• 영속적 이해 결정 • 본질적 질문 제시 • 지식과 기능 구체화		• 수행 과제와 평가 준거(Rubric) 제시 • 다른 준거 및 평가 기회 결정		• 평가 계획과 'WHERETO 원리'를 고려하여 계획

출처: 이유훈 외(2023). 특수교육 교육과정(p.156). 파주: 교육과학사.

[그림 3-8] 백워드 설계 모형 절차

첫 번째 단계, '바라는 결과 확인'에서는 목표를 설정한다. 바라는 결과는 단원 수준의 목표로서 학문의 중심에서 가장 기본적이고 중요한 아이디어, 개념 혹은 원리를 가리키며, 시간이 지나도 그 가치가 변하지 않는 불변의 지식을 말한다. 이를 '영속적 이해'라고 하며, 국가 수준에서 제시하는 성취기준을 검토하여 주요 아이디어를 바탕으로 학생이 도달해야 할 '영속적 이해'를 도출한다. Wiggins와 McTighe(2005)는 학생들에게 바라는 결과를 찾아내기 위한 방법으로 설명, 해석, 적용, 관점, 공감, 자기지식이라는 '이해'의 여섯 가지 측면을 〈표 3-7〉과 같이 제안하고 있다.

이후 학습자들이 '영속적 이해'에 가깝게 접근할 수 있도록 의문의 형식을 지닌 '본질적 질문'을 도출하고, 최종적으로 학생들이 습득해야 하는 핵심 지식과 기능을 설정한다.

〈표 3-7〉 이해의 여섯 가지 측면

이해의 종류	정의
설명(explanation)	근거, 정당화 과정을 통하여 현상, 사실, 자료를 설명하는 것
해석(interpretation)	의미 있게 이야기하고 말하기, 적절하게 변환하기, 이미지·일화·은유·모형을 활용하고, 아이디어와 사건에 대하여 역사 또는 개인적인 차원을 관련짓는 것
적용(application)	지식을 다양한 상황에 효과적으로 활용하고 적용하는 것
관점(perspective)	다양한 시각에서 조망하고, 비판하며, 큰 그림을 보는 것
공감(empathy)	다른 사람의 가치를 발견하고, 감성적으로 인식하며, 이전 경험에 기초하는 것
자기지식(self-knowledge)	개인의 스타일, 편견, 투사를 인식하고 이해의 충동과 형태 모두를 고려하는 습관을 갖는 것, 이해하지 못하는 것과 왜 이해하는 데 어려운지 아는 것

출처: 홍후조 외(2021). 교실로 ON 최신 교육과정 재구성의 이론과 실제. 서울: 박영스토리.

두 번째 단계, '수용 가능한 증거 결정'은 학생들이 바라는 결과를 성취했는지 여부를 확인하기 위해 평가를 계획하는 단계로 백워드 설계 방식의 특징을 보여준다. 이 단계에서는 학습자의 이해와 증거로 활용할 수 있는 수행 과제를 GRASPS에 맞춰 구성하고 다른 증거를 마련한다. GRASPS로 과제를 구성할 때는 수행 과제가 달성하고자 하는 목표(Goal), 과제가 진행되는 상황에서 학생들이 수행하게 되는 역할(Role), 수행 과제 장면에서 학생들이 대하게 되는 청중(Audience), 수행 과제가 이루어지는 상황(Situation), 수행 과제의 산출물(Produce), 수행과제에 대한 평가 항목과 준거, 즉 기준(Standards)을 고려하여 루브릭(rubric)을 구성한다(Wiggins & McTighe, 2005).

세 번째 단계, '학습 경험과 수업계획'에서는 목표와 평가를 염두에 두고 가장 적합한 수업 활동에 대해 고려한다. 이 단계에서는 WHERETO의 요소를 활용하여 전체 단원이나 교과, 프로그램에 대한 활동을 구성한다. 즉 목표(where and why), 동기유발(hook and hold), 탐구능력(explore and equip), 재사고 및 수정(rethink, reflect, revise), 평가(evaluate), 개별화(tailor), 조직(organize)을 포함하여 수업을 계획한다(이유훈 외, 2023). 백워드 설계 모형으로 실제 단원을 개발할 때 적용할 수 있는 구체적인 설계 템플릿(template)은 다음 〈표 3-8〉과 같다.

미국 교육 개혁의 일환으로 등장한 백워드 설계 모형은 단일 차시 수업을 설계하는 데 적용이 가능하겠지만 주로 '단원' 수준 설계에 초점을 두고 있다. 즉, 국가 교육과정에서 제시한 성취기준을 반영하여 평가 계획을 수립하고, 명확한 평가 기준에 따라 수업활동을 설계한다는 점에서 교육과정과 수업, 평가를 일치시킬 수 있다는 장점이 있다(김대현, 2014).

〈표 3-8〉 Understanding by Design(UbD)의 템플릿

<table>
<tr><th colspan="2">1단계: 바라는 결과 확인(Desired results)</th></tr>
<tr><td colspan="2">설정된 목표(Established Goals):
• 이 설계와 관련될 목적(예: 내용 기준, 학습 프로그램의 목표, 학습 결과)은 무엇인가?</td></tr>
<tr><td>이해(Understandings):
• 중요한 개념(big idea)은 무엇인가?
• 중요한 개념에 관해 어떤 특정한 이해가 요구되는가?</td><td>본질적 질문(Essential Questions):
• 어떠한 질문이 탐구, 이해, 학습의 전이를 유발하는가?</td></tr>
</table>

<table>
<tr><th colspan="2">1단계: 바라는 결과 확인(Desired results)</th></tr>
<tr><td>학생들은 알게(know) 될 것이다.
• 지식과 기능의 습득 결과 학생들이 궁극적으로 알게 되는 것은 무엇인가?</td><td>학생들은 할(skill) 수 있을 것이다.
• 지식과 기능 습득 결과 학생들이 궁극적으로 할 수 있게 되는 것은 무엇인가?</td></tr>
<tr><th colspan="2">2단계: 평가 증거 결정(Assessment evidence)</th></tr>
<tr><td>수행 과제(performance Tasks):
• 학생들은 어떤 수행 평가를 통해서 의도한 학습 결과인 이해를 보여줄 것인가?
• 학생들의 이해를 어떠한 기준으로 평가할 것인가?</td><td>다른 증거(Other Evidence):
• 학생들이 의도한 결과를 성취하였는지를 확인할 수 있는 다른 증거(예: 퀴즈, 시험, 학문적 자극, 관찰, 숙제, 저널)는 무엇일까?
• 학생들이 어떻게 자신의 학습을 스스로 평가하고 반성할 것인가?</td></tr>
<tr><th colspan="2">3단계: 학습 계획(Learning plan)</th></tr>
<tr><td colspan="2">학습 활동(Learning Activities):
학생들이 목표를 성취할 수 있도록 하기 위한 학습 경험은 무엇인가? 어떻게 설계할 것인가?
W: 단원이 어느(Where) 방향으로 향하며 무엇(What)이 기대되는지를 학생들이 이해하도록 돕는다. 학생들의 사전 지식과 흥미를 알도록 돕는다.
H: 모든 학생의 관심을 사로잡고(Hook), 그들의 흥미를 유지(Hold)하게 한다.
E1: 학생들을 준비(Equip)시키고 학생들이 중요한 개념을 경험(Experience)하여 이슈를 탐구(Explore)하도록 돕는다.
R: 학생들의 이해와 학습을 재사고(Rethink), 수정(Revise)하기 위한 기회를 제공한다.
E2: 학생들에게 자신의 학습과 학습이 갖는 의미를 평가(Evaluate)하도록 한다.
T: 학습자의 다양한 요구, 관심, 흥미, 능력에 맞추어서 개별화한다(Tailor).
O: 효과적인 학습뿐만 아니라 지속해서 학습 참여를 최대화하도록 조직(Organize)화한다.</td></tr>
</table>

출처: McTighe, J. & Wiggins, G. (2004). *Understanding by design: Professional development workbook*(p.30). Alexandria, VA: Association for Supervision and Curriculum Development.

(3) 백워드 설계 모형에 따른 재구성

본 사례는 홍후조 외(2021)의 사례를 발췌하여 2022 개정 특수교육 기본 교육과정의 성취기준으로 재구성하였으며, 대상은 고등학교 1학년으로 설정하였다.

① 교육과정 문서 읽기

교과 교육과정의 성취기준을 분석하여 국어, 사회에서 '공감'이라는 공통 요소를 발견하였으며, 각 성취기준에 해당하는 핵심 아이디어와 범주별 내용 요소는 다음과 같다.

〈표 3-9〉 '공감' 요소와 관련된 핵심 아이디어, 범주별 내용 요소

성취기준	핵심 아이디어	학년군별 내용 요소(학습요소)		
		지식 · 이해	과정 · 기능	가치 · 태도
[12국어01-02] 상대방의 말에 적절히 반응하며 공감하는 대화를 한다.	말하는 이와 듣는 이는 상호 존중의 대화 예절을 지키며, 적극적으로 듣고 말한다.	• 생각을 나타내는 말	• 상대방의 말에 반응하며 듣기(반응하며 듣기)	• 공감하는 대화(공감하는 말하기)
[12사회02-02] 다른 사람을 존중하고 배려하며 생명을 소중히 여긴다.	공감, 정직, 책임, 예절, 존중, 배려, 나눔의 태도를 생활 속에서 실천하는 것은 함께 살아가는 사람들의 모습이다.	• 존중하고 배려하는 생활	• 타인을 존중하고 배려하는 행동하기(생활 속 존중과 배려의 모습 찾기)	• 생명 존중의 가치 습관화(생명 존중 캠페인)

② 영속적 이해와 이해의 측면 설정하기

'공감'이라는 공통 요소를 주제로 정하고 이에 대한 영속적 이해로 '사람들은 공감을 바탕으로 상대방의 감정을 살피며 생활한다'를 설정하였다. 이에 대한 여섯 가지 이해의 측면은 다음과 같다.

〈표 3-10〉 '공감'에 대한 여섯 가지 이해의 측면

이해의 측면	학생들이 이해해야 할 것(공통 요소: 공감 능력)
설명	인간에 대한 공감적 이해가 중요함을 설명한다.
해석	상대방을 공감하고 배려하는 생활이 가치 있다는 것을 이해한다.
적용	타인의 입장을 이해하고 공감하며 생활한다.
관점	사람들은 과거 경험과 가치관에 기초하여 감정 이입을 한다.
공감	상대방이 처한 상황을 이해하고, 그 마음을 헤아린다.
자기지식	주변 사람들의 처지와 입장에 공감하며 생활하고 있는지 반성한다.

③ 포괄적인 본질적 질문 개발

본질적 질문(essential question)은 학생들이 스스로 의미를 구성할 수 있는 방향으로 진술한다. 본질적 질문은 학생들의 탐구와 진정한 이해에 기여하는 역할을 하며 포괄적 질문과 제한적 질문으로 구분된다. 포괄적 질문은 특정 교과의 단원에 한정하지 않고 광범위한 내용을 다루는 질문인 반면, 제한적 질문은 개별 단원 또는 주제를 해결하는 데 사용되는 질문이다. 본 사례에서는 여러 교과의 성취기준을 통합하였기 때문에 포괄적인 질문이 적합하다.

〈표 3-11〉 **'공감'에 대한 본질적 질문**

포괄적인 본질적 질문
타인의 감정을 이해하고 공감해야 하는 이유는 무엇인가?
타인의 감정을 살필 수 있는 방법은 무엇인가?
일상생활에서 타인의 마음과 입장을 살피면서 실천하고 있는가?

④ 핵심 지식과 핵심 기능 선정

본질적 질문에 대한 답을 찾기 위해 필요한 핵심 지식과 핵심 기능은 교과 교육과정 범주의 '내용 요소'를 분석하며 다음과 같이 제시할 수 있다.

〈표 3-12〉 **'공감'에 대한 핵심 지식과 핵심 기능**

교과	핵심 지식	핵심 기능
국어	• 생각을 나타내는 말 - 상대가 처한 상황 이해하기 - 공감하며 듣는 태도	• 상대방의 말에 반응하며 듣기 - 맥락 이해 · 활용하기 - 내용 생성 · 조직 · 확인하기 - 자료 · 매체 활용하기 - 표현 · 전달하기 - 경청 · 공감하기
사회	• 존중하고 배려하는 생활 - 지속가능한 미래 - 편견과 차별 해소 - 민주시민의 자세	• 타인을 존중하고 배려하는 행동하기 - 조사하기 - 비교하기 - 존중하기 - 분석하기 - 참여하기

⑤ 수행 과제 및 루브릭 개발

백워드 설계 모형은 수용 가능한 증거를 결정하기 위해 수행 과제 또는 프로젝트 과제의 형태로 나타난다. 다음은 수행과제를 GRASPS 기법으로 제시한 것이다.

수행 과제: 공감 광고 만들기
• 목표(G: goal): 과제는 공감 공익 광고를 만드는 것이다.
• 역할(R: role): 여러분은 광고 제작자이다.
• 관객(A: audience): 대상은 광고 시청자이다.
• 상황(S: situation): 상대방의 마음을 살피지 못해 발생하는 사건과 사고가 많다.
• 수행(P: performance): 스마트 기기를 활용하여 1분 내외 분량으로 광고를 제작해 발표한다.
• 기준(S: standard): 광고를 제작하여 발표할 때에는 다음이 포함되어야 한다. - 우리 주변에서 보고, 듣고, 경험한 소재를 활용한다. - 사람들이 광고를 보고 공감의 중요성과 실천 의지를 형성할 수 있도록 구성한다. - 역할 분담을 한다.

[그림 3-9] GRASPS 기법을 활용한 '공감'에 대한 수행 과제 개발

수행 과제를 개발하고 이를 평가하기 위한 루브릭을 다음과 같이 개발한다.

〈표 3-13〉 '수행 과제'에 대한 분석적 루브릭

점수	광고 내용	공감 실천
3	• 자신의 경험과 우리 주변에서 경험하고 공감할 수 있는 소재를 활용하였다.	• 광고를 제작하는 과정에서 배려, 소통, 협력의 필요성을 알고 적극적으로 실천하여 공감의 중요성을 알게 되었다.
2	• 우리 주변에서 경험할 수 있는 소재를 활용하였다.	• 광고를 제작하는 과정에서 배려, 소통, 협력의 필요성을 알고 실천하여 공감의 중요성을 알게 되었다.
1	• 자신의 경험을 소재로 활용하였다.	• 광고를 제작하는 과정에서 배려와 소통, 협력을 실천하였다.

⑥ 학습 경험 및 수업 설계

백워드 설계 모형은 단원 수준의 수업 설계에 적합한 모형이다. 따라서 다음과 같이 학습 경험과 수업계획은 수업의 전체적인 흐름을 고려하여 차시를 구성할 필요가 있다.

〈표 3-14〉 학습 경험 및 수업계획

차시	학습 활동
1	• 사소한 문제로 다투는 동영상 시청하기 • 타인의 감정을 이해하고 존중해야 하는 이유 생각하기 [본질적 질문] • 타인의 감정을 이해하고 존중해야 하는 이유에 대해 토의 · 발표하기 • 타인의 감정 및 필요성 정리하기 〈구술 평가〉
2~3	• 스마트 기기 사용 방법 익히기 • 스마트 기기를 활용하여 동영상 만들기
4~5	• 필요한 정보 찾기 • 다양한 정보 활용 방법과 저작권의 의미 알기
6~8	• 공감 광고 만들기 '수행 과제' 하기 [수행 과제 제시] • 공감 광고 만들기 유의 사항 및 루브릭 알기 • 공감 광고 제작 계획서 만들기 • 공감 광고 제작을 위한 자료 수집하기 • 공감 광ᄀ 영상 편집하기
9	• 공감 광고 발표하기 〈수행 과제 평가〉

5) 개념 기반 교육과정 설계에 따른 재구성

(1) 개념 기반 교육과정의 이해

개념 기반 교육과정은 OECD 회원국 교육정책에 발맞춰 과도하게 교과를 구분하거나 학습 주제를 선정하는 것은 지양하고 '개념적 이해 및 핵심 지식'에 초점을 맞추어 설계된다. 매일 새로운 지식이 생겨나고 그 수명이 짧아지면서 단순한 주제나 사실에 대해 피상적으로 학습하기보다는 새로운 문제 상황에 적용하고 활용이 가능한, 즉 전이가 가능한 학습 능력을 키우는 것이 더욱 강조되고 있다. 이와 같은 필요성에 따라 제안된 것이 개념 기반 교육과정이다(유영식, 2023).

개념 기반 교육과정에서 개념은 어떤 사물이나 현상에 대한 일반적인 또는 공통성을 바탕으로 만든 지식으로 현실 세계에서 발생하는 사회적 현상이나 개념을 추상화하고 일반화한 것을 의미한다. 또한 여러 관념 속에서의 공통된 요소를 도출하여 종합한 하나의 보편적, 관념적인 언어로 표현된다. 개념 기반 교육과정에서는 개념을 새로운 상황과 문제, 맥락으로 전이되는 지적 구성체(mental construct)로 정의하고 있으며, 우리의 사고와 세상을 연결해 주는 다리로 표현한다. 즉 개념은 학생이 습득한 지식을 맥락과 상황에 잘 전이되게 한다는 특징을 가진다(Wiggins & McTighe, 2005). 개념 기반 교육과정은 정보와 지식을 얻는 것과 동시에 사실과 주제, 개념 간의 관계를 파악하는 개념적 이해를 바탕으로 사고할 수 있는 교육과정 수업 모델을 추구한다. 즉 '사실'을 알고, '개념적으로' 이해하여 '능숙하게' 할 수 있는 것에 초점을 두어 사실적 지식이 어떻게 개념화되고 전이되어 시너지를 낼 수 있는가에 대한 답을 제공한다(김은영, 2023).

에릭슨과 래닝의 지식과 과정의 구조를 살펴보면, 개념 기반 교육과정의 성격을 쉽게 이해할 수 있다. 에릭슨의 지식의 구조는 구성 요소(사실, 소재) 간의 관계를 보여 주며 개념과 일반화에 이르기까지 일련의 과정을 구조적으로 제시하였다. 래닝의 과정의 구조 또한 낮은 인지 수준으로부터 개념적 수준으로 올라가는 사고의 위계를 보여주며, 과정에 기초하여 개념과 일반화를 이끌어 내는 과정을 제시하였다.

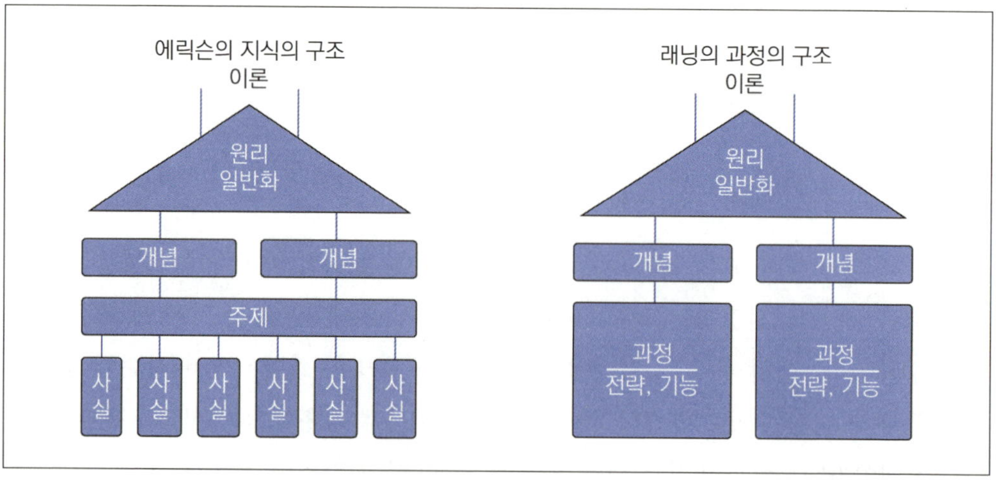

[그림 3-10] 지식의 구조와 과정의 구조(Erickson & Lanning, 2014)

다음은 지식의 구조와 과정의 구조를 바탕으로 기본 교육과정의 특성을 반영하여 교수·학습 구조를 구성한 예시이다.

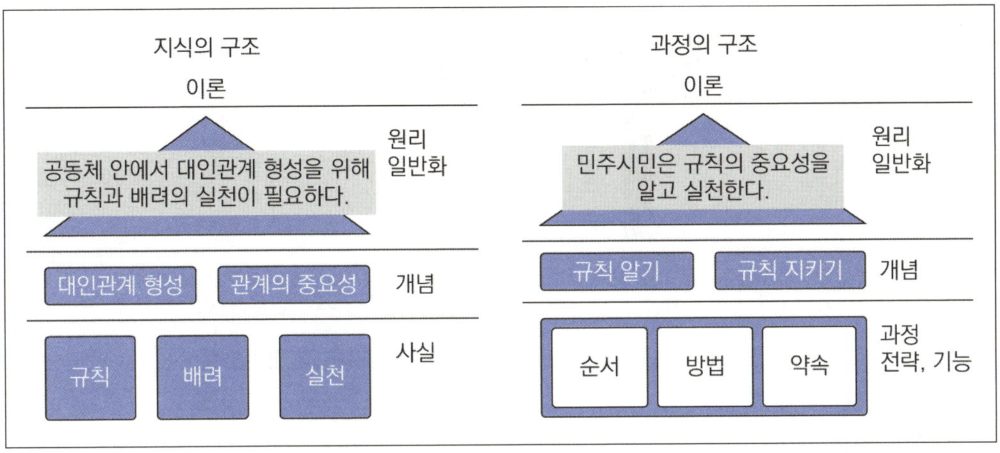

[그림 3-11] 기본 교육과정의 특성을 반영한 교수·학습 구조 구성의 예

특수교육 대상 학생에게 대인관계 형성의 중요성이라는 지식을 가르치기 위해 교육과정을 재구성한다고 가정하자. 학생들은 규칙과 배려에 관한 개별적 사실과 소재를 학습하고 이를 바탕으로 관계의 중요성과 대인관계 형성의 개념을 도출한다. 그리고 2개 이상의 개념을 통해 '공동체 안에서 대인관계 형성을 위해 규칙과 배려의 실천이 필요하다'와 같은 일반화된 사고를 만들어낸다. 이와 같은 과정을 개념적 이해라고 한다. 이와 같은 맥락에서 과정의 구조를 살펴보면 학생들은 순서를 지키고, 방법에 따라 과제를 수행하며, 약속을 만들고 실천하는 과정을 통해 '규칙의 개념', '규칙 지키기의 중요성'이라는 개념을 도출한다. 또한 이 개념들을 바탕으로 '민주시민은 규칙의 중요성을 알고 실천한다'는 일반화된 사고가 형성된다.

앞서 제시한 개념 기반 교육과정의 개념과 성격을 바탕으로 학생들이 학습하는 과정을 제시하면 다음과 같다.

출처: 유영식(2023). 교사 교육과정과 수업 디자인(p.178)에서 발췌하여 수정하였음 그림: 효애

[그림 3-12] 개념 기반 교육과정 설계의 학습 원리

다음은 개념 기반 교육과정에서 사용하는 용어에 대한 설명이다.

- 개념(concept): 여러 대상이나 현상의 '공통된 특성'에 기초하여 하나의 범주로 분류하기 위해 인위적으로 만든 추상적 용어이다. 개념은 수많은 현상이나 사실을 일일이 암기하지 않더라도 다양하고 복잡한 현상을 간단하게 이해하고 설명하는 것을 도와준다.
- 개념적 렌즈(conceptual lens): 개념적 렌즈는 단원 내용을 전체 관통하는 대표적인 지식이다. 곧 단원 전체에서 학습에 시너지를 내는 사고(synergistic)와 관련된 아이디어(idea) 또는 큰 개념(big concept)이라고 할 수 있다. 한 단원에 한 개 이상의 개념적 렌즈가 사용될 수 있다.
- 단원(unit): 단원은 교수·학습의 설계자가 개념적으로 관련이 있는 여러 개의 성취기준을 선정하여 학습 주제로 묶어 제시하는 학습의 덩어리이다. 교육과정 내에서 교사가 성취기준의 모음을 통하여 새롭게 계획하여 설정하는 단원이다.
- 스트랜드(strand): 개념적 렌즈가 식물에서 줄기라면 스트랜드는 가지가 된다. 스트랜드는 단원을 이루고 있는 여러 주제와 여러 개념들을 연계시키는 매개체 역할을 한다. 책에서 장(章)을 이루고 있는 하위 목차들에 해당된다.
- 일반화(generalization): 학생들이 개념을 통해 어떤 명제에 도달하는 것으로 개념과 개념의 관계를 경험적 자료를 가지고 증명한 보편성이 있는 서술이다. 예

를 들어 자료를 통해 대도시일수록 범죄율이 높다는 증명된 명제를 학생들은 학습을 통해 증거를 수집하고 탐구하여 스스로 입증한다. 즉 증명된 명제가 학습의 대상이 된다.

- 핵심 질문(key question): 수업 전 준비해야 할 질문으로, 질문을 통해 학생들은 학습 내용을 탐구하고 궁극적으로 질문에 대한 정리된 학습 내용을 모아 자기 나름의 결론을 제시하게 된다. 그것이 곧 일반화이다. 결국 핵심 질문은 일반화를 도출하는 데 필요한 주요 학습 내용을 탐구할 수 있도록 안내하는 길잡이가 된다.
- 핵심기능(key skills): 개념 기반 교육과정에서 핵심 개념은 탐구하는 그 자체로 탐구하는 데 의미를 두기보다 알게 된 것을 사용하는 역량을 강조한다. 즉 알게 된 지식을 새로운 상황에 적용하도록 해야 한다.

(2) 개념 기반 교육과정 설계의 절차

본 교재에서는 사례를 바탕으로 개념 기반 교육과정 설계의 절차를 살펴보고자 한다. 다음 사례는 2015 특수교육 교육과정 중 기본 교육과정을 기준으로 하였으며, '민주시민'이라는 주제를 중심으로 재구성하였다. 전체 수업은 총 12차시로 다음과 같이 계획되었다.

〈표 3-15〉 **'민주시민' 교육을 위한 교수 · 학습 계획**

주요 내용	활동명	주요학습활동	차시	평가과제	수업 방법
(순서) 재미를 만들자!	우리가 만드는 프로젝트	• 프로젝트 탐구질문 만들기 • 프로젝트명 정하기	1	-	토론 수업
	규칙으로 만들어지는 재미	• 규칙의 중요성 알기	2	'규칙 지키기' 표어 만들기	플립 러닝
		• 규칙을 지켜 보드게임하기(규칙 찾기, 모둠별 · 팀대표 대항전)	3	규칙 지키기	놀이 수업

<table>
<tr><th>주요 내용</th><th>활동명</th><th>주요학습활동</th><th>차시</th><th>평가과제</th><th>수업 방법</th></tr>
<tr><td rowspan="3">(방법) 나를 따르라!</td><td rowspan="3">방법과 순서에 따라 영상 만들기</td><td>• 스마트폰 카메라 사용법 알기
• 영상 만드는 방법에 따라 영상 만들기</td><td>4~5</td><td>-</td><td>플립 러닝</td></tr>
<tr><td>• 내 마음대로 만들 때와 방법과 순서를 지켜 만들었을 때의 작품 비교하기</td><td>6</td><td>-</td><td>토론 학습</td></tr>
<tr><td>• 감염병 예방 영상 만들기</td><td>7~8</td><td>영상 만들기</td><td>협동 학습</td></tr>
<tr><td rowspan="4">(약속) 약속으로 아름다워 지는 규칙</td><td>약속의 아름다움 찾기</td><td>• 약속을 지킬 때와 약속을 지키지 않았을 때의 차이 알기</td><td>9</td><td>'약속 지키기' 표어 만들기</td><td>플립 러닝</td></tr>
<tr><td>학교에서 지키는 아름다운 약속</td><td>• 학교에서 지킬 수 있는 약속 만들기</td><td>10</td><td>나만의 약속 -학교-</td><td rowspan="2">협동 학습</td></tr>
<tr><td>가정에서 지키는 아름다운 약속</td><td>• 가정에서 지킬 수 있는 약속 만들기</td><td>11</td><td>나만의 약속 -가정-</td></tr>
<tr><td>작품 나누기</td><td>• 모둠별 '표어, 영상' 전시하기
• 작품 감상평 발표하기</td><td>12</td><td>감상평 발표</td><td>토론 수업</td></tr>
</table>

위 사례는 '민주시민'이라는 주제에서 '대인관계'를 개념적 렌즈로 설정하여 '규칙'이라는 개념을 도출하였으며, '방법', '순서', '약속'이라는 내용으로 구체화시켰다. 활용된 수업 방법은 플립러닝, 토론수업, 놀이수업, 협동학습 등이 있으며, 평가 방법은 포트폴리오 평가를 활용하였다. 개념 기반 교육과정 설계를 바탕으로 재구성한 절차를 구체적으로 살펴보면 다음과 같다.

〈표 3-16〉 개념 기반 교육과정 설계 절차

- 1단계: 단원(주제나 맥락) 설정하기
- 2단계: 개념적 렌즈를 통한 개념 확인하기
- 3단계: 개념과 주제에 근접한 스트랜드(strand) 조직하기
- 4단계: 기대하는 일반화 진술하기
- 5단계: 안내 질문 만들기
- 6단계: 중요한 내용 확인하기
- 7단계: 핵심 기능 파악하기
- 8단계: 최종 평가와 채점 가이드 또는 루브릭 작성하기
- 9단계: 학습 활동 설계하기

1단계: 단원(주제나 맥락) 설정하기

교육과정 재구성은 교사에 따라 다양한 형태로 실행될 수 있는데 이를 유형화해 보면 크게 교과서의 일부 내용을 대체, 삭제, 추가하는 방식의 교과서 중심 개발과 성취기준 중심, 주제 중심 교육과정 재구성으로 구분해 볼 수 있다(김동인, 정은희, 2022). 이때 중요한 것이 '무엇'을 중심으로 개발할 것인가에 대한 고민, 즉 주제 혹은 맥락을 설정하는 것이다. 개념 기반 교육과정 설계에서는 이를 '단원' 혹은 '단원명'으로 명명하고 있는데, 개념 기반 교육과정 설계에서 말하는 '단원', '단원명'은 학습의 초점이 무엇인지 알려 주고, 중심이 되는 소재나 맥락을 정해주는 역할을 하기에 '주제' 또는 '맥락'으로 이해해도 크게 무리는 없을 것이다.

여기에서는 '단원' 대신, 교육과정 재구성에서 조금 더 익숙한 용어인 '주제'를 사용하고자 한다. 주제 선정 기준은 다양하다. 첫째, 교과 교육과정 분석을 통해 교과 영역, 핵심 아이디어, 교과 역량 등에서 주제를 끌어올 수 있다. 또는 범교과 학습 주제에서 아이디어를 얻는 것도 좋은 방법이다. 둘째, 특수교육에서 가장 중요한 문서라고 말할 수 있는 개별화교육계획에서 주제 설정을 위한 아이디어를 얻을 수 있다. 가령, 학생들의 개별화교육 목표가 주로 한글 해득 또는 읽기 이해, 의사소통과 관련되어 있다면 국어 교과와 연계된 주제로 설정하고, '그림책'을 매개체로 하여 교육과정을 재구성할 수 있다. 셋째, 학급 특색 활동과 연관된 주제를 설정하는 것이다. 학급 특색 활동의 경우, 학교 교육과정의 교육 중점 또는 특색활동을 반영하여 구성하는 경우가 많다. 따라서 학급 특색 활동과 연관된 주제를 설정한다면 학교 교육과정상의 교육 중점과 학급 교육과정, 교과 교육과정이 일관되게 설계되고 운영될 수 있다는 장점이 있다.

2단계: 개념적 렌즈를 통한 개념 확인하기

개념적 렌즈를 통한 개념 확인하기 단계는 교사가 다루는 주제가 사실과 이해를 넘어서는 개념인지 확인하는 것으로 교사가 어떤 개념적 렌즈를 선택하느냐에 따라 같은 주제라 하더라도 가르치고자 하는 방향과 내용이 달라질 수 있다. 때문에 교사의 고착된 사고를 탈피하고 다양한 관점에서 주제로 접근하기 위해서는 개념적 렌즈를 선택하고 나서 학습 내용을 결정하는 것보다, 주제와 관련된 다양한 소재나 내용을 파악한 후 개념적 렌즈를 선택하여 학습 내용을 결정하는 것이 중요하다고 볼 수 있다. 예를 들어 주제가 '민주시민 교육'에 관한 것일 때, '대인관계'라는 렌즈를 선택할 때와 '책임'이라는 렌즈를 선택할 때의 학습 내용은 매우 다르게 구성될 것이다. 개념적 렌즈를 통한 개념 확인하기의 사례를 제시하면 다음 [그림 3-13]과 같다.

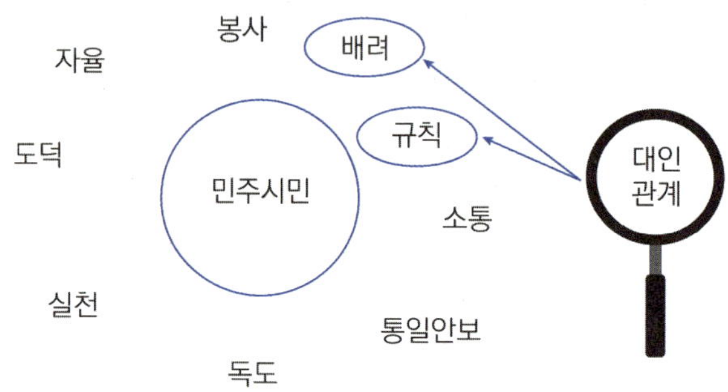

[그림 3-13] 개념적 렌즈를 통한 개념 확인

위의 사례에서는 '민주시민'이라는 주제를 설정하고 이와 관련하여 민주시민에 대한 개념과 가치, 핵심요소, 역량에 대한 연구를 바탕으로 '민주시민'이라는 주제가 내포하고 있는 다양한 소재와 가치를 펼쳐 놓았다. 이후 민주시민으로서 갖춰야 하는 중요한 개념으로 '대인관계'를 개념적 렌즈로 설정하였다. 이를 바탕으로 '규칙', '배려'를 가르칠 개념으로 선정하였다.

3단계: 개념과 주제에 근접한 스트랜드(strand) 조직하기

스트랜드는 주제의 내용과 개념을 개괄적으로 보여주는 것으로 큰 줄기에서 가지로 뻗어나가는 듯한 이미지를 떠올리면 이해하기 쉽다. 가령, 2022 개정 특수교육 교육과정 중 기본 교육과정의 국어 교과에는 듣기·말하기, 읽기, 쓰기 영역이 있다. 국어 교과가 큰 '줄기'라면 듣기·말하기, 읽기, 쓰기 영역은 국어 교과를 채우는 가지가 된다. 또는 읽기 영역을 '줄기'라고 본다면 읽기 영역의 내용 요소는 '가지'가 될 수 있다. 즉 스트랜드는 설정한 주제를 구성하는 내용과 개념을 생각그물로 구체화한 것으로 이해할 수 있다.

다음 [그림 13-14]는 2015 개정 특수교육 기본 교육과정의 고등학교 진로와 직업 교과에서 '규칙'을 중심으로 스트랜드를 조직한 것이다. '규칙'이라는 개념은 관점에 따라 다양한 접근이 가능하다. 예를 들어 보드게임을 하기 위한 순서를 지키는 것도 규칙이며, 어떤 것을 만들기 위해 알아야 하는 방법 또는 단계도 규칙으로 볼 수 있을 것이다. 또한 일상생활에서 이루어지는 약속이라는 것도 개인과 개인, 개인과 집단 간의 규칙이라고 볼 수 있기 때문에 이를 포함하여 조직할 수 있다. 조직한 스트랜드를 바탕으로 주요 내용과 활동을 구조화하여 다음과 같이 제시하였다.

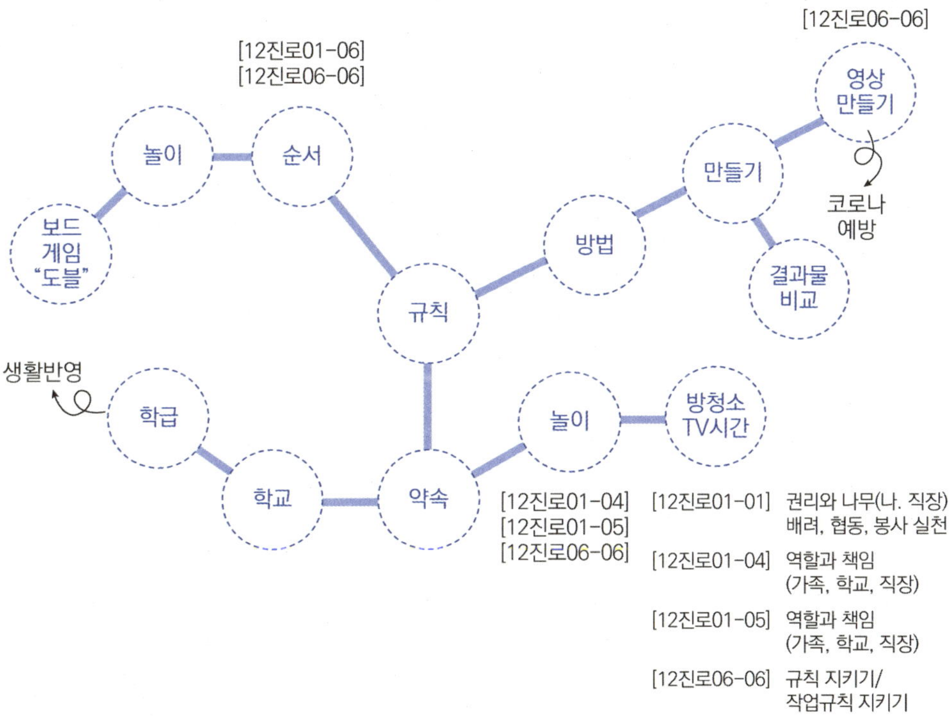

[그림 3-14] '스트랜드 조직하기'의 예

〈표 3-17〉 주요 내용 및 활동

주요 내용	활동
▸순서	프로젝트 이름 만들기, 탐구질문 만들기, 규칙의 중요성, 보드게임하기
▸방법	스마트폰 사용, 동영상 만들기, 감염병 예방 영상 만들고 비교하기
▸약속	약속의 중요성, 학교·가정의 약속, 실천하기

4단계: 기대하는 일반화 진술하기

일반화는 학생들이 학습의 결과로 보다 깊이 이해하고 깨달을 수 있기를 기대하는 '이해'를 진술할 때 사용된다(나미란, 2022). 일반화는 학생들의 필수적인 이해를 가능하게 하는 진술로 영속적 이해, 본질적 이해, 빅 아이디어와 같은 용어로 알려진 개념이며, 시간과 장소를 초월하여 여러 문화와 상황에 '전이'된다(조호제 외, 2022).

개념 기반 교육과정 설계에서 일반화는 추상적이기보다 구체적이며 무엇을 배워야 하고, 그 목표가 무엇인지 명확히 보여준다. 따라서 개념 기반 교육과정 설계에서의 일반화를 위해서 학생은 구체적인 사실과 지식으로부터 개념을 도출하고, 개념과 개념의 관계를 통해 일반화로 나아가는 상향식 학습 과정(귀납적 학습)을 거치게 된다. 반면, 교사의 계획은 최종 목표인 일반화를 위한 개념 구성, 개념 도출을 위한 주제 설정, 주제와 관련한 사실과 지식 구성의 하향식 설계 방식(연역적 설계)을 취하게 된다. 이를 교과와 교과 영역의 관계로 도식화하면 다음 [그림 3-15]와 같다.

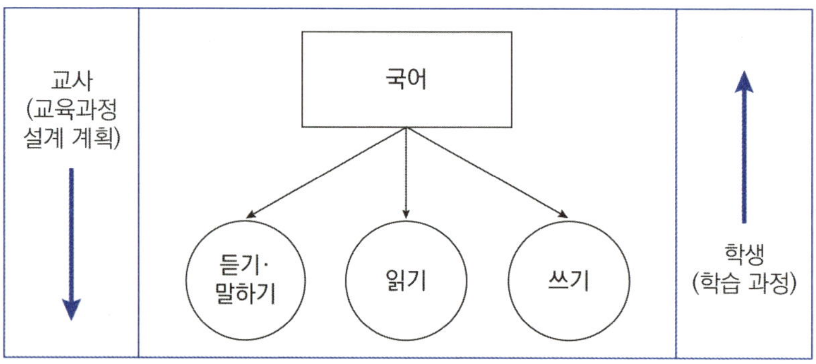

[그림 3-15] 교사의 교육과정 설계 계획과 학생의 학습 과정

본 사례에서는 먼저 교사의 관점에서 '규칙'을 개념으로 도출하고, 주요 활동들을 반영하여 다음과 같이 일반화 내용을 진술하였다.

일반화 내용: 민주시민은 규칙의 중요성을 알고 실천한다.

5단계: 안내 질문 만들기

안내 질문(guiding questions)은 배움에 대한 학생들의 사고를 촉진하고, 학습을 통해 무엇을 할 수 있어야 하는지에 대한 일반화 방향을 제시한다. 따라서 주제와 개념, 주요 활동을 조직하고 구성하는 것이 중요하지만 일반화를 위해서는 적절한 안내 질문을 만들어 학습 방향과 내용을 초점화하는 것이 필요하다. 특히 특수교육에서는 학생들의 장애 특성과 인지 수준, 교육적 요구, 개별화교육 목표, 학교 특성, 지역사회 여건 등을 바탕으로 그에 상응하는 교육계획이 수립되어야 한다.

따라서 새로운 상황과 실제 생활, 다양한 맥락에서 학습 내용이 전이될 수 있도록 안내 질문을 만드는 것이 더욱 강조된다고 볼 수 있다. 본 사례에서는 다음과 같이 안내 질문을 구성하였다.

안내 질문: 규칙을 지키면 무엇이 달라질까?

6단계: 중요한 내용 확인하기

중요 내용 확인하기에서는 일반화를 위한 개념을 깊이 있게 학습하고, 핵심 과정과 기능에 대해 필요한 지식이 무엇인지 아는 것을 의미한다. 중요 내용은 3단계와 4단계를 거쳐 개념과 주요 활동을 구체화하고 일반화하였으며, 5단계를 통해 안내 질문을 만들었기에 어떤 내용이 중요하게 다뤄져야 할지는 어렵지 않게 확인할 수 있다.

7단계: 핵심 기능 파악하기

핵심 기능은 과정과 기능의 측면에서 학습을 마친 후에 학생들이 할 수 있어야 하는 것을 의미한다. 이것은 2015 개정 특수교육 교육과정이나 2022 개정 특수교육 교육과정의 교과 교육과정 내용 체계를 살펴보면 어렵지 않게 확인할 수 있다. 본 사례에서는 6단계와 7단계를 통합하여 중요 내용과 핵심 기능을 파악하고 여기에 '가치 · 태도'를 추가하여 정의적 측면까지 다음과 같이 제시하였다.

〈표 3-18〉 중요 내용 및 핵심 기능

지식 · 이해	• 규칙과 배려의 중요성과 필요성
과정 · 기능	• 규칙 지키기, 배려 실천하기
가치 · 태도	• 규칙을 지키고자 하는 마음 갖기 • 타인에 대해 관심 갖기

8단계: 최종 평가와 채점 가이드 또는 루브릭 작성하기

최종 평가는 일반화의 중요한 내용 및 핵심 기능에 대한 학생들의 이해 정도와 수준을 나타낸다. 즉 학생들이 학습을 통해 지식과 기능을 얼마나 습득하였고, 일반화할 수 있는지를 평가하게 된다. 이를 위해 교사는 '무엇을', '왜' 평가할 것인지에 대해 구체화할 필요가 있으며, 학생의 입장에서는 '어떻게' 해야 하는지 명확히 인식할 필요가 있다. 이때 루브릭 평가가 효과적으로 활용되는데, 루브릭 평가는 다음과 같은 장점이 있다(김선, 반재천, 박정, 2018).

첫째, 평가 차원(평가 척도)을 기술해 나갈 때 예상하기 쉬운 오류나 지적사항을 모두 통합해서 기술할 수 있다.

둘째, 최고 수준에 대한 정보를 얻을 수 있고, 그것을 통해 자신들이 필요로 하는 목표 달성 수준과 방법에 대한 모든 세부사항을 제공받을 수 있다.

셋째, 루브릭에 대한 토론 활동은 과제의 채점기준이 되는 준거를 확인할 수 있을 뿐만 아니라 모든 학술 과제의 가장 기본적인 구성요소인 비판적 사고를 직접 수행해 볼 수 있는 기회가 되기도 한다.

넷째, 루브릭의 세부사항을 통해 교수자의 의도를 쉽게 파악할 수 있다.

한편, 교사는 루브릭을 작성하면서 다음과 같은 이점을 얻을 수 있다.

첫째, 개별 학생의 성취수준을 평가하고 평가 결과를 계속 축적해 나감으로써 시간의 흐름에 따른 학생들의 지속적인 개선사항이나 취약점을 정확하게 확인할 수 있다.

둘째, 수업에서 나타난 학생들의 사각지대나 맹점을 신속하게 파악하여 수정할 수 있다.

학생들의 개별적 수준을 고려한 평가가 강조되는 특수교육에서 루브릭 평가는 효과적으로 개별 학생들을 평가하고, 개인의 성장 정도를 관리할 수 있는 평가 방법이 될 수 있을 것이다. 본 사례에서는 '포트폴리오' 평가를 위해 다음과 같이 평가 루브릭을 작성하였다.

〈표 3-19〉 **평가 루브릭**

평가방법	포트폴리오
요소 / 수준	과제 수행하기
3	순서, 방법, 약속을 파악하고 이를 지키며 과제를 스스로 수행할 수 있다.
2	주어진 순서, 방법, 약속을 지키는 과제를 수행할 수 있다.
1	순서, 방법, 약속을 지키는 활동에 참여할 수 있다.

9단계: 학습 활동 설계하기

학습 활동은 평가에 필요한 것을 준비할 수 있도록 활동을 구성하는, 즉 학생들이 학습을 마치기까지 이해하고, 알고, 할 수 있어야 하는 것들을 조직하는 단계로 이해할 수 있다. 사례를 보면 주요학습활동에 '평가과제'가 포함되어 있는 것을 확인할 수 있다. 2015 개정 특수교육 교육과정과 2022 개정 특수교육 교육과정에서 동일하게 강조되고 있는 과정 중심 평가를 위해서는 차시계획을 수립하기에 앞서 먼저 평가계획을 수립하는 것이 중요하다. 교육과정 분석을 통해 가르칠 내용이 결정되었으면, 평가방법과 평가과제를 계획한다. 이후 차시계획을 수립할 때 평가과제를 포함하여 활동을 구성하면 교육과정과 수업, 평가가 일관성 있게 설계될 수 있다.

본 사례의 경우 '포트폴리오'를 활용한 평가방법을 선택하였으며, 이를 위한 평가과제를 구성하여 수업 종료 후 수업의 결과물들이 포트폴리오로 구성될 수 있도록 학습 활동을 설계하였다.

〈표 3-20〉 **학습 활동 설계**

주요 내용	활동명	주요학습활동	차시	평가과제	수업 방법
(순서) 재미를 만들자!	우리가 만드는 프로젝트	• 프로젝트 탐구질문 만들기 • 프로젝트명 정하기	1	-	토론 수업
	규칙으로 만들어지는 재미	• 규칙의 중요성 알기	2	'규칙 지키기' 표어 만들기	플립 러닝
		• 규칙을 지켜 보드게임하기(규칙 찾기, 모둠별 · 팀대표 대항전)	3	규칙 지키기	놀이 수업

주요 내용	활동명	주요학습활동	차시	평가과제	수업 방법
(방법) 나를 따르라!	방법과 순서에 따라 영상 만들기	• 스마트폰 카메라 사용법 알기 • 영상 만드는 방법에 따라 영상 만들기	4~5	-	플립 러닝
		• 내 마음대로 만들 때와 방법과 순서를 지켜 만들었을 때의 작품 비교하기	6	-	토론 학습
		• 감염병 예방 영상 만들기	7~8	영상 만들기	협동 학습
(약속) 약속으로 아름다워 지는 규칙	약속의 아름다움 찾기	• 약속을 지킬 때와 약속을 지키지 않았을 때의 차이 알기	9	'약속 지키기' 표어 만들기	플립 러닝
	학교에서 지키는 아름다운 약속	• 학교에서 지킬 수 있는 약속 만들기	10	나만의 약속 -학교-	협동 학습
	가정에서 지키는 아름다운 약속	• 가정에서 지킬 수 있는 약속 만들기	11	나만의 약속 -가정-	
	작품 나누기	• 모둠별 '표어, 영상' 전시하기 • 작품 감상평 발표하기	12	감상평 발표	토론 수업

제 2 부

특수교육 교육과정 재구성 수업을 만나다!

제1장 교과 내 교육과정 재구성

> 교육과정은 교사의 마음 心에서 출발합니다.
> 이경원의 3-Fine 교육. 서툴러도 괜찮아!, 느려도 괜찮아!, 몰라도 괜찮아!
> - 이경원(2014년) '교육과정 콘서트' 중에서

1. 제재 중심 교육과정 재구성 및 교수·학습 설계

특수교육 대상 학생들은 아주 사소한 제재라 할지라도 쉽게 학습하지 못하는 경향이 많다. 보통 일반교육에서는 교육과정 재구성의 최소 단위로 단원을 재구성하고 있다. 하지만 특수교육에 있어서는 한 가지 제재를 재구성할 필요가 있다. 다시 말해, 한 가지 제재를 다양한 방법으로 반복해서 학습할 수 있도록 재구성하자는 의미이다. 이는 과제분석의 한 유형이라고 할 수도 있다. 과제분석은 행동 목표, 기능 등을 익히는 데 더 중점을 둔다면, 이를 포함하여 학습적인 측면을 좀 더 강조하는 것이 제재를 중심으로 이루어지는 교수·학습 설계이다. 제재를 중심으로 한 교육과정 재구성은 다음과 같은 경우에 유용하게 활용된다.

첫째, 기존에 알고 있는 개념이나 지식이 아닌 전혀 새로운 개념이나 지식을 학습하고자 할 때 유용하다. 기존에 학습자가 한 번이라도 들어 봄직한 개념이나 지식은 단원 중심 재구성이나 단원 간, 교과 간 등으로 다양하게 재구성하여 일반화할 수 있고 개념을 확장하여 지도할 수 있다. 하지만 새로운 개념과 지식은 그 내용에 대해 깊이 있게 반복하여 지도하여야만 장기기억으로 전환되는 특수교육 대상 학생의 특성상 한 가지 제재를 중심으로 재구성하여 교수·학습 설계를 촘촘하게 구성할 필요가 있다.

둘째, 중요한 개념이나 지식임에도 불구하고 학생들이 쉽게 익히지 못하고 학습하는 데 어려움을 느낄 경우에도 유용하게 활용될 수 있다.

셋째, 중도중복장애 학생들에게는 아주 쉬운 개념이나 지식일지라도 이를 학습하기란 쉽지 않은 과제이다. 그러므로 한 가지 제재를 집중적으로 학습할 수 있도록 재구성하는 것이 오히려 유용할 수 있다.

제재를 중심으로 한 교육과정 재구성 절차는 일반적인 재구성 절차와 유사하다. 하지만 제재를 중심으로 재구성하고자 할 경우 보다 목적이 뚜렷해야 한다. 이를 정리하면 다음과 같다.

1단계 재구성할 제재를 선정한다.
2단계 재구성 목적 및 의도를 설정한다.
3단계 학습자 수준을 분석한다.
4단계 제재 중심 교육과정 재구성 주제망을 구성한다.(매개체 선정)
5단계 제재 중심 교육과정 재구성 및 구성표를 작성한다.
6단계 제재 중심의 구체적인 지도안을 작성한다.

다음은 새로운 지식을 가르치고 이를 생활 속에 활용할 수 있도록 지도하기 위해 제재 중심으로 교육과정을 재구성한 사례이다.

1) 1단계: 재구성할 제재를 선정한다.

본 사례에서는 2015 특수교육 개정 교육과정(중 기본 교육과정) 고등학교 미술 「3. 미술과 진로」의 「명화 속 직업」 단원의 한 제재인 '팝 아트'를 선정하였다. 관련 성취기준은 "[12미술01-05]미술 작품에 표현된 다양한 직업을 찾고, 특징을 살려 표현한다"와 "[12미술01-06]미술과 관련된 다양한 직업을 체험한다"이다. 이 두 가지 성취기준을 통합하여 "미술 작품의 특징을 살려 표현하고 관련된 직업을 체험한다."로 설정할 수 있다. 2022 개정 특수교육 교육과정 중 기본 교육과정 관련 성취기준으로 살펴보면 "[12미술01-04]미술과 관련된 다양한 직업을 탐색하고 친구와 협력하는 태도를 가진다."와 "[12미술02-05]미술과 관련된 직업을 알아보고 그와 관련된 미술 표현 활동을 한다."로 제시할 수 있다.

2) 2단계: 재구성 목적 및 의도를 설정한다.

현대인들은 대중매체의 영향을 받음과 동시에 그 속에서 그들만의 문화인 대중문화를 형성하며 살아가고 있다. 특수교육 대상 학생도 마찬가지일 것이다. 대중매체와 대중문화가 이미 우리들의 환경을 지배하는 강력한 요소로 자리 잡고 있기에, 현대사회의 환경을 교육과정 안으로 수용하고 현세대의 요구에 맞는 문화를 표현할 수 있는 방안에 대한 모색이 필요하다. 그중 미술교과는 현대 문화를 표현하고 흥미롭게 즐길 수 있는 교과라고 할 수 있다. 현재 특수교육현장에서 이루어지고 있는 미술 수업 형태를 살펴보면, 본뜨기, 채색하기, 만들기 등 단순 기능 위주의 수업이 대부분이다. 그렇다면 이러한 시대적 요구 및 흐름과 조화를 이루고, 장애학생들의 창의적 표현능력을 향상시키며, 대중매체의 친숙함을 통해 공감과 관심을 일으킬 수 있는 미술 수업은 무엇일까? 이 물음을 통해 학생들의 생활과 밀접하게 연관된 현대미술 중 팝아트를 접목시켜 학생들의 미술활동에 대한 공감과 관심을 일으키고자 하였다. 즉, 교육목표 "미술 작품의 특징을 살려 표현하고 관련된 직업을 체험한다."를 달성하기 위해 '팝아트'라는 한 가지 제재를 반복지도하여 직업의 하나로 '오티스타'를 체험할 수 있도록 한다. 특히, 다소 생소하고 어렵게만 느껴지는 제재를 반복함으로써 대중 소비 문화적 시각이미지를 적극 수용한 현대미술을 표현할 수 있는 기회를 제공한다. 이러한 활동은 장애학생들의 자유로운 발상과 재현에 도움을 줄 수 있으며, 나아가 사회적 의사소통능력과 긍정적 자아상을 형성시킬 수 있을 것이다.

3) 3단계: 학습자 수준을 분석한다.

학습자의 수준 분석은 장애유형, 일반적인 행동특성(도전행동 포함), 선수 학습 능력, 본시 수업을 위한 대책(투입자료 및 유의점) 등 다양한 측면에서 이루어져야 한다. 선수 학습 수준은 학습자들이 지금 지도하고자 하는 단원 학습을 무리 없이 수행할 수 있는지를 가늠하기 위한 것이다. 학습자들의 선수 학습 수준이 일정 수준에 미치지 못한다면, 단원의 학습은 실패할 가능성이 높다고 할 수 있다.

〈표 1-1〉 제재 중심 교육과정 재구성에 따른 학습자 수준 분석표

학생	장애유형 (성별)	일반적 행동특성	미술과 선수학습 능력	본시 수업을 위한 대책 (투입자료 및 유의점)
권○○	지적장애 2급 (남)	지시 따르기 및 일상적 대화가 가능하며, 생활어휘를 모두 사용할 수 있음	애니메이션 등 정밀한 도안을 스케치하고 채색할 수 있는 등 그리기에 매우 뛰어난 재능과 취미가 있음	본시활동뿐 아니라 자신의 작품 포트폴리오를 활용한 기존 작품으로 다양한 결과물을 제작할 기회를 제공함
정○○	지적장애 2급 (남)	지시 따르기 및 일상적 대화가 가능하며, 생활어휘를 모두 사용할 수 있음	제시된 도안을 보고 특징을 살려 그릴 수 있음. 지적장애의 전형적인 그림 중 상위 수준임	본시활동뿐 아니라 자신의 작품 포트폴리오를 활용한 기존 작품으로 다양한 결과물을 제작할 기회를 제공함
조○○	지적장애 3급 (남)	일상생활능력은 가장 높으며 지시 따르기 및 일상적 대화가 가능하나 복용 중인 약으로 인해 불가피하게 수면을 취할 때가 있음	일반 학생 수준의 연필스케치가 가능하며 특징을 잘 파악해냄	본시활동뿐 아니라 자신의 작품 포트폴리오를 활용한 기존 작품으로 다양한 결과물을 제작할 기회를 제공함
김○○	지적장애 2급 (남)	지시 따르기 및 일상적 대화가 가능하며, 생활어휘를 모두 사용할 수 있음	제시된 도안의 특징을 찾아 그리지 못하며 난화수준이나 열심히 참여함	쉬운 도안을 활용하되 디자인 작품 등 흥미 있는 결과물로 흥미와 자신감을 유발함
장○○	지적장애 1급 (남)	기본적인 학습태도가 좋으며 지시 따르기 및 일상적 대화가 가능하나, 생활어휘가 한정적임	뚜렷한 선처리와 특징의 간소화 등 자폐특성을 보이나 개성 있는 스케치와 채색 능력을 보임	본시활동뿐 아니라 자신의 작품 포트폴리오를 활용한 기존 작품으로 다양한 결과물을 제작할 기회를 제공함
김◇◇	지적장애 1급 (남)	지시 따르기 및 일상적 대화가 가능하나, 생활어휘가 단순하며 한정적이고, 다소 고집이 센 편임	제시된 도안의 특징 일부분만을 찾아 그리지만 채색활동에 적극 참여함	쉬운 도안을 활용하되, 디자인 작품 등 흥미 있는 결과물로 흥미와 자신감을 유발함
유○○	지적장애 1급 (남)	학습 인지수준이 부족하나 생활 의사소통 활동에는 문제가 거의 없으며 물건 정리에 집착하는 성향을 보임	제시된 도안의 특징을 전혀 찾아 그리지 못하나 수업태도가 좋으며 도움받아 채색 활동이 가능함	쉬운 도안을 활용하되 디자인 작품 등 흥미 있는 결과물로 흥미와 자신감을 유발함
김☆☆	지적장애 1급 (남)	일상적 대화에 어려움이 있고 자발어가 거의 없음. 기본 신변자립은 가능함	제시된 도안의 특징을 전혀 찾아 그리지 못하나 도움받아 채색활동이 가능함	쉬운 도안을 활용하되 디자인 작품 등 흥미 있는 결과물로 흥미와 자신감을 유발함

4) 4단계: 제재 중심 교육과정 주제망을 구성한다.(매개체 선정)

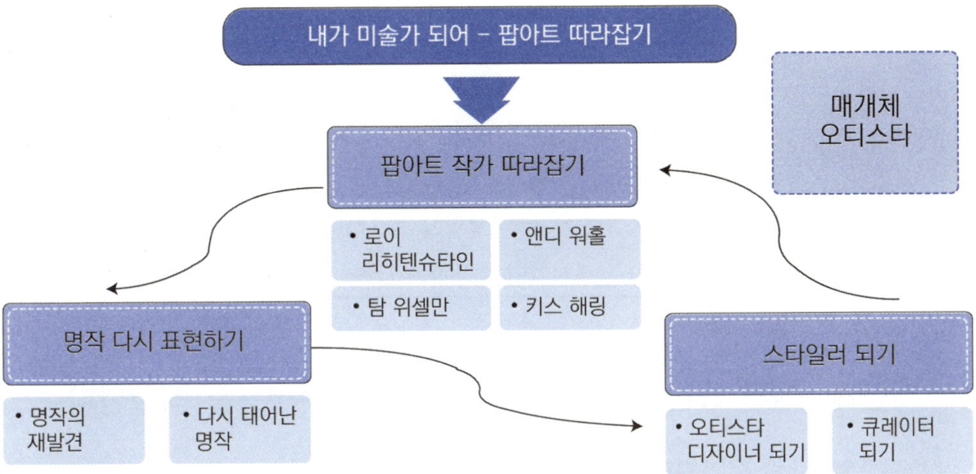

[그림 1-1] 제재 중심 교육과정 주제망

특수교육 대상 학생에게는 다소 생소한 「팝아트」라는 새로운 지식을 지도하기 위해 '제재를 중심으로 교육과정을 재구성'하였다. 주제망은 '팝아트 작가 따라잡기', '명작 다시 표현하기', '스타일러 되기'로 선정하였다. 매개체는 「오티스타」로 정하였다. 팝아트(Pop art)는 반예술적인 지향(志向) 밑에 신문의 만화, 상업디자인, 영화의 스틸(still), TV 등 대중사회에 있어서 매스미디어(mass media)의 이미지를 적극적으로 주제 삼은 미술의 한 분야이다. 그러므로 팝아트가 지향하는 요소 중 하나인 광고효과를 도입하여 학생들이 평소 친숙하고 흥미 있어 하는 광고이미지와 연결시켰다. 또한 자폐성장애 학생들이 만든 작품을 상품화하는 '오티스타'로 동기를 유발하여 자신이 만들 작품이 상품화되고 이를 광고로 발전시킬 수 있음을 지도한다. 더 나아가 관련 직업을 체험함으로써 진로 선택의 폭을 넓힐 수 있도록 지도한다. 이후 수업 진행 단계는 다음과 같다.

〈표 1-2〉 **제재 중심 교육과정 재구성에 따른 수업진행 단계**

단계	활동 내용
동기유발	팝아트와 광고와의 관계 인식하기(사례 영상 보기), 오티스타 홈페이지 방문하기 등 동기를 유발하는 단계
팝아트 작가 따라잡기	팝아트 대표 작가들의 작품을 통해 현대 미술을 탐색하는 단계
명작 다시 표현하기	팝아트 작가들의 대표작을 자신의 방식으로 다시 표현하는 단계
스타일러 되기	자신이 재탄생시킨 명작을 활용하여 오티스타 방식의 상품을 만들거나 전시용 작품을 만드는 등 실생활에 적용하는 단계
전시하기	완성된 작품을 전시하여 감상하는 단계

5) 5단계: 제재 중심의 교육과정 재구성 및 구성표를 작성한다.

생활과 밀접하게 연관된 팝아트의 대표 작가 4인을 선정하여 그들의 작품을 살펴보고, 이를 다시 표현할 수 있도록 제재를 선정하였으며, 완성된 작품을 생활 속 디자인 제품으로 재구성해보고 소개할 수 있는 기회를 가져 자신감과 성취감을 느낄 수 있도록 구성하였다. 제재 중심 교육과정 재구성의 구체적인 내용은 다음과 같다. 제재 중심 교육과정 재구성의 대주제를 '교실 속 작은 미술관'으로 정하고 '팝아트'라는 제재를 반복해서 경험할 수 있도록 구성하였다.

〈표 1-3〉 **제재 중심 교육과정 재구성**

<table>
<tr><td rowspan="4">고등학교 미술</td><td>3. 미술과 진로</td><td></td><td>재구성 내용</td><td>방법</td><td>교실 속 작은 미술관 제재</td></tr>
<tr><td>• 명화 속 직업</td><td>⇨</td><td>• 팝아트작가 따라잡기
• 명작 다시 표현하기
• 스타일러 되기</td><td>내용 재구성</td><td rowspan="3">• 로이 리히텐슈타인 따라잡기
• 탐 위셀만 따라잡기
• 앤디 워홀 따라잡기
• 키스 해링 따라잡기
• 아트디자이너 되기
• 교실 속 작은 전시회</td></tr>
<tr><td>11. 미술 감상실</td><td rowspan="2">⇨</td><td rowspan="2">• 나만의 작품 포트폴리오 제작하기
• 전시회장 꾸미기
• 관람 및 감상소감 나누기</td><td rowspan="2">유지</td></tr>
<tr><td>• 우리들의 전시회</td></tr>
</table>

수업전개 구성표를 구체적으로 제시하면 다음과 같다.

〈표 1-4〉 **제재 중심 교육과정 구성표**

<table>
<tr><th colspan="2">재구성주제</th><th rowspan="2">제재</th><th colspan="3">수업 전개 과정</th><th rowspan="2">차시</th><th colspan="3">미술과 관련 핵심역량</th></tr>
<tr><th>단원명</th><th>주제</th><th>팝아트 작가 따라잡기</th><th>명작 다시 표현하기</th><th>스타일러 되기</th><th>미적 감수성</th><th>창의적 표현 능력</th><th>미술에 대한 관심과 존중</th></tr>
<tr><td rowspan="6">3. 미술과 진로 + 11. 미술 감상실</td><td rowspan="6">교실 속 작은 미술관</td><td>로이 따라 잡기</td><td rowspan="5">✤ 작품의 세계 이해하기
✤ 작품의 특징 잡아 이야기 나누기</td><td>✤ 다시 태어난 명작: 명작 따라 모방하여 표현하기</td><td>✤ 큐레이터 되기: 전시용 작품 구성하기</td><td>1/7</td><td>○</td><td>○</td><td>○</td></tr>
<tr><td>탐 위셀만 따라 잡기</td><td>✤ 다시 태어난 명작: 명작 따라 모방하여 표현하기</td><td>✤ 큐레이터 되기: 전시용 작품 구성하기</td><td>2/7</td><td>○</td><td>○</td><td>○</td></tr>
<tr><td>앤디 워홀 따라 잡기</td><td>✤ 명작의 재발견: 작가의 표현방식을 알고 나만의 작품 표현하기</td><td>✤ 디자이너 되기: 디자인 아이디어 구상하기</td><td>3/7 ~ 4/7</td><td>○</td><td>○</td><td>○</td></tr>
<tr><td>키스 해링 따라 잡기</td><td>✤ 명작의 재발견: 작가의 표현방식을 알고 나만의 작품 표현하기</td><td>✤ 디자이너 되기: 자신의 작품을 활용하여 디자인하기(책갈피)</td><td>5/7</td><td>○</td><td>○</td><td>○</td></tr>
<tr><td>아트 디자이너 되기</td><td>✤ 다시 태어난 명작: 나만의 디자인으로 표현하기</td><td>✤ 디자이너 되기: 자신의 작품을 활용하여 디자인하기(아트문구)</td><td>6/7</td><td>○</td><td>○</td><td>○</td></tr>
<tr><td>교실 속 작은 전시회</td><td colspan="3">✤ 그동안 표현한 팝아트 작품과 아트 디자인 작품으로 전시회장 꾸미기
✤ 부모 및 같은 학교 학생, 선생님 등을 초대하여 교실 속 미술 전시회 개최하기</td><td>7/7</td><td>○</td><td></td><td>○</td></tr>
</table>

6) 6단계: 제재 중심의 구체적인 지도안을 작성한다.

구체적인 지도안 작성은 단위 수업에 대한 설계를 위해 작성하는 것으로 반드시 거쳐야 하는 과정은 아니다. 다음은 6/7차시 교수학습지도안 예시이며 구체적인 수업 설계 시 참고할 수 있다.

교과	미술		제재	아트디자이너 되기(팝아트)	차시	6/7
학습 목표	**팝아트 작품을 그린 스티커로 디자인 공책을 만들 수 있다.**					
	가	작품 스티커를 오려 만들고 붙여 디자인 공책을 만들 수 있다.				
	나	다양한 크기의 작품 스티커를 붙여 디자인 공책을 만들 수 있다.				
수업 모형	창의적 문제해결학습 모형					
인성 요소	**예의** 있게 인사하며 **성실**하게 참여하고, 학우의 작품을 **존중**하며 감상한다.					
학습 자료	작품포트폴리오, 프로젝션TV, 카메라, 컴퓨터, 프린터, 문구제품, 라벨지, 교과서 등					

과정(분)	학습 내용	교수 · 학습 활동			자료(▣) 유의점(※) 인성요소(♥)
		교수 활동	학습 활동		
			[가] 수준	[나] 수준	
문제 인식 (5분)	인사	▶ 인사한다.	▶ 반장의 구령에 맞춰 바르게 인사한다.		♥ 예의
	출석확인	▶ 출석을 확인한다.	▶ 이름이 호명되면 큰 소리로 대답한다.		
	전시확인	▶ 작품 포트폴리오를 제시하며 전시학습을 상기시킨다. T 그동안의 작품이 기억나죠?	▶ 자신과 급우의 작품을 기억하고 말한다. S ○○이의 그림이에요.	▶ 자신의 그림을 기억하고 말한다. S ◇◇이가 그렸어요.	▣ 관련 프레젠테이션 자료 ▣ 개인팝아트 포트폴리오
	동기유발	▶ 팝아트를 이용한 디자인 제품 소개를 통해 동기를 유발하여 디자인 활동의 필요성을 느끼게 한다.	▶ 교사가 제시하는 영상을 보며, 우리도 충분히 유명한 제품을 만들 수 있다는 자신감을 가진다.		▣ 아트디자인 예시작품
	학습목표 제시	▶ 학습목표를 제시한다.	▶ 학습목표를 큰 목소리로 읽는다.		▣ 낱말 자석판
		팝아트 작품을 그린 스티커로 디자인 공책을 만들 수 있다. 가) 작품 스티커를 오려 만들고 붙여 디자인 공책을 만들 수 있다. 나) 다양한 크기의 작품 스티커를 붙여 디자인 공책을 만들 수 있다.			
		활동 1 작품 스티커 준비하기 활동 2 디자인 초안 만들기 활동 3 붙이고 꾸며 완성하기			

과정(분)	학습 내용	교수 · 학습 활동			자료(▣) 유의점(※) 인성요소(♥)
		교사 지원 활동	학생 주도 활동		
			[가] 수준	[나] 수준	
아이디어 탐색 및 정교화 (10분)	**활동 1** 작품 스티커 준비하기	▶ **디자인 공책에 쓸 작품 스티커를 만들 수 있도록 지원한다.** T 스티커를 그림 모양을 살려 준비해 볼까요? 오린 스티커는 나중에 떼기 쉽도록 준비판에 살짝 붙입니다.	▶ **스티커 도안의 모양대로 오려 일부만 떼어 낸다.** S 네, 오렸어요. ▶ **나중에 떼기 쉽도록 준비판에 스티커의 일부만 붙여 준비한다.** S 준비판에 다 붙였어요.	▶ **오려진 스티커를 찢어지지 않도록 떼어 낸다.** S 스티커 뗐어요. ▶ **나중에 떼기 쉽도록 준비판에 스티커의 일부만 붙여 준비한다.** S 다 했어요. 붙였어요.	♥ 성실, 협동 ▣ 예시작품, 포트폴리오, 작품스티커, 가위, 준비판 ※ **지원인력** - 학생들의 안전한 가위 사용을 도움
아이디어 적용 및 종합 (20분)	**활동 2** 디자인 초안 만들기	▶ **테두리 리본스티커 띠지를 붙이도록 한다.** T 원하는 공책을 정한 후, 스티커 붙이기 전에 표지테두리를 꾸며 봅니다. ▶ **스티커를 표지 필름 위에 배치해 초안을 디자인하도록 지원한다.** T 여러분의 생각이나 예시를 이용해 비닐표지에 초안을 디자인해 봅니다.	▶ **테두리 리본스티커 띠지를 붙인다.** S 저는 밝은색 공책이 좋아요. S 리본스티커 다 붙였어요. ▶ **다양하게 준비한 작품 스티커를 이용해 공책 비닐표지에 초안을 디자인한다.** S 동그랗게 붙였어요. 하트 모양으로 붙였어요.	▶ **테두리 리본스티커 띠지를 붙인다.** S 저는 파란색이 좋아요. S 다 했어요. 다 붙였어요. ▶ **교사가 준비한 예시를 이용해 공책비닐표지에 초안을 디자인해 본다.** S 저는 하트로 주세요. S 공책 예쁘게 다 했어요.	♥ 성실 ▣ 라벨스티커, OHP, 리본스티커띠지 ※ **지원인력** - 학생들이 표지필름에 완전히 붙이지 않도록 도움 ▣ 예시그림
	활동 3 붙이고 꾸며 완성하기	▶ **디자인한 도안을 실제 공책 표지에 붙여 완성할 수 있도록 지원한다.** T 여러분이 꾸민 디자인이 마음에 들면 공책에 완전히 붙여 꾸며봅니다.	▶ **디자인한 도안을 실제 공책 표지에 붙여 완성한다.** - 스티커 뒷면을 완전히 제거하고 공책에 붙여 꾸민다. S 공책에 다 붙였어요. 예뻐요. 멋져요.	▶ **디자인한 도안을 실제 공책 표지에 붙여 완성한다.** - 교사가 표시해 놓은 위치에 스티커 뒷면을 완전히 제거하고 공책에 붙여 꾸민다. S 멋져요.	♥ 협동 ※ **지원인력** - 라벨지의 접착표면이 고르게 되도록 도움 ▣ 장식스티커

<table>
<tr><th rowspan="3">과정
(분)</th><th rowspan="3">학습
내용</th><th colspan="3">교수 · 학습 활동</th><th rowspan="3">자료(▣)
유의점(※)
인성요소
(♥)</th></tr>
<tr><th rowspan="2">교사 지원 활동</th><th colspan="2">학생 주도 활동</th></tr>
<tr><th>[가] 수준</th><th>[나] 수준</th></tr>
<tr><td></td><td></td><td>▶추가 스티커를 붙여 꾸밀 수 있도록 지원한다.
T 예쁜 스티커를 이용하면 공책이 더 예뻐질 수 있습니다.</td><td>▶추가 장식을 이용하여 붙인다.
-장식 등으로 스스로 붙여 꾸민다.</td><td>▶추가 장식을 이용하여 붙인다.
-장식 스티커 등을 선택하여 붙인다.</td><td></td></tr>
<tr><td>정리
및
발전
(5분)</td><td>감상 및
정리</td><td>▶친구의 작품을 서로 감상하도록 지도한다.
T 내 작품을 소개하고 친구들의 작품을 감상해 볼까요?
T 선생님이 부모님께 알려 드릴 테니 집에 가서 보여드립니다.
▶차시예고하기
-교실 속 작은 전시회 꾸미기
▶인사 나누기
T 우리 반 친구들은 학교의 최고 멋진 형답게 인사를 바르게 합니다.</td><td>▶친구의 작품에 대한 감상을 말한다.
-자신의 작품을 소개하고 친구에게 감상과 칭찬의 말을 전한다.
S 이뻐요, 산 거 같아요.
S 친구에게도 자랑할 거예요.
▶차시 내용을 확인 후 질문에 대답한다.
S 이쁠 것 같아요.
▶허리를 바르게 숙여 인사한다.
S 수고하셨습니다.</td><td>▶친구의 작품에 대한 감상을 표현한다.
-자신의 작품을 자랑하고 친구의 작품을 칭찬한다.
S 이뻐요.
S 자랑할게요.
▶발표에 집중한다.
S 열심히 할게요.
▶허리를 바르게 숙여 인사한다.
S 수고하셨습니다.</td><td>♥ 존중
※ 시간이 걸리더라도 천천히 대답을 기다림

▣ 완성작품

♥ 예의</td></tr>
</table>

「내가 미술가 되어」에 대한 제재 중심 재구성 교수-학습 결과를 제시하면 다음과 같다. 학생의 미술 표현 수준에 따라 직접 묘사하기, 필름지 등을 이용하여 따라 그리기, 원본을 보며 도안 색칠하기 등으로 진행하였다. 단 학생 스스로 표현할 수 있는 기회를 최대한 제공하려고 노력하였다. 다음 예시는 학생들이 스스로 표현한 작품들이다.

〈표 1-5〉 제재 중심 교육과정 재구성에 따른 교수-학습 결과물

제재	학생 작품		
로이 따라잡기  [해변의 여인]			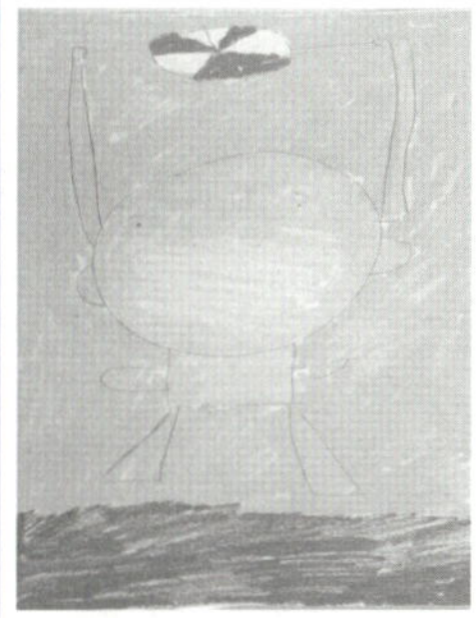
탐 위셀만 따라잡기  [입술]			
앤디 워홀 따라잡기  [캔]			
키스 해링 따라잡기  [개]			

제재	학생 작품	
아트디자이너 되기 [오디스타 따라잡기]	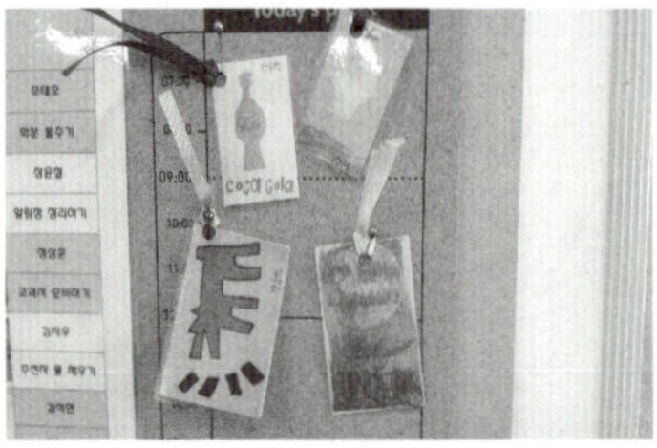 [책갈피 만들기]	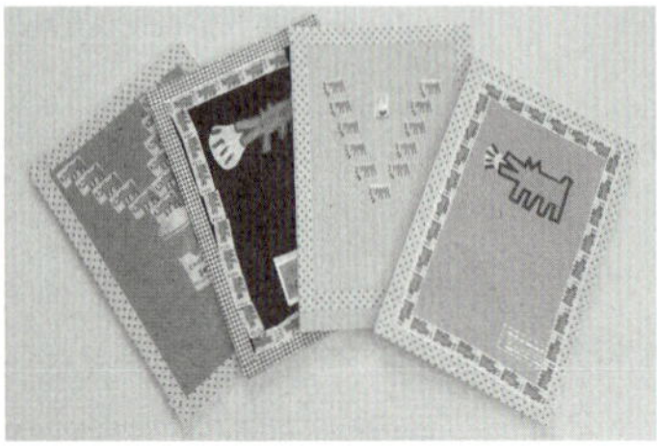 [노트 표지 디자인하기]
팝아트 포트폴리오		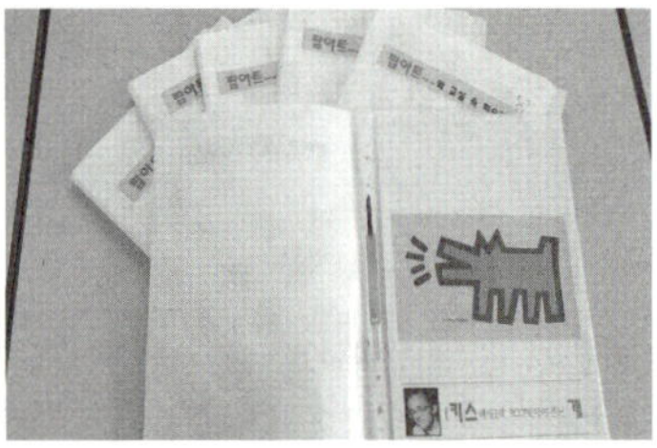

팝아트라는 제재를 초등학교와 중학교 수준에서도 적용해 보자. 전혀 다른 결과와 새로운 수업 상황을 접할 수 있을 것이다. 다음은 관련 성취기준과 단원이다. 참고하여 제재 중심 교육과정 재구성 단계에 맞춰 도전해 보기 바란다.

〈표 1-6〉「현대미술-팝아트」 제재 관련 교육과정 분석[1)]

교육과정		학년군	성취기준
2015 개정 특수교육 교육과정 [기본 교육과정]	초등학교	5~6학년	[6미술03-02] 전통미술과 현대미술 작품에 관심을 갖는다.
	중학교	1~3학년	[9미술03-02] 미술가들의 작품에 나타난 특징을 분석하고 감상한다.

1) 2022 개정 특수교육 교육과정은 2024년 초등학교 1~2학년(군) 현장 적용을 시작으로 2027년에 모든 학교(급) 적용이 완료됨. 따라서 본 교재에 제시한 교육과정은 2023학년도 현재 시점에서 적용되고 있는 2015 개정 특수교육 교육과정 교과서 단원을 중심으로 예시를 제시함. 단, 교육과정 간 연계를 위해 2022 개정 특수교육 교육과정의 관련 성취기준을 함께 안내함.

교육과정		학년군	성취기준
2022 개정 특수교육 교육과정 [기본 교육과정]	초등학교	5~6학년	[6미술03-02] 미술 작품의 특징에 관해 자신의 생각과 느낌을 나눌 수 있다.
	중학교	1~3학년	[9미술03-01] 미술가들의 작품을 감상하고 미술 감상에 흥미와 관심을 가진다.
	고등학교	1~3학년	[12미술01-04] 미술과 관련된 다양한 직업을 탐색하고 친구와 협력하는 태도를 가진다. [12미술02-05] 미술과 관련된 직업을 알아보고 그와 관련된 미술 표현 활동을 한다.

2. 프로젝트 학습을 위한 단원 간 교육과정 재구성 및 교수 · 학습 설계

실제로 일반교육에서 교육과정 재구성을 할 경우 가장 많이 나타나는 형태 중의 하나가 프로젝트 학습이다. 특수교육 현장에서는 학생의 주도적인 참여를 강조하는 프로젝트 학습을 실행하는 것이 다소 어렵다. 하지만 특수교육 대상 학생들이 배운 내용을 일반화하고 실생활에 적용할 수 있는 능력을 기르는 데 있어 프로젝트 학습은 의미가 있다. 프로젝트 학습은 교사가 학생을 지도하는 방법이기보다 학생들 서로 간 상호작용을 통해서 함께 배워가는 방법이라고 할 수 있다. 따라서, 학생이 수업에 적극 참여하는 자세를 가질 때 진정한 의미의 탐구와 배움이 일어난다. 특히 자기주도적 학습능력이 부족한 특수교육 대상 학생의 참여 기회를 높이고 생활에 필요한 핵심역량을 함양시키는 데 효과적인 수업 유형이라 하겠다.

프로젝트 학습은 학습의 전 과정에서 학생의 주도성을 강조하면서, 주제, 제재, 문제, 쟁점 등에 관한 탐구 활동을 진행한다. 그리고 탐구 결과에 대한 표현 활동을 하며, 그 결과를 만들어간다. 즉, 학생들이 실제적인 과제를 수행하고 구체적인 결과물을 만들어 내는 과정에서, 새로운 지식을 습득하고 비판적 사고력, 문제해결력, 자기 주도적 학습능력과 같은 학습 능력을 신장할 수 있기에 학생 중심의 교육방법이라 할 수 있다(김영수 외, 2012; 조미헌 외, 2013). 또한 프로젝트 학습은 교과서 재구성을 기본으로 하는 과정 중심의 학습방법이자, 학생들이 보다 주체적이고 능동적인 학습자로 수업을 이끌어가는 형태의 학습방법이기도 하다.

프로젝트 학습 설계 및 진행 과정

① 주제 정하기

모두 함께 흥미로운 주제 정하기
- 교과서와 연결된 대략적인 주제 정하기
- 주제에 대한 마인드맵을 그려보기, 구체적인 주제 선정하기
- 성취기준, 핵심역량 선정하기, 최종 결과물 구상하기

② 기획 · 준비하기

프로젝트 학습 진행 및 기획하기
- 교육과정 재구성
- 학생 수준 분석, 좋은 프로젝트 학습 유형(연극, 실습, 탐방 등) 정하기, 수업계획하기
- 균형 잡힌 평가 계획 개발하기

③ 안내 · 계획하기

프로젝트 안내, 팀 구성 후 프로젝트 계획하기
- 학생들에게 목표, 진행일정, 팀 구성, 자료수집 방법, 발표방법 및 평가준거 안내하기
- 팀 구성 및 역할 분담하기
- 브레인스토밍하여 계획짜기

④ 함께 수행하기

프로젝트 일정에 맞추어 주제 해결하기
- 함께 자료 수집하기
- 맡은 역할 수행하기
- 다양한 체험활동하기
- 결과물과 최종보고서 만들기

⑤ 프로젝트 발표하기 함께 성찰하기

팀 결과물 발표하기, 평가 및 성찰하기
- 다양한 방식으로 교사평가하기
- 자기평가, 상호평가, 교사평가하기
- 소감문 등으로 성찰하기

교사의 역할 : 피드백, 조언과 지원, 상담

[그림 1-2] 프로젝트 학습 설계 및 진행 과정

프로젝트 학습의 효과를 살펴보면 다음과 같다.

첫째, 프로젝트 학습은 삶과 밀접히 연계되어 있기에, 학생들의 삶은 물론이고 교사들의 교육적 삶이 수업 흐름 속에 스며들어 있다.

둘째, 프로젝트 학습을 통해 분절적 교과 지식의 한계를 넘어설 수 있으며, 교과 통합과 융합의 지평을 열어 줄 수 있다.

셋째, 프로젝트 학습은 수업디자인과 진행 과정에 교사들의 역할이 중요하긴 하지만, 학생들의 자기 주도적 학습이 가능해지도록 교사는 지원하는 역할을 하며, 학생들이 개별, 집단별로 주도적인 역할을 수행한다.

그러므로 프로젝트 학습을 위해서는 프로젝트 주제를 선정하고, 그 주제에 맞게 교육과정을 재구성하는 절차가 반드시 선행되어야 한다.

일반적으로 활용되는 프로젝트 학습의 설계 및 진행 과정은 [그림 1-2]와 같다.

이 장에서는 프로젝트 학습 설계 및 진행과정에 초점을 두지 않고 프로젝트 학습을 위한 교육과정 재구성 방법 및 절차에 중점을 두어 설명하고자 한다. 다음은 프로젝트 학습을 위한 교육과정 재구성 적용 사례이다. 구체적인 적용 사례를 통해 특수교육 교육과정 재구성 방법을 익혀보도록 하자.

1) 프로젝트 주제를 정하고 주제망을 구성한다.

본 사례에서는 중학생들을 대상으로 '우리 고장 바로 알기' 프로젝트[2]를 실시하였다.

> 프로젝트 주제: 「교실 속의 고장, 고장 속의 교실」을 통한 우리 고장 바로 알기

본 프로젝트 수업은 학생들의 주 거주지인 김해를 배경으로 역사, 경제, 생활을 중심으로 구성하였다. 주제는 학생들의 흥미와 참여도를 높이고 보다 유의미한 내

2) 김새봄, 정소정, 최성록, "교실 속의 고장, 고장 속의 교실", 2015. 경남 수업연구 교사 발표대회 1등급 수상작(2015. 12.), 프로젝트 수업을 위한 단원 간 교육과정 재구성 사례로 구체적인 설명을 위해 수정·보완함.

용을 익혀 독립적인 사회구성원으로 살아갈 수 있는 데 초점을 두고 정하였다. 특히, 교육과정 재구성은 지역 사회를 탐구하는 데 중점을 두었다. 이에 학생들은 배울 내용을 사전에 답사, 경험 및 체험하거나 온라인상에서 자료를 검색하였다. 이렇게 익히고 배운 내용은 학습 이후 직접 수행하고 실행해 봄으로써 보다 효과적으로 습득할 수 있었다. 뿐만 아니라 학생들이 수업에서 사용했던 자료검색, 또래와의 상호작용 등은 사회성 함양에도 효과적이었으며, 적극적인 학습자로서 수업에 흥미를 느끼고 참여하였다. 주제망 구성은 다음과 같다.

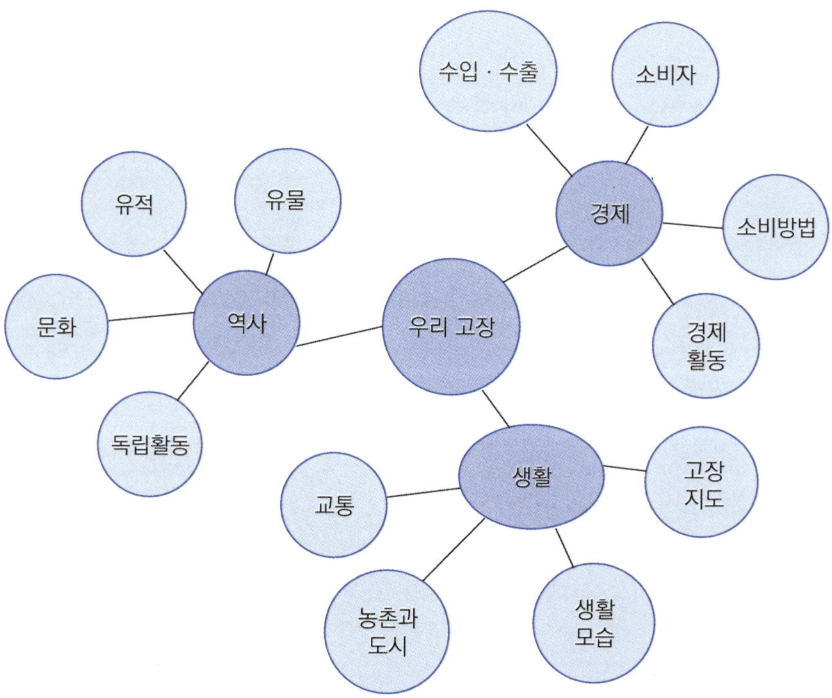

[그림 1-3] '우리 고장 바로 알기' 주제망

주제망은 교과서와 연결된 대략적인 내용을 중심으로 주제를 정한 다음, 주제에 대한 마인드맵을 그려 완성하였다. 그 후 「교실 속의 고장, 고장 속의 교실」 마인드맵을 토대로 구체적인 주제를 다음과 같이 선정하였다.

〈표 1-7〉 프로젝트 주제 선정

우리 고장의 경제 바로 알기	
프로젝트1 우리 고장 속 경제 들여다보기 우리 고장의 다양한 생산 활동에 참여해보고 대표적인 생산물을 홍보해보며, 우리 고장의 경제에 대해 알아보는 프로젝트 수업	프로젝트2 우리 고장 속 시장 들여다보기 우리 고장의 다양한 시장을 이용하여 생활에 필요한 물건을 구매해보는 활동을 통해 우리 고장의 소비생활을 알아보는 프로젝트 학습
우리 고장의 역사 바로 알기	
프로젝트3 나는야! 역사 탐험대 우리 고장의 유적지 및 국립박물관에 있는 유물을 찾아보고 견학하며 직접 보고, 듣고, 만들어 가면서 우리 고장의 역사를 알아보는 프로젝트 활동	프로젝트4 가야의 비밀을 찾아라! 가야 시대의 건국 설화를 알아보고 직접 역할극을 해보며, 가야 시대의 의식주를 간접 체험해 보면서 우리 고장의 가야 시대를 되짚어 보는 프로젝트 활동
우리 고장의 생활 바로 알기	
프로젝트5 우리 고장 둘러보기 우리 고장의 여러 시설을 찾아갈 수 있는 다양한 교통수단과 방법을 알아보고, 지도를 통해 찾아가는 프로젝트 활동	프로젝트6 우리 고장 살펴보기 여러 가지 멀티미디어 도구를 이용하여 우리 고장의 지리적 환경을 알아보고, 다양한 생활환경 및 모습 등을 탐구하는 프로젝트 활동

2) 프로젝트 학습을 기획하고 준비한다.

프로젝트 학습 기획·준비 단계에서는 프로젝트의 구체적인 진행을 위해 관련 교육과정을 재구성한다.

다음은 우리 고장을 배경으로 사회과 교육과정을 분석한 후 주제 중심으로 재구성한 결과이다. 재구성 방법은 교과 중심 교육과정 재구성으로 교과서의 단원을 중심으로 재구성하였다. '우리 고장 바로 알기' 주제에 맞게 좀 더 실제적이고 생활에 필요한 내용은 심화하여 익힐 수 있도록 하였다. 또한 우리 고장이라는 주제가 학생들의 삶과 연결되는 내용이므로 별도의 매개체 선정 없이 교육과정을 재구성하였다.

(1) 2015 개정 특수교육 교육과정(기본 교육과정) 중학교 사회 [우리 고장 경제 바로 알기] 프로젝트

<table>
<tr><th rowspan="7">중학교 사회</th><th colspan="2">경제생활(㉮-5/㉯-3)</th><th></th><th>프로젝트</th><th>재구성 내용</th><th>방법</th></tr>
<tr><td rowspan="3">• ㉮-5 우리 생활과 경제</td><td>• 다양한 소비활동</td><td rowspan="3">⇨</td><td>2</td><td>• 우리 고장의 소비 시설을 이용하기 전 소비생활의 의미 알기</td><td rowspan="6">압축
+
내용
재구성</td></tr>
<tr><td>• 물건구입의 기준과 소비 계획</td><td>1, 2</td><td>• 우리 고장의 소비 시설을 이용할 때 합리적인 선택을 위한 절차와 방법 알기</td></tr>
<tr><td>• 이웃의 경제 활동</td><td>2, 5</td><td>• 우리 고장의 소비 시설을 이용할 때 올바른 지출계획의 실천 방법 알기</td></tr>
<tr><td rowspan="3">• ㉯-3. 살기 좋은 우리 지역</td><td>• 우리 지역의 모습</td><td rowspan="3">⇨</td><td>1, 5</td><td>• 우리 고장의 소비 모습 알기</td></tr>
<tr><td>• 우리 지역의 경제</td><td>1, 5</td><td>• 우리 고장의 대표적인 경제 활동 알기</td></tr>
<tr><td>• 우리 지역의 발전</td><td>1, 6</td><td>• 우리 고장의 경제 성장에 따른 발전 알기</td></tr>
</table>

프로젝트 교과 단원과 관련된 성취기준은 다음과 같다.

> [9사회03-02] 생활 주변에서 일어나는 경제 활동의 모습을 관찰하고 우리 생활과의 관련성을 설명한다.

2022 개정 특수교육 교육과정 중 기본 교육과정 관련 성취기준을 살펴보면, "[9사회03-02] 여러 지역 사람들의 다양한 경제활동 모습을 조사하여 나라의 경제활동에 관심을 가진다."로 제시할 수 있다.

(2) 2015 개정 특수교육 교육과정(기본 교육과정) 중학교 사회 [우리 고장 역사 바로 알기] 프로젝트

<table>
<tr><td rowspan="10">중학교 사회</td><td colspan="2">㉮-16. 생활 속 역사 여행</td><td></td><td>프로젝트</td><td>재구성 내용</td><td>방법</td></tr>
<tr><td rowspan="3">• 역사 속 옷차림, 음식 문화, 건축물</td><td>• 옷의 재료와 한복</td><td>⇨</td><td>4, 6</td><td>• 우리 고장의 가야 시대 건국 설화 조사하기
• 우리 고장의 가야 시대 옷차림을 통해 조상의 생활 모습 알기</td><td rowspan="3">압축
+
내용
재구성</td></tr>
<tr><td>• 시대별 음식문화</td><td></td><td>1, 4, 6</td><td>• 우리 고장의 가야 시대 음식문화를 통해 생활 모습 알기</td></tr>
<tr><td>• 시대별 건축물</td><td>⇨</td><td>4, 6</td><td>• 우리 고장의 가야 시대 건축물을 통해 생활 모습 알기
• 우리 고장 역사의 소중함을 알고 자부심 가지기</td></tr>
<tr><td colspan="2">㉯-6. 즐거운 여가 문화생활</td><td></td><td>프로젝트</td><td>재구성 내용</td><td>방법</td></tr>
<tr><td rowspan="2">• 전통문화의 특징</td><td>• 고궁 찾아 전통문화 체험</td><td rowspan="2">⇨</td><td>3, 4</td><td>• 우리 고장의 유물과 유적 찾아보기
• 우리 고장의 전통문화 체험하기</td><td rowspan="3">압축
+
내용
재구성</td></tr>
<tr><td>• 전통문화 축제</td><td>3, 4</td><td>• 우리 고장의 전통문화 축제 참여하기</td></tr>
<tr><td>• 여가 문화생활</td><td>• 전시물 관람</td><td>⇨</td><td>3, 4</td><td>• 우리 고장의 문화재 및 전시물 관람을 통해 조상들의 지혜 알아보기</td></tr>
</table>

프로젝트 교과 단원과 관련된 성취기준은 다음과 같다.

> [9사회03-04] 우리나라는 오랜 역사가 있음을 알고 자부심을 가진다.
> [9사회03-06] 우리 전통문화를 소중히 여기고 다양한 문화 활동을 경험한다.

2022 개정 특수교육 교육과정 중 기본 교육과정 관련 성취기준을 살펴보면, "[9사회03-02] 우리나라의 문화 유적을 살펴보고 우리 역사를 아끼는 마음을 가진다."로 제시할 수 있다.

(3) 2015 개정 특수교육 교육과정(기본 교육과정) 중학교 사회 [우리 고장 생활 바로 알기] 프로젝트

중학교 사회			프로젝트	재구성 내용	방법
	㉮-12 한눈에 보는 우리나라		프로젝트	재구성 내용	방법
	• 지도로 보는 우리나라 생김새	⇨	1, 2, 4, 6	• 우리 고장의 관광지도 만들기 • 우리 고장의 지도 만들기 • 우리나라 속 우리 고장의 위치와 생김새 알기	내용 재구성
	• 자연환경과 생활	⇨	1, 6	• 우리 고장의 대표적인 강, 평야, 이로 인한 우리 고장 사람들의 생활 모습 알기 • 우리 고장 농촌과 도시의 생활 모습 알기 • 우리 고장이 발전해 가는 모습 알기 • 우리 고장을 아끼고 보호하기	
	㉮-13 서로 교류하며 발전하는 지역		프로젝트	재구성 내용	방법
	• 지역 간 물적 교류	⇨	1, 2, 4, 6	• 우리 고장의 생산물 조사하기 • 우리 고장의 시장 정보 수집하기	내용 재구성
	• 지역의 볼거리, 여행, 이동	⇨	5, 6	• 우리 고장의 교통수단 및 교통 시설 알기 • 우리 고장의 교통수단을 이용하여 지역 탐방하기	

프로젝트 교과 단원과 관련된 성취기준은 다음과 같다.

> [9사회03-01] 우리나라의 영역과 자연 · 인문 환경적 특징에 대한 정보를 수집하고 발표한다.
> [9사회03-02] 지역 간 인적 · 물적 교류가 활발하게 이루어지는 모습을 조사한다.

2022 개정 특수교육 교육과정 중 기본 교육과정 관련 성취기준을 살펴보면, "[9사회03-02] 우리나라의 자연환경과 인문 · 환경 특징을 파악하고 환경을 소중히 여긴다."로 제시할 수 있다.

다음으로 학습자의 수준을 분석한 후 프로젝트 주제별 유형(연극, 실습, 탐방 등)을 선정한다. 아울러 수업을 계획하고 평가 계획을 세운다.

[우리 고장 경제 바로 알기]

프로젝트 1. 우리 고장 속 경제 들여다보기

우리 고장 사람들의 다양한 직업 및 고장의 생산물에 대한 **조사 활동**을 통해 우리 고장 경제를 바로 알아가는 프로젝트 활동

준비	프로젝트 활동 전개	활동 결과 발표	평가 및 개선
• 관련 단원 추출 및 재구성 • 주제와 관련한 프로젝트 개발	• 가정에서의 과제를 바탕으로 주제와 관련한 프로젝트 활동 전개	• 씽킹맵과 우리 고장 일지를 활용하여 발표 및 포트폴리오화	• 적용 후 개선사항 도출 • 활동 내용의 질적 향상

프로젝트 효과	우리 고장의 생산 활동을 알아봄으로써 생산 활동의 의미를 이해함. 우리 고장 사람들의 직업을 통해 다양한 생산 활동에 참여할 수 있음을 인식함. 이를 통하여 생산 활동이 갖는 가치를 알고 생산에 참여하려는 적극적인 태도를 기름

프로젝트 2. 우리 고장 속 시장 들여다보기

우리 고장의 다양한 시장을 찾아보고 **모의 체험 활동**을 하며, 우리 고장의 시장을 이해하고 바르게 소비하는 방법을 알아보는 프로젝트 활동

준비	프로젝트 활동 전개	활동 결과 발표	평가 및 개선
• 관련 단원 추출 및 재구성 • 주제와 관련한 프로젝트 개발	• 가정에서의 과제를 바탕으로 주제와 관련한 프로젝트 활동 전개	• 씽킹맵과 우리 고장 일지를 활용하여 발표 및 포트폴리오화	• 적용 후 개선 사항 도출 • 활동 내용의 질적 향상

프로젝트 효과	우리 고장의 다양한 시장을 알아보고 체험해 봄으로써 합리적인 소비 생활을 실천함. 지역사회에 적응하며 살아가는 데 필요한 올바른 소비자로서 가져야 할 바람직한 자세를 기름

[우리 고장 역사 바로 알기]

프로젝트 3. 나는야! 역사 탐험대

우리 고장의 유적지 및 국립박물관에 있는 유물을 찾아보고 견학하며 직접 보고, 듣고, 만들어 보면서 우리 고장의 역사를 **체험 및 홍보**해 보는 프로젝트 활동

준비	프로젝트 활동 전개	활동 결과 발표	평가 및 개선
• 관련 단원 추출 및 재구성 • 주제와 관련한 프로젝트 개발	• 가정에서의 과제를 바탕으로 주제와 관련한 프로젝트 활동 전개	• 씽킹맵과 우리 고장 일지를 활용하여 발표 및 포트폴리오화	• 적용 후 개선 사항 도출 • 활동 내용의 질적 향상

프로젝트 효과	우리 고장의 유적 탐방을 통해 당시의 생활 모습을 이해함. 또한 이들의 생활을 간접 체험해 봄으로써 우리 고장의 역사에 대해 이해하고, 우리 고장에 대한 자부심과 자긍심을 가질 수 있는 태도를 형성함

프로젝트 4. 우리 고장 가야의 비밀을 찾아라!

가야 시대의 건국 설화를 알아보며 역할극을 해보고, 가야 시대의 의식주를 **간접 체험**해 보면서 우리 고장의 가야 시대를 되짚어 보는 프로젝트 활동

준비	프로젝트 활동 전개	활동 결과 발표	피드백 및 개선
• 관련 단원 추출 및 재구성 • 주제와 관련한 프로젝트 개발	• 가정에서의 과제를 바탕으로 주제와 관련한 프로젝트 활동 전개	• 씽킹맵과 우리 고장 일지를 활용하여 발표 및 포트폴리오화	• 적용 후 개선 사항 도출 • 활동 내용의 질적 향상

프로젝트 효과	가야 시대의 생활 모습과 문화를 알아봄으로써, 우리 고장의 유구한 역사에 대한 자부심과 정체성을 함양함. 또한 우리 고장의 문화유산을 아끼고 발전시키려는 태도를 가짐

[우리 고장 생활 바로 알기]

프로젝트 5. 우리 고장 둘러보GO
우리 고장의 여러 가지 교통 시설을 활용하여 **경전철 스탬프 투어를 하고** 학교 주변의 시장, 둘레길 **체험** 등을 함으로써 우리 고장의 물적 교류 및 지리를 알고 탐구하는 프로젝트 활동

준비	프로젝트 활동 전개	활동 결과 발표	피드백 및 개선
• 관련 단원 추출 및 재구성 • 주제와 관련한 프로젝트 개발	• 가정에서의 과제를 바탕으로 주제와 관련한 프로젝트 활동 전개	• 씽킹맵과 우리 고장 일지를 활용하여 발표 및 포트폴리오화	• 적용 후 개선 사항 도출 • 활동 내용의 질적 향상

프로젝트 효과	우리 고장의 교통시설을 활용하여 우리 고장을 둘러보는 활동을 통해서 지역사회 적응에 필요한 능력을 키움. 또한 우리 고장의 지리를 알아보는 활동으로 우리 고장의 인적 · 물적 교류에 관해 알게 됨

프로젝트 6. 우리 고장 살펴보GO
우리 고장 사람들이 자연환경과 조화를 이루어 살아가는 모습을 알고 우리 고장의 자연적, 인문적 환경 특성을 **탐구**하는 프로젝트 활동

준비	프로젝트 활동 전개	활동 결과 발표	피드백 및 개선
• 관련 단원 추출 및 재구성 • 주제와 관련한 프로젝트 개발	• 가정에서의 과제를 바탕으로 주제와 관련한 프로젝트 활동 전개	• 씽킹맵과 우리 고장 일지를 활용하여 발표 및 포트폴리오화	• 적용 후 개선사항 도출 • 활동 내용의 질적 향상

프로젝트 효과	우리 고장의 위치를 알고 지형적 특성에 따른 기후와 환경에 대해 이해함. 나아가 자연적, 인문적 환경에 적응하여 살아갈 수 있는 능력을 키움.

3) 프로젝트 학습을 실행한다.

프로젝트 학습 실행 단계는 3단계 프로젝트 안내·계획하기, 4단계 프로젝트 함께 수행하기, 5단계 프로젝트 발표하기 및 함께 성찰하기로 진행된다.

프로젝트 학습은 전 과정에서 학생들이 주도적으로 주제, 제재, 문제, 쟁점 등에 관한 탐구 활동을 수행한다. 하지만 특수교육 대상 학생들에게는 그리 쉬운 일이 아니다. 그래서 「교실 속의 고장, 고장 속의 교실」 프로젝트 학습에서는 가정과 연계하여 사전 활동을 하고, 이를 토대로 학교에서 교사의 지원을 받으며 자료를 수집하고 이야기를 나누는 등 다양한 체험활동을 수행하게 하였다. 「교실 속의 고장, 고장 속의 교실」 프로젝트 학습의 실제 적용 수업 모형을 소개하면 다음과 같다.

〈표 1-8〉 「교실 속의 고장, 고장 속의 교실」 프로젝트 학습 수업 모형

단계	학습 주제	활동 내용	학습 전략
준비	교육과정 재구성	• 교육과정 재구성	• 「우리 고장」을 중심으로 사회과 교육과정 재구성하기
주제 선정	프로젝트 주제 제시	• 「우리 고장 바로 알기」 프로젝트 주제 제시	• 학생의 실생활과 밀접한 우리 고장 중심의 주제 통합 프로젝트 제시하기
가정연계 사전 활동	프로젝트 수업 가정 활동	• 교실 프로젝트 수업을 위한 다양한 과제 제시 • 친구들에게 가정연계 활동 지도	• 교실 프로젝트 수업이 학생 중심의 수업이 될 수 있도록 가정에서 사전 지식 쌓기 • 학교의 제한적 환경을 극복하기 위해 가정에서 사전 경험 쌓기 • 자신이 미리 공부해온 가정 연계 활동을 친구들에게 가르쳐 봄으로써 지식 재구조화하기
프로젝트 활동	프로젝트 주제별 활동	• 자료 수집 활동	• 다양한 멀티미디어 자료, 기기 등을 이용하여 프로젝트 활동에 관한 다양한 자료 조사하기
		• 이야기 나누기 활동	• 프로젝트 문제를 친구들과 이야기 나누며 해결방법 스스로 찾아가기 • 꼬리물기 질문법, 질문카드를 이용한 질문법, OX질문법 활용하기
		• 체험 활동	• 역할극, 만들기, UCC, 노래 등 다양한 방법으로 직접 보고, 듣고, 느끼며 프로젝트 활동하기
마무리	프로젝트 사후 활동	• 씽킹맵을 이용하여 프로젝트 활동 보고하기 • 배움 신호등으로 자기 평가하기	• 학습한 내용을 시각화하고 정리하며 내면화하기 • 수업을 스스로 점검 및 평가하기

이렇게 진행된 「교실 속의 고장, 고장 속의 교실」에 대한 프로젝트 학습 결과를 간단하게 제시하면 다음과 같다.

(1) 「우리 고장 생활 바로 알기」- 5. 우리 고장 둘러보고 GO 교수학습지도안

일 시	5. 21(목). 5교시	대 상	중학교 2학년 (남: 6명, 여: 0명, 계 6명)		
프로젝트	5. 우리 고장 둘러보고 GO	교 과	사회	차시	2/4
제 재	경전철 이용 방법 알기	관련교과	진로와 직업	지도교사	정 ○ ○
학 습 목 표	**경전철에 대해 알고, 이용 방법을 소개할 수 있다.**				
	가	경전철을 알고, 순서에 맞게 이용 방법을 소개할 수 있다.			
	나	경전철을 알고, 안내책자를 활용하여 이용 방법을 소개할 수 있다.			
	다	교통수단 중 경전철을 찾고, 또래와 함께 이용 방법을 소개할 수 있다.			

학습 단계	학습 과정	교수 · 학습 활동				지원인력 활용계획	시량 (분)	자료(🗁) 및 유의점(☺)
		교사 활동	학생 활동					
			가	나	다			
가정 연계 사전 활동	과제 제시	• 가정 연계 사전 활동 과제를 제시한다. - 수준별 우리 고장책을 제시한다.	• 경전철에 관한 동영상을 보고 과제를 해결한다.	• 경전철에 관한 우리 고장 책을 세이펜을 이용하여 읽고 과제를 해결한다.	• 경전철에 관한 우리 고장 책을 세이펜을 이용하여 읽는다.			🗁우리 고장책 ☺가정연계 과제를 하지 못한 학생들은 아침시간을 이용하여 개별 학습할 수 있는 시간을 제공한다.
문제 확인	학습 분위기 조성	• 수업 시작을 알리며 인사를 한다.	• 모두 제자리에 바르게 앉아 인사한다.			• '나', '다' 학생이 바른 자세로 앉을 수 있도록 보조한다. • 학생이 가져온 자료를 들고 보여줄 때, 각 학생의 수행을 보조한다.	5′	🗁사진
	가정 연계 과제 확인	• 가정 연계 과제를 확인한다. - 개별 우리 고장 책을 확인한다.	• 우리 고장 책을 확인하며 오늘 배울 개념을 기억한다.					☺동영상에 나오는 인물의 행동과 자신을 비교하게 한다.
	동기 유발	• 문제 상황을 제시한다.	• 문제 상황을 보고 해결방안을 생각해 본다.					🗁동기유발 자료
	목표 인지	[학습 목표] 경전철에 대해 알고 이용 방법을 소개할 수 있다.						🗁학습 목표 안내판

학습 단계	학습 과정	교수·학습 활동: 교사 활동	학생 활동: 가	학생 활동: 나	학생 활동: 다	지원 인력 활용 계획	시량(분)	자료(🗁) 및 유의점(☺)
문제 해결 방법 찾기	활동 1	[학습 활동 안내] 활동 1 무엇입니까? 경전철! 활동 2 나는야 경전철 안내원!					13′	🗁가정에서 전송해 온 경전철 사진, 사전학습 영상 자료 ☺학생이 편안한 분위기에서 자신의 경험을 다양하게 얘기할 수 있도록 한다.
		활동 1 무엇입니까? 경전철!						
		• 경전철 관련 동영상 시청 소감이나 이용 경험을 말한다.	• 교사의 설명을 듣고, 자신이 경험한 경전철에 대해 느낀 점을 이야기한다.		• 경전철 그림 사진을 보고 자신의 경험을 떠올려 본다.	• '다'학생의 활동을 보조한다.		
		• 경전철을 알아본다.	• 대중교통 수단인 경전철의 의미를 알고, 노선도를 살펴본다.	• 대중교통 수단인 경전철의 의미를 안다.	• 경전철 사진과 노선도의 사진을 살펴본다.	• 활동 정리를 돕는다.		
문제 해결	활동 2	**활동 2 나는야 경전철 안내원!**					17′	🗁활동사진, 안내책자 ☺또래의 부족한 부분을 함께 도와주는 협동학습을 할 수 있도록 한다.
		• 팀으로 모둠을 만든다.	• 교사의 안내에 따라 자리를 이동한다.		• 도움을 받아 자리를 이동한다.	• '다'학생의 이동과 활동을 보조한다.		
		• 경전철 이용방법을 제시하고 안내책자를 만든다.	• 주어진 순서에 맞게 경전철 이용방법을 안내책자로 만든다.	• 주어진 그림 자료를 이용하여 경전철 이용 안내 책자를 만든다.	• 또래와 함께 경전철 이용 그림 사진 순서를 나열한다.			
		• 경전철 이용방법을 소개한다.	• 경전철 이용 방법을 다른 팀 친구들에게 소개한다.	• 안내책자를 이용하여 경전철 이용방법을 다른 팀 친구들에게 소개한다.	• 경전철 이용 방법이 순서대로 나열된 안내책자를 친구들에게 보여주며 소개한다.			
		• 경전철 안내원이 되어 목적지까지 이동한다.	• 목적지까지 경전철을 이용하는 방법을 이야기한다.	• 목적지와 출발지를 표시한다.	• 경전철을 이용한다.			

학습 단계	학습 과정	교수 · 학습 활동				지원 인력 활용 계획	시량 (분)	자료(🗁) 및 유의점(☺)
		교사 활동	학생 활동					
			가	나	다			
일반화 및 평가	학습 활동 정리	• 정리 · 평가 하기 - 수업활동을 평가하고, 모둠 보고서판과 배움 공책에 정리할 수 있도록 한다. • 가정 연계 활동 과제를 제시한다. • 차시 예고 • 마침 인사	• 모둠 보고서판을 함께 만들며 친구들 앞에서 발표한다. • 배움 공책을 이용하여 프로젝트 학습을 정리한다. • 과제에 대한 설명을 듣고, 과제물을 확인한다. • 최대한 도움 받지 않고 자신이 만든 안내책자를 보고 스스로 경전철을 타본다. • 차시 예고를 듣는다. ▸ 내가 타 본 경전철 • 감사 인사를 나눈다.			• '나', '다' 학생이 교사의 설명을 집중해서 들을 수 있도록 지원한다.	5′	🗁 프레젠테이션 차시수업 내용 그림 자료 ☺학생 활동사진을 부모님 휴대폰으로 전송해 드려 과제에 대한 이해를 돕고 가정학습과 연계되도록 한다.

평가 영역		평가 기준	평가 척도			평가 방법
			상	중	하	
개인 평가	가	경전철을 알고, 순서에 맞게 이용 방법을 소개하는가?				질문법 관찰법 수행평가 자기평가
	나	경전철을 알고, 안내책자를 활용하여 이용 방법을 소개하는가?				
	다	교통수단 중 경전철을 찾고, 또래와 함께 경전철 이용 방법을 소개하는가?				
전체 평가	인지적	경전철이 무엇인지 알고 있는가?				
	기능적	경전철을 탈 수 있는가?				
	정의적	수업 활동에 적극적으로 참여하며 주어진 과제를 완수했는가?				

(2) 「우리 고장 탐험대」 코너 만들기

우리 고장 탐험대 코너는 교실 게시판을 활용하여 프로젝트 결과물 및 김해와 관련된 지도, 자료들을 전시한 곳이다.

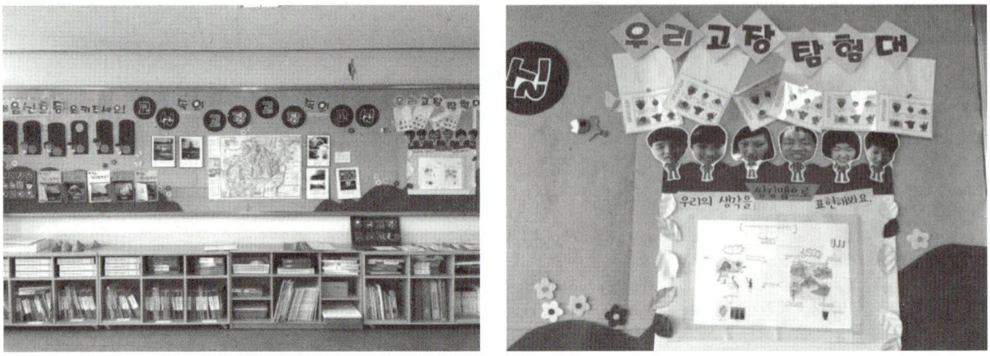

[그림 1-4] 「우리 고장 탐험대」 코너 만들기

(3) 「우리 고장을 스스로 알아보아요!」 및 「우리 고장 도서관」 코너 만들기

우리 고장에 대한 관심과 배경지식을 높이고 스스로 공부할 수 있는 교실 환경을 만들고자 자기 주도적 학습 코너를 만들어 활용하였다. 시에서 개발한 홍보 책자, 우리 고장 책 및 다양한 자료를 수집할 수 있는 정보를 배치하고 탭으로 QR코드를 이용하여 궁금한 것이 있거나 보충하고 싶은 부분이 있으면 스스로 코너에서 학습이 가능하도록 하였다.

[그림 1-5] 「우리 고장을 스스로 알아보아요!」 및 「우리 고장 도서관」 코너 만들기

「교실 속의 고장, 고장 속의 교실」 프로젝트 학습을 초등학교와 고등학교에서도 적용해 보자. 전혀 다른 결과와 새로운 수업 상황을 접할 수 있을 것이다. 다음은 관련 성취기준과 단원이다. 참고하여 프로젝트 학습을 위한 단원 간 교육과정 재구성에 도전해 보기 바란다.

〈표 1-9〉「교실 속의 고장, 고장 속의 교실」 프로젝트 관련 교육과정 분석[3)]

교육과정		학년군	성취기준	관련 단원
2015 개정 특수교육 교육과정 [기본교육과정]	초등학교	3~4 학년	[4사회03-01] 우리 동네의 환경과 사람들의 생활 모습을 관찰하고 설명한다. [4사회03-02] 화폐가 지니는 교환의 가치를 알고 필요한 물건을 구입한다.	사회(가) 8단원. 우리 이웃 사회(나) 4단원. 우리 마을 5단원. 생활 속의 화폐
		5~6 학년	[6사회03-01] 지역의 자연 및 인문 환경적 특징을 조사하고, 자연을 소중히 여기는 마음을 가진다. [6사회03-02] 우리 지역의 사람들이 환경과 조화를 이루며 사는 모습을 관찰한다. [6사회03-03] 우리 가족의 경제활동 모습을 조사하고 발표한다. [6사회03-05] 역사와 문화에 대한 흥미와 관심을 갖고, 우리 지역의 다양한 문화 활동을 경험한다. [6사회03-06] 우리 생활에 도움을 주는 지역사회 여러 기관의 종류와 역할을 조사한다.	사회(가) 8단원. 우리 지역의 환경 10단원. 다양한 경제생활 11단원. 달라지는 생활 모습 12단원. 우리나라의 문화유산 사회(나) 8단원. 환경과 조화를 이루는 생활 9단원. 촌락과 도시 10단원. 합리적인 경제생활 12단원. 소중한 문화유산 13단원. 우리 생활과 지역 사회기관
	고등학교	1~3 학년	[12사회03-03] 사람들의 경제생활 모습을 이해하고, 경제적 주체로서의 삶을 준비한다. [12사회03-04] 우리 역사의 주요 사건과 위인들을 조사하고, 우리 역사를 소중히 여기는 마음을 표현한다. [12사회03-05] 인류가 남긴 세계 문화유산의 역사적 가치를 알고 아름다움을 표현한다. [12사회03-06] 다양한 문화를 존중하며 문화생활을 즐긴다.	사회(가) 8단원. 세계가 사랑한 문화유산 12단원. 문화를 즐기는 삶 14단원. 생활과 경제 17단원. 유구한 역사, 빛나는 문화 사회(나) 4단원. 합리적 독립생활 계획 7단원. 행복한 문화인

3) 2022 개정 특수교육 교육과정은 2024년 초등학교 1~2학년(군) 현장 적용을 시작으로 2027년에 모든 학교(급) 적용이 완료됨. 따라서 본 교재에 제시한 교육과정은 2023학년도 현재 시점에서 적용되고 있는 2015 개정 특수교육 교육과정 교과서 단원을 중심으로 예시를 제시함. 단, 교육과정 간 연계를 위해 2022 개정 특수교육 교육과정의 관련 성취기준을 함께 안내함.

교육과정		학년군	성취기준
2022 개정 특수교육교육과정 [기본 교육 과정]	초등학교	3~4 학년	[4사회03-01] 우리 동네의 모습을 살펴보고, 이웃들이 살아가는 모습에 관심을 가진다. [4사회03-02] 우리 이웃 사람들의 다양한 경제활동을 살펴보고, 이웃들의 경제활동에 관심을 가진다. [4사회03-06] 우리나라를 상징하는 것을 살펴보고, 나라 사랑하는 마음을 가진다.
		5~6 학년	[6사회03-01] 우리 지역의 자연환경과 인문환경에 따라 사람들이 살아가는 모습을 살펴보며, 우리 지역의 모습에 관심을 가진다. [6사회03-02] 우리 지역의 사람들이 다양한 경제활동에 참여하는 것을 살펴보며, 우리 지역의 경제활동에 관심을 가진다. [6사회03-03] 우리 지역의 문화 유적을 살펴보며, 옛사람의 생활 모습에 관심을 가진다.
	고등학교	1~3 학년	[12사회03-01] 세계 곳곳의 사람들이 환경과 조화를 이루며 살아가는 모습을 파악하고, 일상에서 환경친화적 생활 태도를 실천한다. [12사회03-02] 사람들의 다양한 경제활동 모습을 분석하며, 경제생활 주체로서의 삶의 태도를 지닌다. [12사회03-03] 우리나라의 문화유산을 조사하고, 우리 역사에 자부심을 느낀다.

[성공적인 프로젝트 수업을 위한 Tip]

프로젝트 수업과 주제 통합 수업은 주제를 중심으로 교육과정 재구성을 한다는 점에서 공통점이 있지만, 주제 통합 수업에 비해 프로젝트 수업은 학생들의 자기주도성과 학습자 간 협력과정을 보다 강조한다는 점에서 차이가 있다. 또한 교사는 수업 전반을 주도하기보다 학생들이 스스로의 생각을 끌어내고 서로의 생각을 공유하며 이를 통해서 자신만의 사고를 키워갈 수 있도록 수업을 기획하는 데 주력해야 한다. 일반교육에 비해 특수교육은 교육과정 재구성에 대한 유연성과 자율성이 높다. 하지만 그에 반해 학습자인 특수교육대상 학생의 자발성과 주도성을 이끌어 내기가 어렵다. 특수교사는 프로젝트 수업을 실행할 때, 이러한 부분을 고려하여 기획하여야 할 것이다.

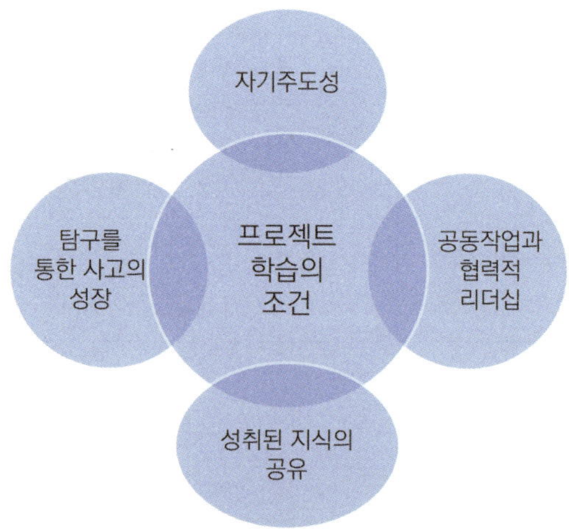

[그림 1-6] 프로젝트 학습의 조건

제2장 주제 통합 교육과정 재구성 및 교수·학습 설계

> 훌륭한 교사는 유대감을 만들어 내는 능력이 있어서 학생을 생명의 그물 속으로 한데 촘촘히 엮어 들여 학생들 스스로 하나의 세계를 엮어 내는 방법을 가르친다.
>
> - 파커 J. 파머(2005년). '가르칠 수 있는 용기' 중에서

교과 간 교육과정 재구성을 실행하기 위해서는 공통의 주제를 선정하는 일이 우선되어야 한다. 잘못된 주제 선택은 자칫 흥미 위주로 재구성되어 필요한 교과 지식을 놓쳐버리는 경우를 초래할 수 있다. 이에 교과의 학문적 연계성을 추구하면서 교과 간 교육과정 재구성을 시도하여야 한다. 주제 통합을 위한 교과 간 교육과정 재구성 절차는 다음과 같다.

〈표 2-1〉 주제 통합 교과 간 교육과정 재구성 절차

1단계	주제 선정을 위한 교과 마인드맵 작성
2단계	주제 선정 및 재구성 이유 작성
3단계	주제별 관련 단원 추출 및 교과 구성표 작성
4단계	재구성 주제망 작성
5단계	교육과정 분석 및 재구성
6단계	주제별 상세 수업 계획안 작성 및 실행

1단계 「주제 선정을 위한 교과 마인드맵 작성」에서는 재구성할 교과의 단원과 내용 구성을 살펴보고 마인드맵을 그려 보면서 전체적인 내용을 파악한다. 재구성할 범위의 전체적인 내용이 있는 교과서나 지도서를 펼쳐놓고 대단원-소단원, 단원별 교과 내용을 간단한 제목으로 그려나간다.

2단계 「주제 선정」에서는 재구성할 교과의 마인드맵을 보며 공통된 요소를 찾는다. 주제를 선정하는 방법에는 첫째, 재구성할 교과 간에 관련 있는 내용으로 주제를 선정한다. 둘째, 한 교과를 중심으로 도구 교과(국어, 수학)를 활용하여 주제를 선정한다. 마지막으로, 월별 또는 계절별 관련 행사로 주제를 선정한다. 이때 중심 교과를 무엇으로 선정하는지에 따라 주요 활동 전개가 달라지므로 공통된 핵심어에서 어떤 교과를 중심 교과로 할 것인지 결정해야 한다.

3단계 「주제별 관련 단원 추출 및 주제별 교과 구성표 작성」은 선정된 주제에 맞춰 교과별로 관련 단원을 추출한다. 이때 도구 교과는 여러 주제에 걸쳐서 활용될 수도 있고 일부 시간만 활용될 수도 있으므로 관련 있는 단원을 모두 적어 두고 수업계획 시 조정하여 뺄 수 있도록 한다.

4단계 「재구성 주제망 작성」에서는 교과별로 추출한 단원과 교과 내용을 서로 연결 짓는 주제망을 작성한다. 이때 특수교육 대상 학생에게는 이를 실생활과 연결시킬 수 있는 매개체를 선정하여 작성할 것을 권장한다.

5단계 「교육과정 분석 및 재구성」에서는 재구성 주제에 따라 필요할 경우 교육과정을 분석하고 재구성한다. 내용을 추가하여 심화할 경우 내용을 압축하여 재구성하며, 불필요한 내용은 **생략**하고 새로운 내용이 필요할 경우 **추가**하되, 지도 **순서를 고려한다.**

6단계 「주제별 상세 수업 계획안 작성 및 실행」에서는 주제별로 상세 수업 계획안(수업 방법 및 평가 포함)을 작성하고 실행하도록 한다. 실행하는 과정에서 수시로 모니터링하여 피드백한다.

그럼 이러한 주제 통합을 통한 교과 간 교육과정 재구성 방법을 사례를 통해 익혀보도록 하자. 재구성 방법과 절차는 주제, 재구성 교과 수, 재구성 단원 수 등에 따라 유연하게 적용 가능하다. 단, 교육과정 재구성 입문자는 각 단계별 재구성 방법을 구체적으로 익혀 적용해 보자.

[성공적인 주제 통합 수업을 위한 Tip][1)]

1. 재구성할 모든 교과를 주제에 포함시켜야 할까?

모든 교과를 주제에 포함하기는 사실상 어렵다. 특히 수학의 경우 위계성이 강하여 주제와 연관 짓기가 쉽지 않다. 하지만 때로 위계성이 강한 수학과 과학을 포함시켜 통합하기도 한다. 억지로 모든 교과를 넣기보다는 주제 특성에 맞게 교과를 통합시키고 부분적으로 통합의 범위를 넓혀가는 것이 좋다.

2. 교과서로 수업하기도 힘든데 왜 꼭 주제 통합을 해야 하는가?

교과서도 집필진이 성취기준을 근거로 새롭게 구성한 내용이다. 그렇다 보니 현재 교사가 지도하는 특수교육 대상 학생들의 경험과 흥미와 동떨어지고 난이도 조절에 실패하는 경우도 있어 학습에 흥미를 잃어버리는 경우가 많다. 교사의 전문성을 발휘하여 자기가 맡고 있는 학생들의 경험과 흥미, 수준을 고려하고 통합적 사고력을 키울 수 있게 통합 활동으로 재구성하게 되면 학생들의 수업 참여도는 훨씬 높아질 것이다.

3. 주제에 포함되지 않는 교과나 단원은 어떻게 운영하는가?

모든 교과를 주제 통합으로 재구성하여야 한다는 의미는 아니다. 주제에 포함되지 않는 교과는 별도의 지도 계획에 따라 운영하되, 단원의 경우에는 지도시기를 조절하여 주제가 운영되지 않을 때 지도하면 된다.

1) 서우철, 이경원, 한은정(2013), 수업을 살리는 교육과정, 맘에드림 62~65쪽 내용을 특수교육 교육과정에 맞게 재해석하여 제시함.

1. 교과 간 교육과정 재구성

다음은 '이야기가 있는 수학' 수업을 위한 교과 간 교육과정 재구성 사례이다. 경남특수교육원에서 개발하여 보급한 「행복한 배움 중심 특수교육 수업 만들기」[2] 중 일부를 발췌하여 재구성 방법과 절차에 맞게 제시하였다.

1) 학습자 수준 분석

대상 학생은 초등학교 3~6학년 4명으로 특수학급에서 함께 교육받고 있으며, 구체적인 학생실태는 다음과 같다.

〈표 2-2〉 학습자 수준 분석

구분	학생 1	학생 2	학생 3	학생 4
장애유형	지적장애	학습장애	학습장애	지체장애
학년	3학년	3학년	5학년	6학년
학생 실태	수학교과 영역 중 수와 연산은 학년 수준에 비해 조금 지체되어 있으나 학생 개인차가 심하여 개별 학생 수준에 맞는 지도가 필요하다. 그러나 수와 연산 영역을 제외한 도형, 측정, 규칙성 영역에서는 공통교육과정 3학년 내용을 부분적으로 수정하여 적용할 수 있을 정도로 이해력이나 수학적 학습능력이 있다.			

2) 주제 선정을 위한 교과 마인드맵 작성

'이야기가 있는 수학'은 교과 간 주제 통합을 위한 매개체로 주제와 관련된 그림책을 선정하여 진행하였다. 2015 개정 교육과정 초등학교 3~4학년(군) 수학 3학년 2학기 「6. 자료의 정리」 단원을 지도하기 위해 그림책 '대장 붕어의 먹이 일기'를 선정한 후 교과 간 주제 통합을 위해 국어 교과의 관련 단원을 선정하였다. 지도할 관련 단원을 모두 선정하고 이를 마인드맵으로 구성할 수도 있으나 재구성 방법과 절차를 이해하기 쉽도록 한 단원을 중심으로 교과 간 재구성한 사례를 제시하고자 한다.

2) 경남특수교육원(2015). 행복한 배움 중심 특수교육 수업 만들기. pp.66~84의 내용을 재구성함.

[지도단원]
- 공통교육과정 초등학교 3학년 2학기
- 관련 단원: 수학과 6. 자료의 정리
  국어과 8. 글의 흐름을 생각해요

지도 단원을 중심으로 한 교과 마인드맵은 다음과 같다.

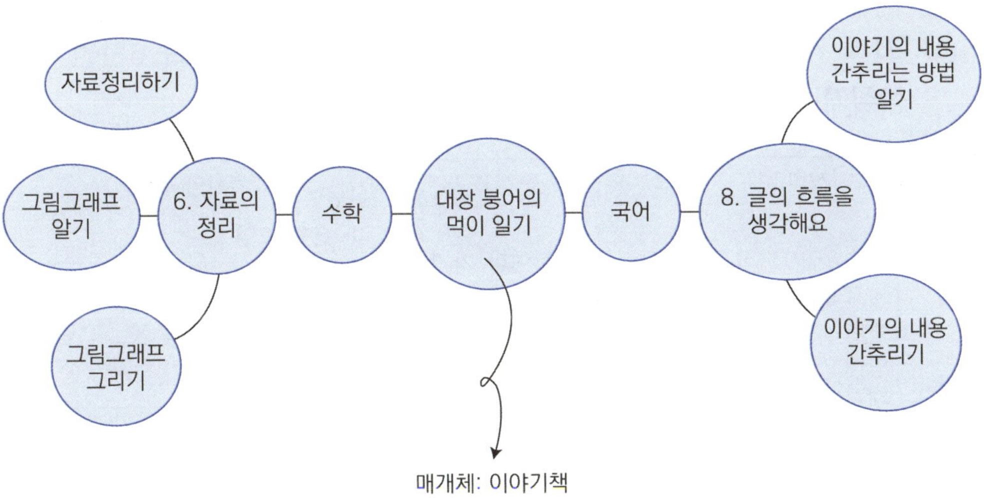

[그림 2-1] '대장 붕어의 먹이 일기' 교과 마인드맵

3) 주제 선정 및 재구성 이유 작성

서로 다른 학년이 동시에 수업을 받는 특수학급 상황을 고려하여 교과서가 아닌 교육과정을 중심으로 수업이 이루어질 수 있도록 재구성하였다. 먼저 학급 학생들의 수준을 분석한 후 학생 수가 가장 많은 3학년 수학 교육과정을 중심으로 재구성하되, 관련 그림책 내용을 중심으로 2학년과 5학년의 국어, 수학 교육과정과 연계하여 주제 통합 수업을 설계하였다. 추상적인 수학적 개념을 자연스럽게 접하면서 보다 쉽고 재미있게 학습할 수 있도록 스토리텔링 방법을 도입하여 각 단원 시작마다 이야기가 전개되고 그 이야기 속에서 제기되는 수학적인 문제를 해결하는 과정을

통해 학습 활동이 이루어지도록 하였다. 또한 '그림책'을 활용함으로써 국어과와의 교과 간 통합이 자연스럽게 이루어질 수 있도록 하였다.

4) 주제별 관련 교육과정 분석 및 단원 지도 계획

수학과 교육과정의 내용과 성취기준을 분석한 후 학습주제와 관련된 성취기준을 추출하였다.

(1) 2015 개정 공통교육과정 초등학교 3학년 2학기 수학과 6단원 관련 성취기준

단원명	성취기준	단원 학습 목표	차시	차시명(주제명)
6. 자료의 정리 (자료와 가능성)	[4수05-01]실생활 자료를 수집하여 간단한 그림그래프나 막대그래프로 나타낼 수 있다. [4수05-03]여러 가지 자료를 수집, 분류, 정리하여 자료의 특성에 맞는 그래프로 나타내고 그래프를 해석할 수 있다.	**표에 나타난 여러 가지 통계적 사실을 알 수 있다.** **자료를 정리하고 표로 나타낼 수 있다.** **그림그래프의 특성을 알고, 그림그래프를 그릴 수 있다.** **주어진 자료를 분류, 정리하여 그림그래프로 나타낼 수 있다.**	1	• 단원 도입
			2	• 표에서 무엇을 알 수 있을까요
			3	• 자료를 수집하여 표로 나타내어 볼까요
			4	• 그림그래프에 대해 알아볼까요
			5	• 그림그래프로 나타내어 볼까요
			6	• [생각 수학]어떤 음식을 준비할까요
			7	• [얼마나 알고 있나요]
			8	• [탐구 수학]어떤 음료수를 먹어야 할까요

2022 개정 공통교육과정 초등학교 수학과 3~4학년(군) 관련 성취기준을 살펴보면, '[4수04-01]자료를 수집하여 그림그래프나 막대그래프로 나타내고 해석할 수 있다.'와 '[4수04-03]탐구문제를 해결하기 위해 자료를 수집, 정리하여 막대그래프나 꺾은선 그래프로 나타내고 해석할 수 있다.'로 매칭시켜 볼 수 있다. 2015 개정 공통교육과정 성취기준과 비교했을 때 큰 맥락에서 유사하다는 점을 알 수 있다.

(2) 2015 개정 공통교육과정 초등학교 3학년 2학기 국어과 8단원 관련 성취기준

단원	영역	성취기준	단원 학습 목표	차시	차시명(주제명)
8. 글의 흐름을 생각해요	쓰기	[4국03-02]시간의 흐름에 따라 사건이나 행동이 드러나게 글을 쓴다.	글의 흐름을 생각하며 내용을 간추릴 수 있다.	1~2	• 시간 흐름을 파악하며 이야기를 읽을 수 있다.
				3~4	• 일하는 방법에 따라 내용을 파악하며 글을 읽을 수 있다.
	듣기 말하기	[4국01-03]원인과 결과의 관계를 고려하며 듣고 말한다.		5~6	• 장소 변화에 따라 글의 내용을 간추릴 수 있다.
	문법	[4국04-02]낱말과 낱말의 의미 관계를 파악한다.		7~8	• 글의 흐름에 따라 내용을 간추려 쓸 수 있다.
	읽기	[4국02-02]글의 유형을 고려하여 대강의 내용을 간추린다.		9~10	• 우리 지역을 소개하는 글을 쓸 수 있다.

2022 개정 공통교육과정 초등학교 국어과 3~4학년(군) 관련 성취기준을 살펴보면, 쓰기 영역에서는 '[4국03-02]절차와 결과가 드러나게 정확한 표현으로 보고하는 글을 쓴다.', 듣기·말하기 영역에서는 '[4국01-02]원인과 결과의 관계를 고려하여 내용을 예측하여 듣고 말한다.', 문법 영역에서는 '[4국04-01]단어와 단어 간의 의미 관계를 파악한다.', 읽기 영역에서는 '[4국02-02]문단과 글에서 중심 생각을 파악하고 내용을 간추린다.'로 매칭할 수 있다. 2015 개정 공통교육과정 성취기준과 비교했을 때 용어의 차이는 있지만 수학과 마찬가지로 국어과도 큰 맥락에서 유사하다는 점을 알 수 있다.

5) 재구성 주제망 및 지도계획 수립

수학과 3학년 교과 지도계획은 교육과정 및 교과내용을 재구성하여 계획하였다. 수학교과 단원 도입부 또는 단원 내 활동 부분에서 학생들이 수학적 문제를 인식하고 해결하는 데 보다 이해하기 쉽고 일반화하는 능력을 기를 수 있도록 단원 내 교육 내용을 재구성하여 지도하고자 하였다. 다음은 '이야기가 있는 수학' 수업에 따른 주제 중심 교과 간 교육과정 재구성 주제망이다.

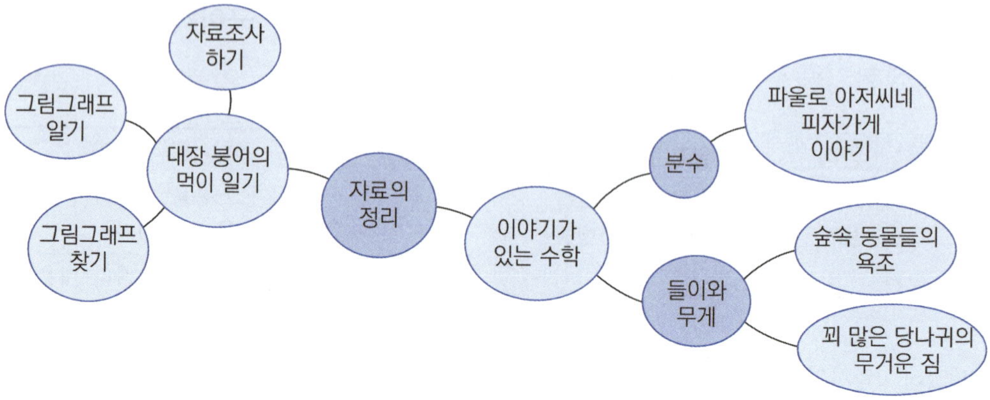

[그림 2-2] '이야기가 있는 수학' 재구성 주제망

다음은 '이야기가 있는 수학' 수업의 단원 지도계획이다.

〈표 2-3〉 '이야기가 있는 수학' 단원 지도 계획 전후 비교

기존 교과 지도 전개계획			매개체	교과 지도 재구성계획	
단원	차시	수업내용 및 활동		차시	수업내용 및 활동
4. 분수	1~2/10	단원 도입 • 분수로 나타내어 볼까요	(이야기책) 파울로 아저씨네 피자가게 이야기	1~2/10 내용수정	**이야기가 있는 수학!** • 파울로 아저씨네 피자가게 이야기 • 분수로 나타내기
5. 들이와 무게	1/12	단원 도입 • 들이를 비교해 볼까요	(이야기책) 숲속 동물들의 욕조	1/12 내용수정	**이야기가 있는 수학!** • 숲속 동물들의 욕조
	6/12	무게를 비교해 볼까요	(이야기책) 꾀 많은 당나귀의 무거운 짐	6/12+10/12 내용수정	**이야기가 있는 수학!** • 꾀 많은 당나귀의 무거운 짐
	10/12	[생각 수학] 들이나 무게를 구해 볼까요			
6. 자료의 정리	1/8	단원 도입	**교과 간 통합** (이야기책) 대장 붕어의 먹이 일기	국어 교과와 통합하여 총 7차시로 재구성	'대장 붕어의 먹이 일기' 읽고 내용의 흐름 파악하기
	2/8	표에서 무엇을 알 수 있을까요			• 대장 붕어의 먹이를 정리하라
	3/8	자료를 수집하여 표로 나타내어 볼까요			• 그림그래프 그리기 • 그림그래프를 찾아라
	4/8	그림그래프에 대해 알아볼까요			• 자료를 조사하여 그림그래프 그리기
	5/8	그림그래프로 나타내어 볼까요			

6)「대장 붕어의 먹이 일기」 주제에 따른 교과 간 내용의 재구성

초등학교 3학년 2학기 수학과 '6. 자료의 정리' 단원 1~5차시와 국어과 '8. 글의 흐름을 생각해 보아요' 단원 1~2차시, 7~8차시를 통합하여 국어·수학 통합 7차시로 지도 내용을 재구성하였다.

<table>
<tr><th colspan="2">수학 수업내용 및 활동
6. 자료의 정리
4차시 배당</th><th>성취기준 적용
교과 간 재구성수업내용 및 활동
(국어, 수학 통합 7차시)</th><th colspan="2">국어 수업내용 및 활동
8. 글의 흐름을
생각해 보아요
3차시 배당</th></tr>
<tr><td>1/4</td><td>단원 도입</td><td>이야기 속으로 풍덩!
활동안내 및 계획 세우기(1-2/7)
• '대장 붕어의 먹이 일기' 이야기 읽고 내용 파악하기
- 일이 일어난 차례를 떠올리며 내용 정리하기
- 이야기를 처음, 가운데, 끝으로 나누는 방법 알기
• 이야기 이어가기 놀이하기
- 일이 일어난 차례에 맞게 이야기 이어가기 놀이하기</td><td>1~2
/3</td><td>단원 도입
시간 흐름을
파악하며
이야기 읽기</td></tr>
<tr><td>2/4</td><td>표에서 무엇을 알 수 있을까요</td><td>내가 만드는 동화(3-4/7)
• 이야기 내용을 간추려 '대장 붕어의 먹이 일기' 동화 만들기
- 세이펜을 이용한 동화 녹음하기
• 내가 만든 동화 감상하기</td><td rowspan="3">3/3</td><td rowspan="3">글의 흐름에
따라 내용을
간추려 쓰기</td></tr>
<tr><td>3/4</td><td>자료를 수집하여 표로 나타내어 볼까요</td><td>대장 붕어의 먹이를 정리하라!(5-6/7)
• 입큰이, 길쭉이, 왕눈이가 잡아 온 먹이를 종류별로 모으기
• 그림그래프로 그리기
- 대장 붕어의 먹이를 그림그래프로 그리기
- 우리가 만든 그림그래프를 보고 등장인물들이 잡은 먹이 비교하며 이야기 나누기
• 그림그래프를 찾아라!
- 교실 속 그림그래프나 표가 사용된 사례 찾기
- 생활 속 그림그래프가 사용된 사례 찾기</td></tr>
<tr><td>4/4</td><td>그림그래프에 대해 알아볼까요
그림그래프로 나타내어 볼까요</td><td>자료를 조사하여 그림그래프 그리기(7/7)
• 우리 반 학생들이 키우고 싶어 하는 반려동물 조사하기
- 조사한 자료를 그림그래프로 그리기
• '어린이 통계동산'에서 '통계를 알면 똑똑해진다'의 자료를 보고 그림그래프 내용 이야기하기
- 표나 그래프를 사용했을 때의 편리한 점 찾기</td></tr>
</table>

7) 주제별 상세 수업 계획안 작성 및 실행

다음은 '대장 붕어의 먹이 일기'에 대한 주제 중심 교육과정 재구성 수업 지도계획 중 5~6차시에 대한 수업 계획안이다.

<table>
<tr><td>교 과</td><td colspan="2">공통교육과정
수학 3학년 2학기</td><td>단 원</td><td>6. 자료의 정리</td><td>차시</td><td>5-6/7</td></tr>
<tr><td>주 제</td><td colspan="6">이야기가 있는 수학 '대장 붕어의 먹이를 정리하라'</td></tr>
<tr><td>성취기준</td><td colspan="6">실생활 자료를 수집, 분류, 정리하여 간단한 그림그래프로 나타내고, 여러 가지 사실을 찾을 수 있다.</td></tr>
<tr><td rowspan="2">학습목표</td><td>가</td><td colspan="5">대장 붕어의 먹이 자료를 정리하여 그림그래프로 나타내고, 생활 속에서 자료를 그래프로 나타내는 이유를 알 수 있다.</td></tr>
<tr><td>나</td><td colspan="5">대장 붕어의 먹이 자료를 정리하여 그림그래프로 나타낼 수 있다.</td></tr>
<tr><td>수업의
흐름</td><td colspan="6">〈배움 열기〉
• 내가 만든 동화 「대장 붕어의 먹이 일기」 살펴보기
- 대장 붕어의 먹이 일기를 읽고 내용 이야기하기
- 대장 붕어의 먹이 일기와 같은 글의 유형 살펴보기
〈배움 활동〉
• 대장 붕어, 입큰이, 길쭉이, 왕눈이 역할놀이하기
- 대장 붕어가 되어 꼬마 붕어들이 잡아온 먹이 정리하기
- 종류별로 모아진 먹이를 그림그래프로 나타내기
• 자료를 정리하여 그림그래프로 나타내기, 협력하여 문제를 해결하도록 두 팀으로 나누기
- 과자를 종류별로 분류한 후 그림그래프 그리기
〈배움 정리〉
• 그림그래프 찾기
- 생활 속의 그림그래프 살펴보기
- 교실에서 그림그래프 찾기(칭찬스티커, 독서오름길 등)
• 자료를 정리하여 그림그래프로 나타내었을 때 좋은 점 이야기하기</td></tr>
<tr><td>수업자의
의도</td><td colspan="6">수학적 개념이나 문제 상황이 제시된 이야기책을 읽고, 이야기책도 만들어 봄으로써 내용에 대한 이해가 충분히 이루어진다고 여겨진다. 따라서 본시에서는 이미 다룬 이야기책의 수학적 개념과 문제 상황을 활용하여 학생들과 함께 개념을 확인하고 문제를 해결하는 과정에 중점을 두어 자료를 정리하고, 그림그래프를 그려봄으로써 그림그래프가 자료를 한눈에 알아보기 쉽게 만드는 방법임을 알 수 있게 하고자 한다.
대장 붕어가 되어 꼬마 붕어들이 잡아온 먹이를 정리하여 그림그래프로 나타내도록 하고, 생활 주변이나 교실환경에서 그림그래프가 어떻게 사용되고 있는지 찾아보도록 한다. 또한 대장 붕어의 일기처럼 제시되는 자료를 정리하여 그림그래프로 나타내어 보고, 그림그래프로 나타내었을 때 좋은 점을 찾아보고 이야기해 볼 수 있도록 한다.</td></tr>
</table>

「대장 붕어의 먹이 일기」에 대한 주제 중심 교육과정 재구성 교수-학습 결과를 제시하면 다음과 같다. 학생은 이야기책을 읽고 그 내용을 간추리며 중심 생각과 핵심 사건들을 익혔다. 또한, 이를 토대로 그림그래프를 작성하였다.

〈표 2-4〉 '대장 붕어의 먹이 일기'에 대한 교수-학습 결과

활동 주제	활동 내용	
대장 붕어 '먹이 일기' 작성하기	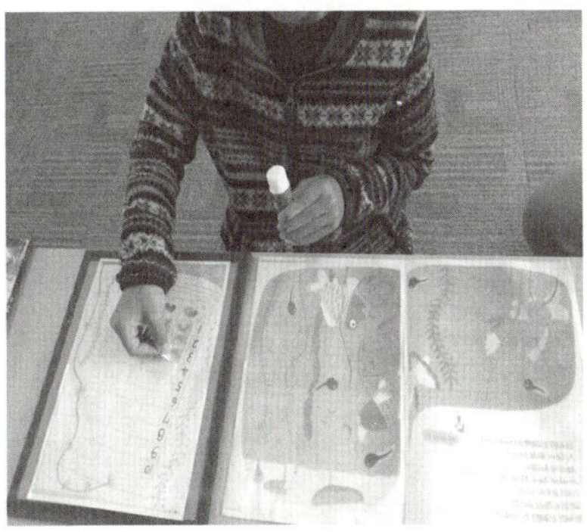	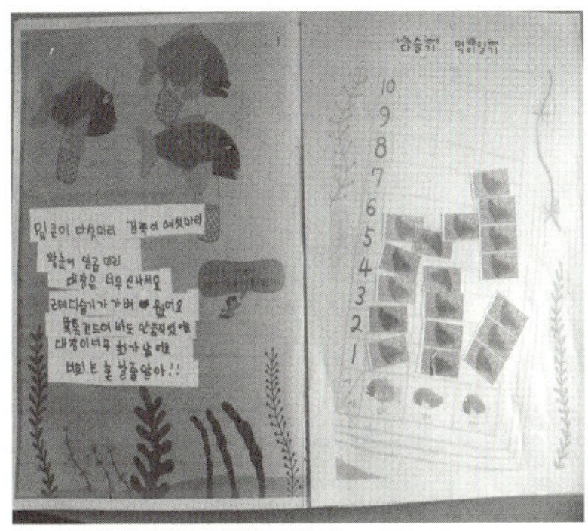
고래밥 과자 정리하여 그림그래프 그리기		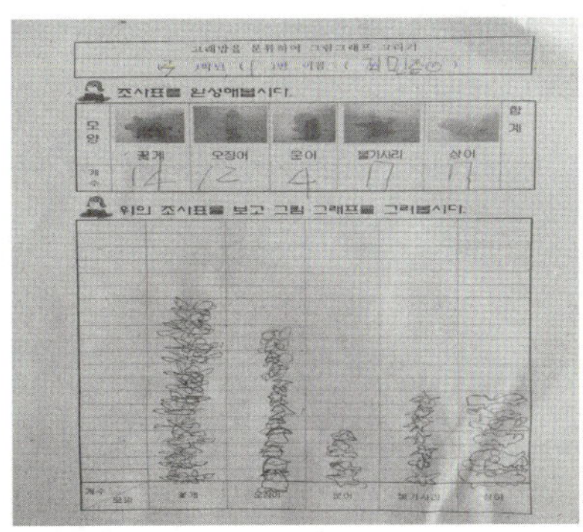

2. 교과와 창의적 체험활동 간 교육과정 재구성: 인권교육을 주제로

교과와 창의적 체험활동, 즉 비교과 간 교육과정 재구성은 교과교사보다는 담임교사를 맡고 있는 경우 재구성이 더 용이하다. 현장학습 연계 교육과정 재구성, 창의적 체험활동 연계 교육과정 재구성, 인성 및 인권 교육 중심 교육과정 재구성 등을 계획하여 실천할 수 있는 기회가 교과교사보다 담임교사에게 주어지는 경우가 많기 때문이다. 다음은 창의적 체험활동 중 학교행사와 연계하여 사회 교과의 법교육 단원을 재구성한 후 지도한 법-인권교육 사례[3]이다. 구체적인 교육과정 재구성 방법과 절차를 살펴보면 다음과 같다.

1) 주제선정을 위한 창의적 체험활동 마인드맵 작성

본 사례는 특수학교 고등학교 1학년 학생을 대상으로 창의적 체험활동과 사회 교과 교육과정을 재구성한 후 법-인권 교육을 지도한 내용이다. 주제 선정을 위한 창의적 체험활동 마인드맵은 다음과 같다.

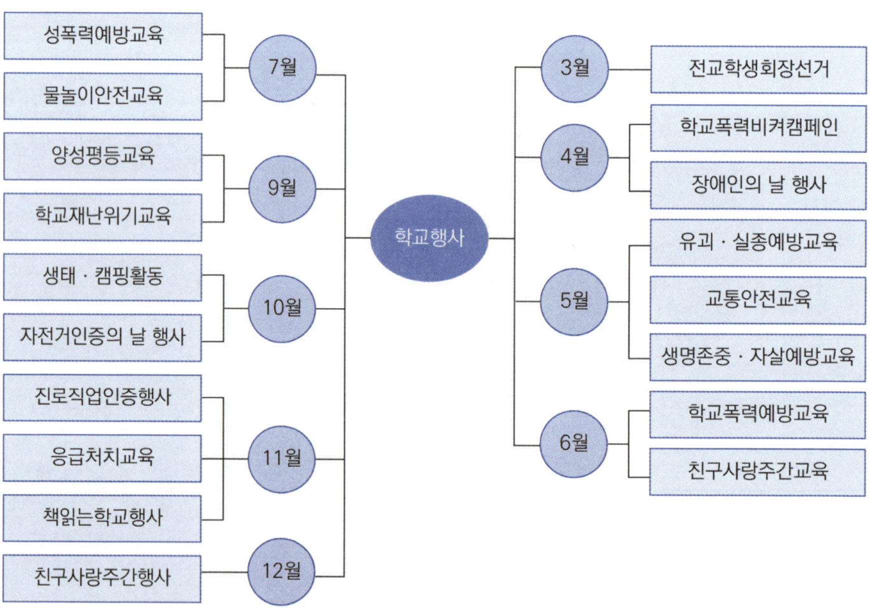

[그림 2-3] 주제선정을 위한 창의적 체험활동(자율 활동-학교행사) 마인드맵

3) 한경화(2017). **거꾸로 보는 「해 · 달 · 별 인권교육프로그램」을 통한 고등학교 장애학생들의 인권존중의식 함양**, 61회 현장교육연구대회, 한국교원총연합회.

이를 바탕으로 관련 성취기준과 교과서 단원을 추출한 결과는 다음과 같다.

〈표 2-5〉 2015 개정 특수교육 교육과정(기본 교육과정) 고등학교 사회

영역	성취기준	교과서 관련 단원
나의 삶	[12사회01-02] 자신의 요구, 신념, 권리가 소중함을 알고 이를 지켜나가는 생활을 실천한다.	가. 2. 스스로 지키는 나의 권리
관계의 삶	[12사회02-03] 다양한 사회적 관계의 유형을 관찰하고 적절한 사회적 관계를 형성한다.	가. 11. 함께하는 사람들 나. 2. 우정으로 하나 되는 우리
시민의 삶	[12사회03-03] 사람들의 경제생활 모습을 이해하고 경제적 주체로서 삶을 준비한다.	가. 14. 생활과 경제 나. 1. 행복한 가정생활 나. 4. 합리적인 독립생활 계획
	[12사회03-07] 법이 우리 생활에 미치는 영향을 관찰하고 준법 생활을 실천한다.	가. 15. 일상생활 속의 법 나. 5. 성실한 근로자
	[12사회03-08] 인권의 중요성을 알고 인권을 존중하는 생활을 실천한다.	가. 16. 인간의 다양성과 인권 나. 3. 책임감 있는 사회구성원 나. 5. 성실한 근로자
	[12사회03-09] 민주사회의 특징을 조사하고 생활 속에서 민주주의를 실천한다.	가. 6. 민주주의와 우리 생활 나. 6. 주인의식을 갖는 민주시민

〈표 2-6〉 2022 개정 특수교육 교육과정(기본 교육과정) 고등학교 사회

영역	성취기준
나의 삶	[12사회01-02] 자신의 요구와 권리를 상황에 맞게 표현하며 자기 결정을 생활화한다.
관계의 삶	[12사회02-04] 사회적 관계에서의 갈등 상황을 분석하고 서로의 입장을 존중한다.
시민의 삶	[12사회03-02] 사람들의 다양한 경제활동 모습을 분석하며 경제생활 주체로서의 삶의 태도를 지닌다. [12사회03-05] 일상에서 사회규범을 지키며 인권 존중을 실천한다. [12사회03-06] 민주주의의 원리를 존중하고 실천하며 민주시민의 소양을 기른다. [12사회03-08] 세계인이 함께 살아가는 모습을 조사하고 세계시민으로서의 삶의 태도를 가진다.

2) 주제선정 및 재구성 이유 작성

학교 행사 중 인권 관련 행사와 사회 교과의 법-인권 관련 성취기준을 연계하여 「해 · 달 · 별 인권교육」이라는 주제를 선정하였다. 여기서 '**해**'는 연간 학교에서 실시하는 인권 관련 학교 행사를 분석하여 이를 교육과정과 연결시킨다는 의미이다. '**달**'은 매달 매주 정해진 시간에 지속적이고 반복적으로 교육을 실시하여 학생들이 내면화할 수 있도록 지원한다는 의미를 담고 있다. '**별**'은 영어 **S.T.A.R**의 이니셜을 따서 다음과 같은 의미를 담고 있다. **S**(Sample) 일상생활에서 흔히 발생하는 사건이나 행동들을 사례를 통해 알아보고 **T**(Thinking) 관련된 법 내용과 법률상식을 조사하며, 이와 연관된 인권존중의식을 생각해보고 **A**(Action) 자신과 주변 사람들의 행동 사례를 보며 생활 법과 인권존중개념을 적용해보고 **R**(Review) 자신과 주변 사람들의 행동을 바로잡아 봄으로써 인권존중의식을 내면화하는 것을 의미한다.

여기서 **S**(Sample) 단계에서 익혀야 할 인권요소를 플립 러닝 형태-**거꾸로 보는**-로 학습할 수 있도록 지도하여 미리 학습한 내용을 학교에서 학생 간, 학생과 교사 간의 다양한 활동을 통해 효과적으로 체득할 수 있도록 지원한다.

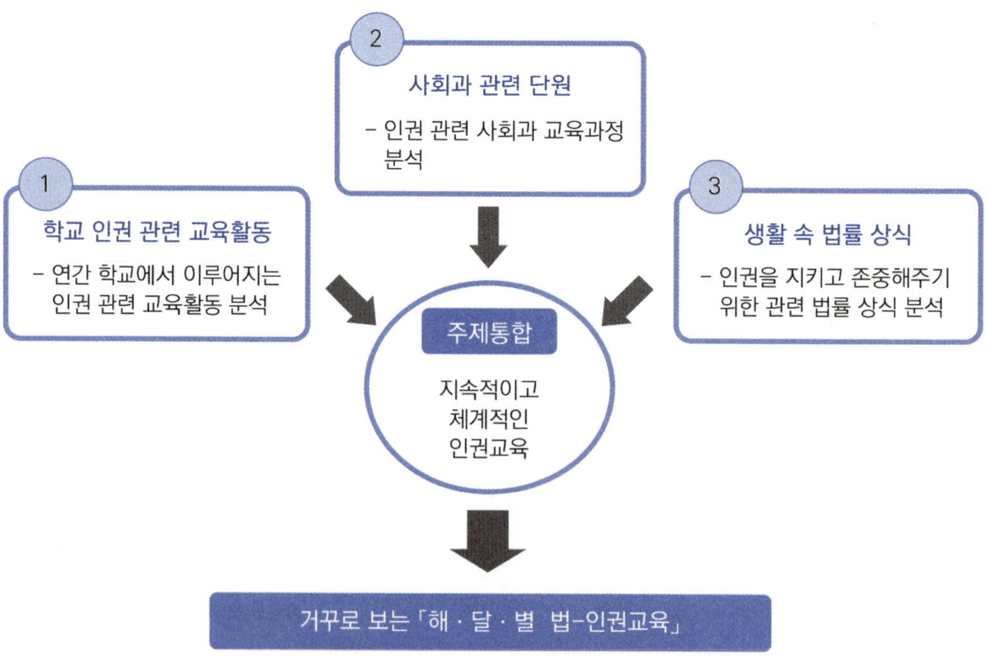

[그림 2-4] 주제 선정 과정

이렇게 법-인권 교육이라는 조금은 무겁고 어려운 주제를 선정한 이유는 간혹, 통합교육을 받고 있는 장애학생들이 놀림의 대상이 되고 있고 그 속에서 좌절과 두려움, 미성숙된 자아상을 가진 채 생활하고 있기 때문이다. 이와 같은 현상은 초등학교에서 중학교, 중학교에서 고등학교로 갈수록 장애학생들의 자아 형성에 부정적인 영향을 미치게 된다. 이러한 성장과정을 경험한 고등학교 장애학생들이 특수학교로 전학 오게 되면 억제되어 있던 자아가 밖으로 표출되는 현상이 나타나는데, 긍정적인 경우에는 각종 대회를 휩쓸면서 취업까지 이어지기도 하지만, 반대로 부정적으로 표출되는 경우는 자신보다 심한 장애학생들을 무시하거나 놀리며, 각종 부적응 행동들을 일으키고 간혹 사회문제를 야기하기도 한다. 또한 대부분의 특수학교 학생들은 늘 보호받고 허용된 분위기에서 생활해오다 보니 자신이 타인을 배려해야 한다는 생각이나 사회적으로 용납되지 않는 행동들이 무엇인지 정확하게 알지 못하는 경우가 많다. 그러므로 장애학생들이 타인의 인권을 왜 지켜줘야 하고 어떻게 배려해야 하는지를 익히고 배울 필요가 있다. 즉 장애학생들이 법적 테두리 안에서 자신의 인권을 보호받고 타인의 인권을 보호해야 한다는 사실을 구체적인 사례를 통해 익히고 배우며 이를 생활 속에서 적용해 나갈 수 있도록 지도해야 할 필요성이 있다. 따라서 법-인권교육을 통해 익힌 내용을 학교생활 속에서 적용할 수 있도록 월별 법－인권 관련 행사를 분석하여 창의적 체험활동과 사회과 교육과정을 연계하여 재구성하였다.

3) 주제별 관련 단원 추출 및 주제별 교과 구성표 작성

「해・달・별 법－인권교육」 주제에 따른 인권 관련 요소를 다음과 같이 추출하였다.

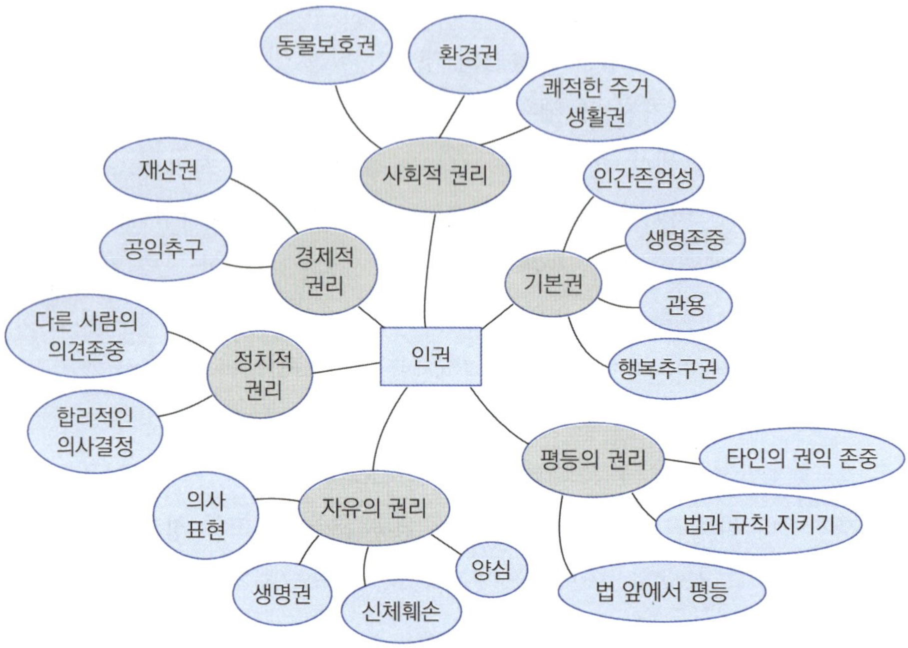

[그림 2-5] 주제선정에 따른 인권 요소 분석

인권 요소에 따라 사회과 교육과정을 분석한 후 관련 생활 법을 다음과 같이 추출하였다.

〈표 2-7〉 인권 요소에 따른 사회 교과 구성표

영역	교육과정 성취기준	인권 유형						생활 법 상식
		기본적 권리	평등의 권리	자유의 권리	경제의 권리	정치적 권리	사회적 권리	
나의 삶	[12사회01-02] 자신의 요구, 신념, 권리가 소중함을 알고 이를 지켜나가는 생활을 실천한다.	○					○	저작권 초상권침해 학폭법 등
관계의 삶	[12사회02-03] 다양한 사회적 관계의 유형을 관찰하고 적절한 사회적 관계를 형성한다.	○	○	○		○	○	헌법 장애인 차별금지법 성폭력 특례법 등

영역	교육과정 성취기준	인권 유형						생활 법 상식
		기본적 권리	평등의 권리	자유의 권리	경제의 권리	정치적 권리	사회적 권리	
시민의 삶	[12사회03-03] 사람들의 경제생활 모습을 이해하고 경제적 주체로서 삶을 준비한다. [12사회03-07] 법이 우리 생활에 미치는 영향을 관찰하고 준법 생활을 실천한다. [12사회03-08] 인권의 중요성을 알고 인권을 존중하는 생활을 실천한다. [12사회03-09] 민주사회의 특징을 조사하고 생활 속에서 민주주의를 실천한다.	○			○		○	소비자 보호법 헌법, 형법 도로교통법 아동복지법 동물보호법 등

인권 요소 관련 월별 학교 행사를 다음과 같이 분석하여 실천분위기를 조성하였다.

〈표 2-8〉 **인권 요소에 따른 창의적 체험활동(자율활동)-학교행사 구성표**

월	인권 관련 행사	인권 유형
3	1학기 인성교육주간(14~25일)	기본적 권리
	29일 전교학생회장 선거	정치적 권리
4	7일 학교폭력 비켜! 캠페인	자유의 권리
	20일 장애인의 날 행사	평등의 권리
5	16일 실종·유괴의 예방·방지교육	기본적 권리 자유의 권리
	10일 교통안전교육(통학버스를 이용한 등하교 시 안전)	기본적 권리 자유의 권리
	11일 생활안전교육(시설 및 제품 이용 안전)	
	12일 흡연 및 약물 오남용 예방교육	
	13일 폭력 및 신변안전교육(자살예방 및 대처 방법)	
	10일 생명존중교육	
	12일 자살예방교육	
	17일 분노조절교육	
	19일 생명존중 및 자살예방 공모전 우수작품 감상	
	11일 흡연예방인형극 및 흡연예방퀴즈쇼	
6	20일 학교폭력예방교육(이타행동, 대인관계기술, 의사소통기술, 집단따돌림 등)	기본적 권리 평등의 권리 사회적 권리
	21일 학교폭력예방교육(고운 말 쓰기, 사이버폭력 예방)	
	친구 사랑 운동 서약	
	비폭력 선서식	
	23일 성폭력 예방교육	

월	인권 관련 행사	인권 유형
	22일 친구사랑 주간 학예 행사	
	자살예방 및 생명존중교육	
7	15일 흡연예방 포스터 그리기 대회	기본적 권리 평등의 권리 사회적 권리
	18일 성폭력 예방교육	
	19일 실종 · 유괴예방교육	
	19일 자살예방을 위한 생명존중교육	
	20일 건전한 생활(인터넷 중독)	
	21일 건강생활(질병, 자연재해) 학생 봉사활동	
	22일 건강생활(질병, 자연재해)	
	25일 물놀이 안전교육	
	25일 안전한 수련활동(환경 보호)	
	13일 기본생활의 습관화	
	14일 교통안전	
	15일 학교폭력예방교육	
9	1일 양성평등 동영상 시청 및 관련 학습활동하기	기본적 권리 평등의 권리 사회적 권리
	8일 생명감수성 증진교육	
	8일 '우리 함께 해피 up. 힘내요, 우리가 있어요'	
	12일 생명존중교육 길라잡이	
	13일 생명존중 및 자살예방 교육자료 감상	
	15일 학교재난위기 및 자살사안 발생 시 위기관리	
	12일 '어린이통학차량 이것만은 꼭 확인' 캠페인	
	12일 5분 안전교육 및 보행안전 캠페인 영상 시청	
	12일 교통안전교육(보행, 자전거, 오토바이)	
	13일 교통안전교육(자동차, 통학차량, 대중교통)	
10	10일 환경교육 주간 행사(기후변화, 생태놀이, 도전! 희망이의 초록미션, 캠핑활동)	경제적 권리
	18일 자전거인증의 날	
11	11일 진로직업인증의 날	기본적 권리 평등의 권리 사회적 권리 경제적 권리
	25일 책 읽는 학교	
	4일 성 인권교육(7~8차시)	
	7일 응급처치교육, 사고예방수칙교육, 올바른 신고방법교육	
	8일 재난안전교육	
	9일 생활안전교육, 전기안전교육	
	10일 흡연 및 약물 오남용 예방교육	
	11일 교통안전교육(대중교통 안전)	
12	2학기 친구사랑 주간(5~9일)	기본적 권리

4) 재구성 주제망 작성

매개체 '생활 법'을 이용하여 사회교과와 학교행사를 서로 연결 지어 다음과 같은 재구성 주제망을 구성하였다.

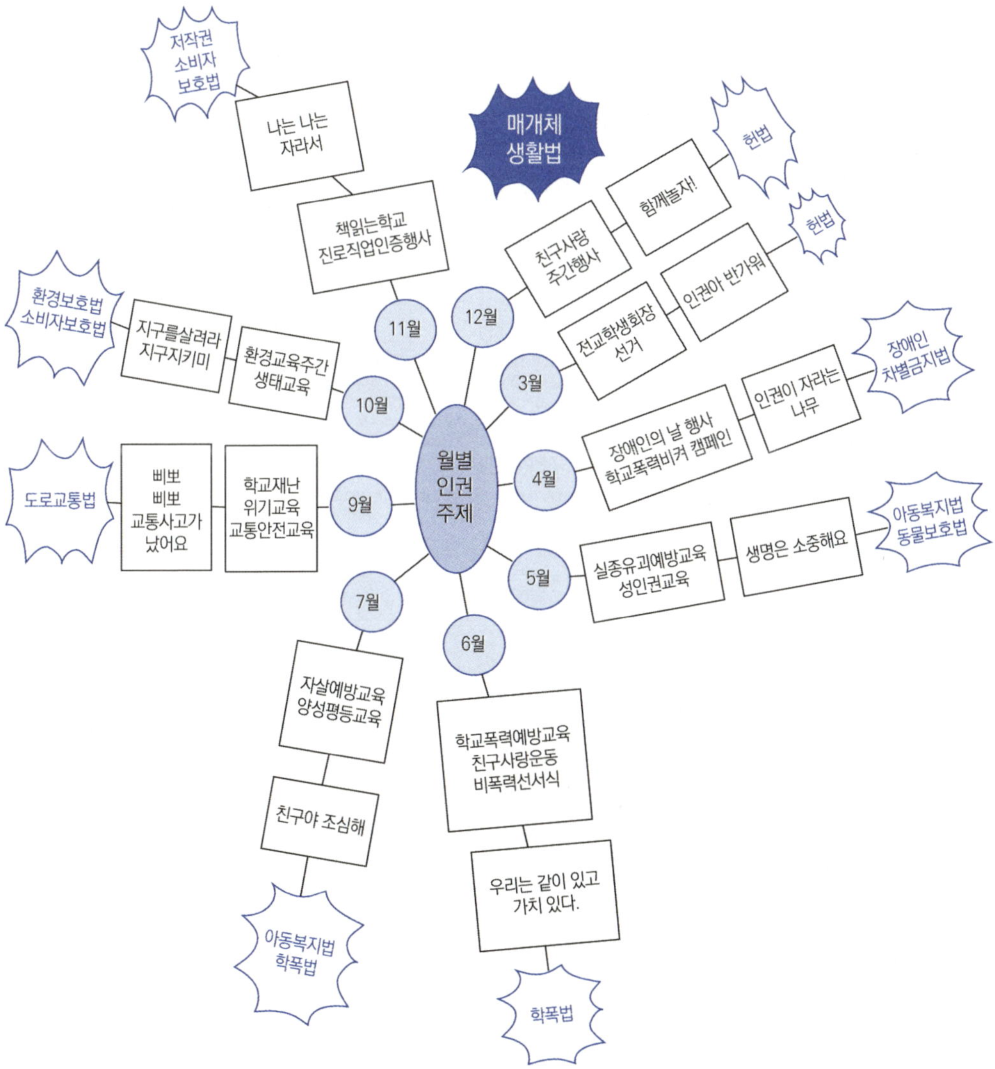

[그림 2-6] 인권교육을 위한 재구성 주제망

5) 관련 단원 분석 및 재구성 구성안 작성

월별로 선정된 인권 활동 주제에 따라 관련 행사와 관련 단원 순서 바꾸기를 중심으로 다음과 같이 재구성하였다.

사회과는 주 3차시 수업으로 34주 기준 총 102시간이 배당되어 있다. 그중 인권 관련 단원 수업을 51차시로 구성하고, 그 외 단원 수업을 51차시로 구성하였다.

〈표 2-9〉 관련 단원 분석 및 재구성 구성안

인권활동주제		창의적 체험활동 (관련 행사)	사회과 단원	인권 유형	관련 생활 법 내용
월	주제 (차시)				
3월	**인권아! 반가워!** (6/51)	전교학생회장 선거 1학기 인성교육 주간	사회(가) 6. 민주주의와 우리 생활	기본적 권리 정치적 권리	헌법: 자유와 평등, 인간 존엄성, 국민 주권 등
4월	**인권이 자라는 나무!** (8/51)	장애인의 날 행사 학교폭력 비켜! 캠페인	사회(가) 2. 스스로 지키는 나의 권리	자유의 권리 평등의 권리	장애인 차별금지법 성폭력 특례법 등
5월	**생명은 소중해요!** (8/51)	실종 유괴 예방 방지 교육 및 성 인권 교육 생명 존중 교육 흡연 예방 교육	사회(가) 2. 스스로 지키는 나의 권리 6. 주인의식을 갖는 민주시민	기본적 권리 시회적 권리	헌법, 형법 도로교통법 아동복지법 동물보호법 등
6월	**우리는 같이 있고 가치 있다!** (6/51)	학교폭력예방교육 친구 사랑 운동 비폭력 선서식	사회(가) 5. 화목하게 어울려 살아가는 우리	기본적 권리 자유의 권리 사회적 권리	헌법, 형법 학폭법 등
7월	**친구야! 조심해!** (6/51)	자살예방을 위한 생명 존중 교육 우리 함께 히피 up 양성 평등 교육	사회(가) 5. 화목하게 어울려 살아가는 우리 16. 인간의 다양성과 인권	기본적 권리 평등의 권리	아동복지법 학폭법 초상권침해 등
9월	**삐뽀삐뽀! 교통사고 났어요!** (6/51)	학교재난위기관리 교통안전교육	사회(가) 3. 성실한 태도 15. 일상생활 속의 법	기본적 권리 평등의 권리	헌법, 형법 도로교통법 등

인권활동주제		창의적 체험활동 (관련 행사)	사회과 단원	인권 유형	관련 생활 법 내용
월	주제 (차시)				
10월	**지구를 살려라! 지구지킴이!** (4/51)	환경교육 주간 생태교육	사회(나) 3. 책임감 있는 사회구성원	경제적 권리 사회적 권리	환경보호법 소비자 보호법 등
11월	**나는 나는 자라서** (4/51)	진로직업인증의 날 책 읽는 학교	사회(가) 14. 생활과 경제 사회(나) 4. 합리적인 독립생활 계획 5. 성실한 근로자	기본적 권리 경제적 권리	헌법, 저작권 소비자 보호법 등
12월	**함께 놀자!** (3/51)	2학기 친구사랑 주간	사회(가) 4. 배려와 나눔	기본적 권리 평등의 권리	헌법: 자유와 평등, 인간 존엄성 등

6) 주제별 상세 수업 계획안 작성 및 실행

인권교육 관련 단원 분석 및 재구성 구성안을 토대로 수업 계획안을 작성하였다. 다음은 거꾸로 보는 「해·달·별(S·T·A·R) 법-인권교육」 수업 흐름도이다.

〈표 2-10〉 **거꾸로 보는 「해·달·별(S·T·A·R) 법-인권 교육」 수업 흐름도**

거꾸로 보는 「해·달·별(S·T·A·R) 인권 교육」 수업 흐름		
구분	교사	학생
사전 학습	• 「해·달·별(S·T·A·R) 법-인권 교육」 거꾸로 보기 스토리 영상 제시하기 • 월별 주제에 맞는 관련 자료 제시하기	• 「해·달·별(S·T·A·R) 법-인권 교육」 거꾸로 보기 스토리 영상을 활용하여 사전 학습 및 과제하기 • 질문 생각하기
수업 중	• 「해·달·별(S·T·A·R) 법-인권 교육」 생활 법과 개념 및 실천 내용 제시하기	• 「해·달·별(S·T·A·R) 법-인권 교육」 생활 법과 개념 학습하기 • 「해·달·별(S·T·A·R) 법-인권 교육」 활동 자료를 이용하여 수업활동하기
사후 학습	• 「해·달·별(S·T·A·R) 법-인권 교육」 퀴즈 제시하기 • 「해·달·별(S·T·A·R) 법-인권 교육」 관련 UCC 제작하기	• 「해·달·별 S·T·A·R 법-인권 교육」 퀴즈를 통해 자신의 이해 정도 확인하기 • 「해·달·별(S·T·A·R) 법-인권 교육」 관련 UCC 제작 참여하기

거꾸로 보는 「해・달・별(S・T・A・R) 법-인권 교육」 수업 흐름에 따라 주제별 상세 수업 계획안을 작성하고 실행하였다. 다음 6월 거꾸로 보는 「해・달・별(S・T・A・R) 법-인권 교육」 수업 계획안을 예시로 지도 내용을 살펴보기로 하자.

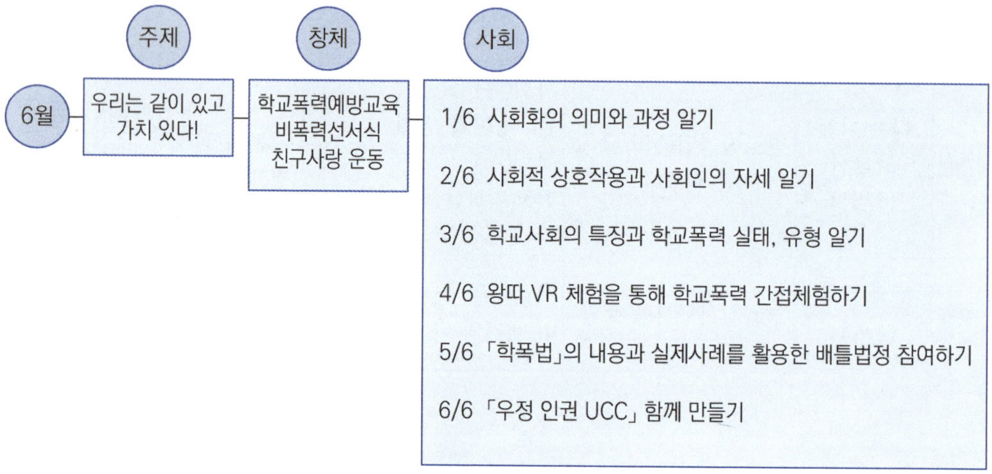

[그림 2-7] 6월 수업 지도 계획(예시)

이러한 과정으로 재구성된 6월 교수-학습 내용과 그에 따른 S → T → A → R 단계에 따른 지도내용을 구체적으로 살펴보면 다음과 같다.

〈6월〉

활동 주제	교육 목표	인권개념 지도요소
우리는 같이 있고 가치 있다.	• 누구나 어디에서든 함께할 권리가 있음을 안다. • 친구들과 사이좋게 지내는 방법을 실천한다.	기본적 권리 자유의 권리 사회적 권리

6월 인권교육에서는 친구를 사랑하고 소중히 여기는 마음과 방법, 누구든 폭력을 행해서는 안 되며, 어디에서든 함께하고 존중해야 함을 지도한다. 이를 위해 플립영상(학교폭력 사례), 학교행사(학교폭력예방교육, 비폭력 선서, 친구사랑주간 참여)와 관련된 생활 법인 「학교폭력예방 및 대책에 관한 법률」 내용을 조사하고, 자신의 경험들을 나누며, 실천방안을 모색해 본다.

Sample	Thinking	Action	Review
• 플립영상: 학교폭력실태 고발 뉴스 영상	• 폭력의 개념 알기 • 관련 생활 법 알기	• 왕따 VR 체험하기 • 친구사랑 서약서 작성 및 비폭력 선서하기	• 배틀법정 참여하기 • '우정' 인권동화 UCC 제작하기
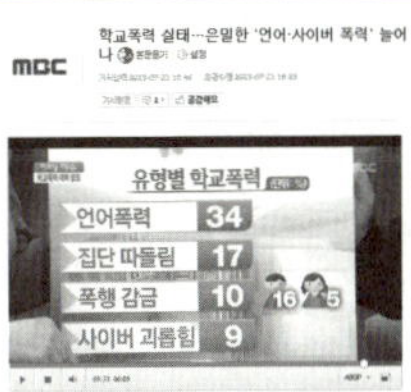	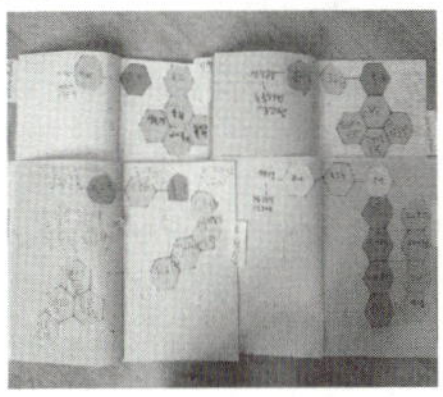	 성남초 왕따 경험하기(VR)	
학교폭력 실태와 유형을 고발하는 보도영상을 가정에서 미리 학습해 온다.(가족과 이야기 나누고 오기)	플립영상 내용을 이야기 나눈 후 관련 생활 법을 조사한다. '학폭법' 내용을 익히고 자신의 경험을 이야기 나눈다. 학교폭력 유형과 사례를 통해 폭력을 예방하고 친구를 사랑하는 방법을 학습한다.	왕따 VR 체험을 통해 왕따를 간접 경험해 보고, 학교폭력 예방을 실천하는 방법을 이해한다. 이와 관련된 학교교육 활동에 적극 참여한다.	6월 배틀법정은 법사랑 사이버랜드의 배틀법정 '게임을 했을 뿐인데, 학교폭력이라니?'라는 주제로 유죄, 무죄로 의견을 나눈다. 또한 우정을 주제로 한 인권동화를 UCC로 만들어 우정을 다지는 시간을 가진다.

관련 행사	• 학교폭력예방교육 및 꿈나르미 보안관 활동 • 친구 사랑 운동 서약 및 비폭력 선서식 • 친구사랑 주간(야외캠핑)	관련 단원	사회(가) 5. 화목하게 어울려 살아가는 우리

 학교폭력예방교육 해피콘서트 영상 시청	 비폭력선서		
학교폭력예방교육 참여		친구사랑주간 참여	꿈나르미 보안관 활동

〈헥사를 이용한 학교폭력개념과 관련 법 익히기〉

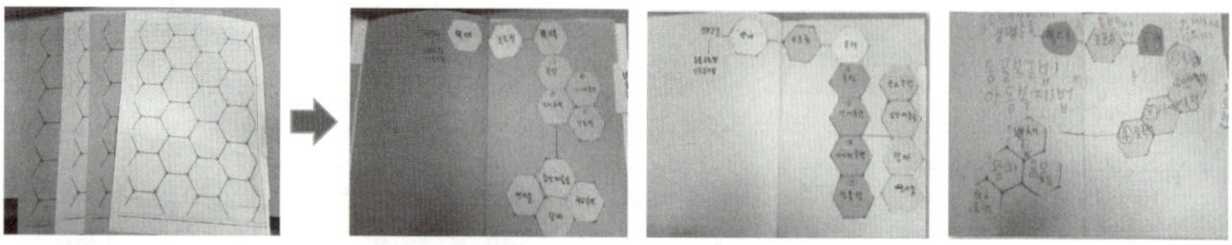

헥사색지배부 → 학교폭력 개념과 관련 법 규정 이해하기 → 헥사를 이용한 맵 작성하기

〈인권동화 UCC 제작〉

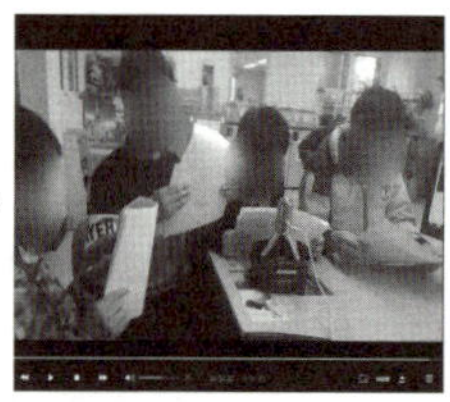

동영상으로 제작하기

인권동화 UCC 주제 정하기 제에 따른 동화선정 역할 나누어 동화내용 더빙하기

제 3 부

특수교육 교육과정을 요리하다!!

제1장 성취기준 중심 교육과정 재구성

우리는 답을 찾을 것이다.
늘 그랬듯이.

영화 인터스텔라(2014) 중에서

1. 성취기준 중심 교육과정 재구성의 의미

교육과정 재구성은 교사가 재구성을 위해 활용하는 것이 무엇인지에 따라 교과서 중심 재구성, 성취기준 중심 재구성, 주제 중심 재구성으로 유형화할 수 있다(김현규, 정광순, 2018; 임재일, 2020). 교과서의 경우 국가 수준 교육과정이 고시되면 이후 교과 교육과정을 근거로 개발하는 자료이기 때문에 교과서를 활용하여 교육과정을 재구성하더라도 결국 교과 교육과정의 성취기준이 교육과정 재구성의 근거가 된다고 말할 수 있다. 마찬가지로 주제를 중심으로 교육과정을 재구성하더라도 교사가 선정한 주제와 학습 내용, 학습 활동, 평가 등이 교과 교육과정의 성취기준을 반영하고 있어야 한다. 따라서 교사가 의도하는 방향에 따라 여러 유형의 교육과정 재구성을 하더라도 결국 성취기준이 근거가 되어야 하며, 성취기준을 반영하고 있어야 한다. 특히, 아래에서 제시한 2022 개정 교과 교육과정 개발 방향을 살펴보면 성취기준 중심 교육과정 재구성의 필요성이 더욱 부각된다(교육부, 2022).

첫째, 깊이 있는 학습을 추구한다. 깊이 있는 학습은 학습자가 학습 자료를 스스로 자신의 것으로 만들고 배운 것을 새로운 상황에 적용할 수 있도록 소수의 핵심 내용을 깊이 있게 배우는 것을 의미한다. 즉 학습한 교과 지식이 파편적으로 존재하는 것이 아니라 지식의 적용, 확장, 실천이 가능하도록 교수·학습 과정이 설계되어야 한다.

둘째, 교과 간 연계와 통합을 지향한다. 이를 위해 학습자가 여러 교과의 지식과 기능을 서로 관련지어 습득하고 이를 적용하여 문제를 해결할 수 있도록 지원해야 한다. 따라서 교과서 중심의 교육과정 운영에서 벗어나 각 교과의 성취기준 분석을 통해 공통된 요소(일반적 아이디어)를 도출하고 이를 바탕으로 교과 간의 연계와 통합이 이루어져야 한다.

셋째, 삶과 연계한 학습을 지향한다. 삶과 연계한 학습이란 학습자에게 실생활 맥락 속에서 교과 내용을 활용할 수 있는 기회를 제공해야 한다는 것을 의미한다. 탈맥락적인 상황에서는 학습자가 교과 내용을 전이 가능한 형태로 학습하기 어렵다. 따라서 실생활 맥락이나 실생활 문제를 강조하는 것은 깊이 있는 학습을 위해 학습자가 몰입하는 것이므로 학습자의 삶과 연계한 교수·학습이 이루어져야 한다.

넷째, 학습 과정에 대한 학습자의 성찰이 필요하다. 자기 주도적인 학습자는 새로운 상황에 당면하여 주어진 새로운 정보가 자신이 이미 알고 있는 것과 일치하는지, 그것을 어떤 방식으로 활용할 때 학습이 일어나는지 확인하는 메타인지 전략을 구사한다. 따라서 학습 과정 속에서 학습자가 성찰할 수 있도록 교수·학습 과정이 설계되어야 한다.

2022 개정 교과 교육과정의 방향에 맞춰 교과 교육과정을 운영하기 위해서는 교육과정 자료인 교과서에 의존하기보다 학습자의 상황과 특성을 분석하고 교과 교육과정의 특성을 반영하여 성취기준을 중심으로 교육과정을 재구성할 필요가 있다. 이에 본 장에서는 성취기준 중심으로 백워드 설계 모형을 활용하여 교육과정을 재구성하는 방법과 사례에 대해 살펴보고자 한다.

1) 성취기준 분석

2022 개정 교육과정에서 성취기준은 학생들이 교과를 통해 배워야 할 내용과 학습의 결과로 학생들이 무엇을 할 수 있는지를 나타내는 수행 기준을 의미한다(교육부, 2018). 성취기준은 내용 체계를 바탕으로 학년군별 수준이 드러나도록 개발되었

으며 지식 · 이해, 과정 · 기능, 가치 · 태도 등을 포함하여 다면적인 성격의 성취기준으로 진술되었다. 따라서 교사가 교육과정을 재구성하기 위해서는 교과 교육과정의 설계의 개요와 성격, 목표, 내용 체계, 교수 · 학습 및 평가의 방향을 아는 것도 중요하지만 무엇보다 성취기준 분석을 통해 가르치고 평가할 내용을 도출하는 것이 필요하다.

2022 개정 교육과정에서는 교과 교육과정의 성취기준에 대한 '성취기준 해설'을 제시하고 있다. 성취기준 해설에서는 해당 성취기준의 학습 내용, 교수 · 학습 및 평가 방식 등 교사의 자율성을 제한하지 않는 범위에서 개발 방향을 제시하고 있다. 따라서 성취기준 해설을 참고하면 성취기준을 수월하게 분석할 수 있다. 다음 〈표 1-1〉은 2022 개정 특수교육 교육과정 중 기본 교육과정 초등학교 사회과 성취기준을 성취기준 해설을 활용하여 분석한 것이다.

〈표 1-1〉 성취기준 해설을 활용한 성취기준 분석의 예

<table>
<tr><td>성취기준</td><td colspan="3">[6사회03-02] 우리 지역의 사람들이 다양한 경제활동에 참여하는 것을 살펴보며 우리 지역의 경제활동에 관심을 가진다.</td></tr>
<tr><td rowspan="2">내용요소</td><td>지식 · 이해</td><td>과정 · 기능</td><td>가치 · 태도</td></tr>
<tr><td>• 우리 지역 사람들의 경제생활</td><td>• 우리 지역의 경제생활 모습 살펴보기</td><td>• 우리 지역의 경제활동에 관한 관심</td></tr>
<tr><td colspan="4">학습 내용</td></tr>
<tr><td rowspan="4">성취기준 분석</td><td>• 다양한 경제활동 관찰하기</td><td>• 우리 지역 특산품 조사하기</td><td>• 지역사회 상점에서 물건 사기</td></tr>
<tr><td>• '나주'지역 경제활동
• '전남'지역 경제활동</td><td>• '나주'지역 특산품
• '전남'지역 특산품</td><td>• 편의점에서 물건 사기
• 재래시장에서 물건 사기
• 대형마트에서 물건 사기</td></tr>
<tr><td>• 지역특성에 따른 직업 조사하기</td><td>• 우리 지역의 경제생활 경험하기</td><td>• 화폐 활용하기</td></tr>
<tr><td>• 동네 이웃의 직업 조사하기
• '나주'지역의 직업 조사하기</td><td>• 우리 상점 탐방하기
• '나주' 명소 탐방하기</td><td>• 지역 화폐 조사하기
• 지역 화폐로 물건 구입하기</td></tr>
</table>

성취기준은 내용 체계의 내용 요소를 바탕으로 개발되었다. 성취기준의 내용 요소를 분석할 경우 내용 체계의 지식 · 이해, 과정 · 기능, 가치 · 태도에서 제시한 내용 요소를 확인하면 쉽게 분석해 낼 수 있다. 학습 내용은 앞서 설명한 바와 같이

성취기준 해설에 제시된 내용을 확인하는 것으로 분석할 수 있다. 그러나 실제 수업을 위한 교수·학습 과정으로 교육과정을 재구성하기 위해서는 위의 예와 같이 학습 내용을 바탕으로 지역사회와 학교, 학생들의 특성을 반영하여 구체화하는 것이 필요하다.

2) 성취기준과 평가 계획

평가의 본래 목적은 평가 결과를 통해 학생들의 성장과 발달을 돕는 것이다(강현석 외, 2019). 따라서 서열화를 위한 평가가 아닌 학습의 도구로 사용될 수 있는 평가가 되어야 한다. 또한 교사의 수업 개선을 위한 도구로서 평가의 개념을 확장하여 결국에는 수업에 참여하는 교사와 학생 모두에게 긍정적인 피드백을 제공할 수 있는 평가가 이루어져야 한다.

이는 2022 개정 교육과정에서도 강조되고 있다. 총론의 구성 중점에서는 문제해결 및 사고의 과정을 중시하는 평가를 통한 학습의 질 개선을, 학교 교육과정 설계와 운영의 평가에서는 성취기준에 근거하여 교수·학습과 평가 활동의 일관성을 강조하고 있다(교육부, 2022). 즉 평가가 단순히 선발과 서열화를 위한 결과 중심의 도구로 사용되기보다 과정 중심 평가를 통해 학생에게는 학습에 대한 성찰의 계기가 되고, 교사에게는 교수·학습의 질 개선의 기회가 되도록 하고 있다. 따라서 교사는 평가를 통해 학습한 지식만을 측정하는 것이 아니라 맥락 속에서 적용하고 내재화할 수 있도록 돕는 평가, 학습을 위한 평가, 학습으로서의 평가를 할 수 있어야 한다(강현석, 이지은, 배은미, 2019; 한경임, 한경화, 2019).

2022 개정 교육과정에서 강조한 과정 중심 평가와 교육과정, 교수·학습, 평가 활동의 일관성 강화를 위해서는 성취기준을 근거로 평가가 계획되고, 평가 계획이 반영된 교수·학습 활동이 구성되어야 한다. 성취기준을 통해 무엇을 가르칠지 선정하고 이를 바탕으로 교수·학습이 이루어졌다면 수업 이후에 학생들이 배운 내용을 어느 정도 학습하였는지 평가가 이루어져야 한다. 따라서 성취기준은 가르칠 내용을 선정하는 기준으로서 역할을 함과 동시에 교수·학습의 과정 이후에는 학생이 어느 수준에서 학습했는지를 평가하기 위한 평가기준으로서의 역할을 하게 된다.

결국 성취기준 분석을 통해 도출한 학습 요소는 교육과정 재구성을 위한 학습 요소이자 수업 이후 평가하게 될 평가 요소가 된다.

다음 〈표 1-2〉는 2022 개정 특수교육 교육과정 중 기본 교육과정 초등학교 사회과 성취기준을 분석하여 평가기준을 개발한 예이다. 본 사례에서는 성취기준 해설에 제시된 학습 내용 중에서 지역 사회 특성 및 학교 교육과정, 장애 학생들의 교육적 요구 등을 반영하여 '다양한 경제활동 관찰하기'와 '지역특성에 따른 직업 조사하기'를 선정하였다. 이후 학습 내용을 구체화하는 과정에서 지역적 특성과 학생들의 장애 특성 및 인지수준 등을 반영하여 '지역 사람들의 경제활동'과 '지역 사람들의 직업'을 평가요소로 재구성하였다. 평가기준은 평가요소를 반영하여 수준별로 제시하였다.

평가기준을 개발하는 과정에서 유의해야 할 것은 평가요소와 평가기준이 해당 성취기준을 반영하고 있는지를 판단하는 것이다. 또한 해당 교과의 특성을 반영한 교육적 경험이 이루어질 수 있는 평가기준인지, 장애 학생의 교육적 요구가 적절히 반영된 평가기준인지에 대한 평가가 필요하다. 이를 위해서는 교육과정 총론뿐 아니라 교과 교육과정에 대한 이해, 성취기준 분석 및 활동에 대한 교사의 교육과정 문해력이 담보되어야 한다.

〈표 1-2〉 성취기준 분석을 통한 평가기준 개발의 예

<table>
<tr><td>성취기준</td><td colspan="4">[6사회03-02] 우리 지역의 사람들이 다양한 경제활동에 참여하는 것을 살펴보며 우리 지역의 경제활동에 관심을 가진다.</td></tr>
<tr><td rowspan="2">내용요소</td><td>지식 · 이해</td><td colspan="2">과정 · 기능</td><td>가치 · 태도</td></tr>
<tr><td>• 우리 지역 사람들의 경제생활</td><td colspan="2">• 우리 지역의 경제생활 모습 살펴보기</td><td>• 우리 지역의 경제활동에 관한 관심</td></tr>
<tr><td>학습내용</td><td colspan="4">지역의 경제활동, 지역특성에 따른 직업</td></tr>
<tr><td colspan="2">평가요소</td><td colspan="3">평가기준</td></tr>
<tr><td colspan="2" rowspan="3">지역 사람들의 경제 활동, 지역 사람들의 직업</td><td>상</td><td colspan="2">나주 지역 사람들의 경제활동과 직업을 조사할 수 있다.</td></tr>
<tr><td>중</td><td colspan="2">나주 지역 사람들의 경제활동을 관찰하고 직업을 조사할 수 있다.</td></tr>
<tr><td>하</td><td colspan="2">나주 지역 사람들의 경제활동과 직업을 관찰할 수 있다.</td></tr>
</table>

3) 수업 활동 구성

수업은 교사의 가르치는 활동과 학습자의 배우는 활동을 모두 포함하는 개념으로 학교 현장에서 가장 핵심적인 교육 활동이며 교사의 전문성을 설명하는 핵심이라 말할 수 있다. 이때의 수업은 일정한 모델이나 형식적인 틀이 정해진 수업이 아닌 학습 상황과 학습자 개인의 차이를 존중하고 개별화된 학습 기회를 보장하여 학습자 스스로 활동하고 배움이 일어날 수 있는 수업을 말한다. 따라서 교사가 수업을 위한 활동을 어떻게 구성하느냐에 따라 학생들이 경험할 수 있는 경험의 범위와 수준, 학습의 효율성과 효과성이 달라진다. 이와 함께 수업의 모습 또한 학생들의 요구와 필요에 따라, 그리고 교사의 철학 및 수업 설계 역량에 따라 다양하게 정의할 수 있다(경상남도교육청, 2018). 가령, 동일한 제재와 내용이라 하더라도 교실 상황과 학생의 요구와 수준에 맞춰 교사는 가장 적절한 수업을 설계하고 실천할 수 있으며 필요에 따라 교육과정 자료를 수정·보완하거나 개발하여 적용할 수 있다.

특히 성취기준 분석으로 가르칠 내용을 선정하고 이에 대한 평가기준을 수립했다면 수업 활동 구성에서는 평가기준에 따라 평가가 이루어질 수 있도록 활동이 구성되어야 한다. 다음 〈표 1-3〉은 평가기준을 반영하여 수업 활동을 구성한 예이다.

수업 활동을 구성하기 위해 평가요소와 평가기준을 반영하여 나주 지역 사람들의 경제활동을 관찰하고 조사하는 활동과 나주 지역 사람들의 직업을 관찰하고 조사하는 활동을 포함하여 구성하였다. 한편, 활동을 구체화하는 과정에서 학생들의 장애 특성, 인지수준, 교육적 요구 등을 반영한 과제 분석 및 활동 구성, 학습량, 차시 제시 순서, 자료 등을 고려하였다.

이와 같이 평가계획을 반영하여 수업 활동을 구성하고 운영하게 되면 교수·학습이 이루어지는 과정에서 자연스럽게 평가가 이루어져 학생들의 학습 과정에 대한 피드백이 가능해진다. 뿐만 아니라 성취기준을 분석하여 가르칠 내용을 선정하고, 선정한 내용에 대한 평가계획, 평가계획을 반영한 교수·학습 과정이 설계되기 때문에 교육과정, 수업, 평가의 일관성이 강화되기에 용이하다.

〈표 1-3〉 수업 활동 구성의 예

<table>
<tr><th>성취기준</th><th colspan="2">평가기준</th><th>제재</th><th>주요학습활동</th><th>차시</th></tr>
<tr><td rowspan="11">[6사회03-02] 우리 지역의 사람들이 다양한 경제활동에 참여하는 것을 살펴보며 우리 지역의 경제활동에 관심을 가진다.</td><td rowspan="3">상</td><td rowspan="3">나주 지역 사람들의 경제활동과 직업을 조사할 수 있다.</td><td rowspan="7">지역 사람들의 경제 활동</td><td rowspan="2">• 나주의 지역적 특성 조사하기</td><td>1</td></tr>
<tr><td>2</td></tr>
<tr><td>• 경제활동의 의미 알기</td><td>3</td></tr>
<tr><td rowspan="4">중</td><td rowspan="4">나주 지역 사람들의 경제활동을 관찰하고 직업을 조사할 수 있다.</td><td rowspan="2">• 나주 지역의 상점 · 공공기관 · 문화시설 등 조사하기
[평가: 보고서]</td><td>4</td></tr>
<tr><td>5</td></tr>
<tr><td rowspan="2">• 나주 지역 사람들의 경제활동 보고서 만들기
[평가: 현장체험학습 보고서]</td><td>6</td></tr>
<tr><td>7</td></tr>
<tr><td rowspan="4">하</td><td rowspan="4">나주 지역 사람들의 경제활동과 직업을 관찰할 수 있다.</td><td rowspan="4">지역 사람들의 직업</td><td>• 직업의 의미와 종류 알기</td><td>8</td></tr>
<tr><td rowspan="3">• 나주 지역 사람들의 직업 사전 만들기</td><td>9</td></tr>
<tr><td>10</td></tr>
<tr><td>11</td></tr>
</table>

2. 사례로 알아보는 성취기준 중심 교육과정 재구성

사례를 통해 구체적인 적용 방법과 내용을 알아보자. 본 사례는 2015 개정 특수교육 기본 교육과정을 기준으로 재구성된 사례를 2022 개정 특수교육 교육과정 중 기본 교육과정으로 수정하여 제시한 것이다.

1) 학급 특성 분석

대상 학급은 특수학교의 초등학교 6학년 학생들로 평균적인 학습 능력은 초등학교 3학년 수준이며 언어적 의사소통은 보통인 편이다. 표면적으로 두드러지게 나타나는 도전행동은 보이지 않으며 학습을 위한 주의 집중력, 기초학업 기술 등에 어려움은 없으나 낮은 자존감으로 소극적인 학습 태도와 학습된 무기력을 보인다. 특히 다음 학년도에 중학교라는 새로운 환경과 상황에 적응해야 하기에 불확실한 상황에 대응할 수 있는 자아정체성 확립, 긍정적 사고, 자아 효능감 향상 등이 필요했다.

2) 성취기준 분석

교육과정을 재구성할 교과목은 2022 개정 특수교육 교육과정 중 기본 교육과정 국어과로, '듣기 · 말하기' 영역의 성취기준을 선정하여 분석하였다. 해당 성취기준 해설에서는 공손하게 말하기, 감정을 조절하며 말하기, 상황에 맞는 말하기, 상대방이 기분 좋은 말하기 등의 내용을 제시하였다. 본 사례는 학급 특성을 반영하되, 학생들의 새로운 환경에서의 대처 능력을 강화하기 위해 '감정을 조절하며 말하기'와 '상황에 맞는 말하기'를 선정하고, 학습 내용을 다음과 같이 구체화하였다.

〈표 1-4〉 성취기준 분석

성취기준	[6국어01-05] 바르고 고운 말을 사용하여 대화한다.		
내용요소	지식 · 이해	과정 · 기능	가치 · 태도
	• 단어와 문장	-	• 바르고 고운 말 사용
학습 내용			
성취기준 분석	• 감정을 조절하며 말하기	• 상황에 맞는 말하기	
	• 긍정적 사고와 표현 • 자기 인식과 감정 표현	• 환경 인식과 자기결정	

3) 평가 계획

평가 요소는 성취기준 분석을 통해 구체화한 학습 내용을 반영하여 '긍정적인 생각과 표현'을 평가 요소로 설정하였다. 이를 바탕으로 수립한 평가기준은 다음과 같다. 이후 평가방법과 평가과제를 설정하였다. 본 사례에서는 포트폴리오 평가와 구술평가 방법을 활용하였으며 포트폴리오를 위한 구체적인 평가과제를 설정하였다.

〈표 1-5〉 평가기준 개발

성취기준	[6국어01-05] 바르고 고운 말을 사용하여 대화한다.		
내용요소	지식 · 이해	과정 · 기능	가치 · 태도
	• 단어와 문장	-	• 바르고 고운 말 사용

학습 내용		
성취기준 분석	• 감정을 조절하며 말하기	• 상황에 맞는 말하기
	긍정적 사고와 표현 자기 인식과 감정 표현	환경 인식과 자기 결정

평가 요소	평가기준	
긍정적인 생각과 표현	상	부정적인 상황을 긍정적인 생각으로 바꾸어 말할 수 있다.
	중	부정적인 상황을 긍정적인 생각으로 바꾸어 표현할 수 있다.
	하	긍정적인 상황을 나타내는 표현을 따라 할 수 있다.

4) 수업 활동 구성

수업 활동은 총 8차시로 구성하였다. 수업 활동은 평가 계획의 평가기준, 평가방법과 평가과제를 반영하여 구성하였으며 전체 학습활동에 대한 과제 분석과 평가과제 제시 시점 등을 고려하여 차시 배치를 결정하였다.

〈표 1-6〉 수업 활동 구성

성취기준	평가기준		평가방법	평가과제	제재	주요학습활동	차시	수업자료
[6국어01-05] 바르고 고운 말을 사용하여 대화한다.	상	부정적인 상황을 긍정적인 생각으로 바꾸어 말할 수 있다.	포트폴리오 평가 · 구술 평가	긍정적으로 표현하기	긍정적 사고 방식의 중요성	• 부정적 사고 척도 사전 검사 • 부정적 생각의 위험성 알아보기 • 긍정적 생각의 중요성 깨닫기	1 2	부정적 사고 척도
	중	부정적인 상황을 긍정적인 생각으로 바꾸어 표현할 수 있다.		부정적 생각 바꾸기	내 마음 속 부정적 생각 찾아보기	• 텍스트를 읽고 주제 찾기 • 부정적인 '나' 생각해 보기 • 부정적 생각 찾아보기 • 부정적 생각 바꾸기	3 4	생각 바꾸기 활동지
					부정적 생각 변화시키기	• 텍스트를 읽고 주제 찾기 • 정서와 행동적 논박하기 • 긍정적인 생각하기 • 긍정적인 지지를 통해 격려받기	5 6	긍정적 지지 활동지
	하	긍정적인 상황을 나타내는 표현을 따라 할 수 있다.		부정적 생각 탈출 활동	부정적 생각 탈출하기	• 텍스트를 읽고 주제 찾기 • 부정적 생각 찾기 • 긍정적인 말로 바꾸기 • 부정적 생각 탈출하기	7 8	-

5) 차시별 수업 실행

다음은 차시별 주요학습활동과 학습 결과물을 제시한 것이다.

▸ 제재: 긍정적 사고방식의 중요성

먼저 주어진 텍스트를 선생님과 함께 소리 내어 읽는다. 이후 학생이 잘 모르는 어휘를 찾아 밑줄을 긋고 스마트패드를 활용하여 어휘의 의미를 찾는다. 그리고 주어진 텍스트를 다시 읽는데 이때는 학생이 소리 내어 읽는다. 이는 학생의 읽기 능력 향상과 어휘력 확장을 위함이다. 마지막으로 글의 주제를 말하고 글의 제목을 만드는 활동으로 구성하여 국어 교과의 특성을 반영한다.

차시	주요학습활동	평가과제	수업자료
1~2	• 부정적 사고 척도 사전 검사 • 부정적 생각의 위험성 알아보기 • 긍정적 생각의 중요성 깨닫기	긍정적으로 표현하기	부정적 사고 척도

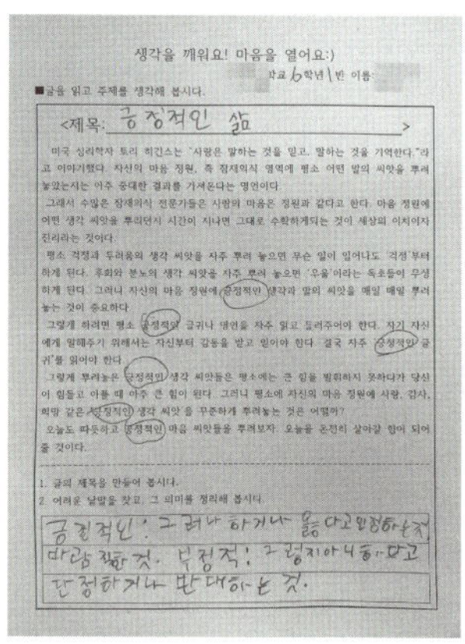

생각을 깨워요! 마음을 열어요:)

<제목: 긍정적인 삶>

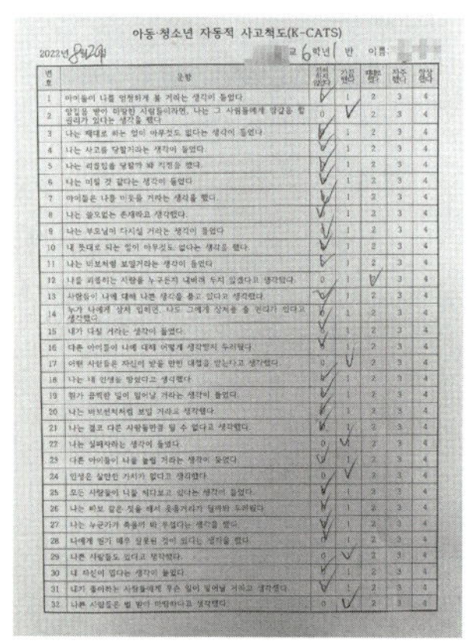

아동 청소년 자동적 사고척도(K-CATS)

[글을 읽고 주제에 어울리는 제목 만들기] [부정적 사고 척도 검사]

▸ 제재: 내 마음속 부정적 생각 찾아보기

이 제재는 자신의 선택에 따라 상황이나 사람과의 관계가 부정적이 될 수도 있고, 긍정적이 될 수도 있음을 깨닫는 것이 목적이다. 이를 위해 자신이 평소에 어떠한 생각과 시선으로 상황이나 관계를 바라보았는지 생각해 본다.

차시	주요학습활동	평가과제	수업자료
3~4	• 텍스트를 읽고 주제 찾기 • 부정적인 '나' 생각해 보기 • 부정적 생각 찾아보기 • 부정적 생각 바꾸기	부정적 생각 바꾸기	생각 바꾸기 활동지

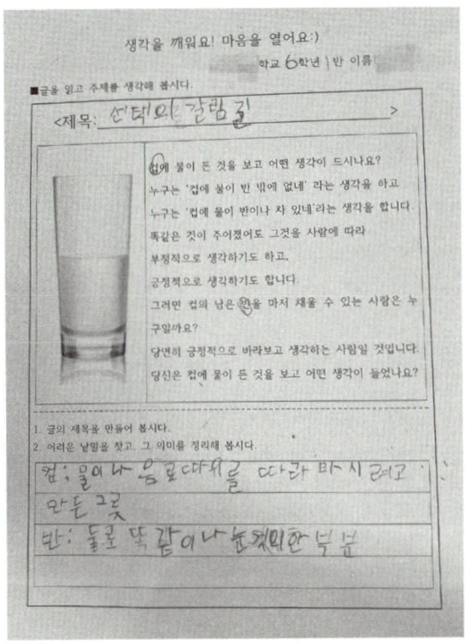
생각을 깨워요! 마음을 열어요:)

학교 학년 반 이름

■글을 읽고 주제를 생각해 봅시다.

<제목: >

컵에 물이 든 것을 보고 어떤 생각이 드시나요?
누구는 '컵에 물이 반 밖에 없네' 라는 생각을 하고
누구는 '컵에 물이 반이나 차 있네'라는 생각을 합니다.
똑같은 것이 주어졌어도 그것을 사람에 따라
부정적으로 생각하기도 하고,
긍정적으로 생각하기도 합니다.
그러면 컵의 남은 반을 마저 채울 수 있는 사람은 누구일까요?
당연히 긍정적으로 바라보고 생각하는 사람일 것입니다.
당신은 컵에 물이 든 것을 보고 어떤 생각이 들었나요?

1. 글의 제목을 만들어 봅시다.
2. 어려운 낱말을 찾고, 그 의미를 정리해 봅시다.

[글을 읽고 주제에 어울리는 제목 만들기]

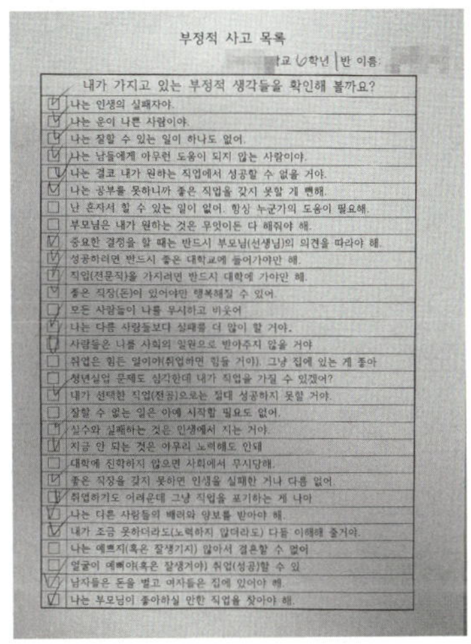
부정적 사고 목록

학교 학년 반 이름:

내가 가지고 있는 부정적 생각들을 확인해 볼까요?

- 나는 인생의 실패자야.
- 나는 운이 나쁜 사람이야.
- 나는 잘할 수 있는 일이 하나도 없어.
- 나는 남들에게 아무런 도움이 되지 않는 사람이야.
- 나는 결코 내가 원하는 직업에서 성공할 수 없을 거야.
- 나는 공부를 못하니까 좋은 직업을 갖지 못할 게 뻔해.
- 난 혼자서 할 수 있는 일이 없어. 항상 누군가의 도움이 필요해.
- 부모님은 내가 원하는 것은 무엇이든 다 해줘야 해.
- 중요한 결정을 할 때는 반드시 부모님(선생님)의 의견을 따라야 해.
- 성공하려면 반드시 좋은 대학교에 들어가야만 해.
- 직업(전문직)을 가지려면 반드시 대학에 가야만 해.
- 좋은 직장(돈)이 있어야만 행복해질 수 있어.
- 모든 사람들이 나를 무시하고 비웃어
- 나는 다른 사람들보다 실패를 더 많이 할 거야.
- 사람들은 나를 사회의 일원으로 받아주지 않을 거야
- 취업은 힘든 일이야(취업하면 힘들 거야). 그냥 집에 있는 게 좋아
- 청년실업 문제도 심각한데 내가 직업을 가질 수 있겠어?
- 내가 선택한 직업(전공)으로는 절대 성공하지 못할 거야.
- 잘할 수 없는 일은 아예 시작할 필요도 없어.
- 실수와 실패하는 것은 인생에서 지는 거야.
- 지금 안 되는 것은 아무리 노력해도 안돼
- 대학에 진학하지 않으면 사회에서 무시당해.
- 좋은 직장을 갖지 못하면 인생을 실패한 거나 다름 없어.
- 취업하기도 어려운데 그냥 직업을 포기하는 게 나아
- 나는 다른 사람들의 배려와 양보를 받아야 해.
- 내가 조금 못하더라도(노력하지 않더라도) 다들 이해해 줄거야.
- 나는 예쁘지(혹은 잘생기지) 않아서 결혼할 수 없어
- 얼굴이 예뻐야(혹은 잘생겨야) 취업(성공)할 수 있
- 남자들은 돈을 벌고 여자들은 집에 있어야 해.
- 나는 부모님이 좋아하실 만한 직업을 찾아야 해.

[부정적인 '나' 생각해 보기]

▸ 제재: 부정적 생각 변화시키기

「부정적 생각 변화시키기」는 8차시 수업활동 중 가장 핵심이 되는 제재로 볼 수 있다. 자신이 가지고 있던 부정적인 생각을 긍정적인 생각으로 바꾸는 것도 중요하지만 내가 경험하지 않은 상황과 생각들을 긍정적으로 해석하고 받아들일 수 있는 역량을 키우는 것이 무엇보다 중요하기 때문이다. 이를 위해 주어진 부정적인 정서와 행동을 논박하고, 긍정적으로 바꾸어 생각하며 생각한 결과에 대해 긍정적 지지를 통해 격려받는 활동을 실시한다. 이 활동은 인지적 재구성 상담 원리인 REBT(Rational Emotive Behavior Therapy) 이론을 기초로 하고 있다.

차시	주요학습활동	평가과제	수업자료
5~6	• 텍스트를 읽고 주제 찾기 • 정서와 행동적 논박하기 • 긍정적인 생각하기 • 긍정적인 지지를 통해 격려받기	부정적 생각 바꾸기	긍정적 지지 활동지

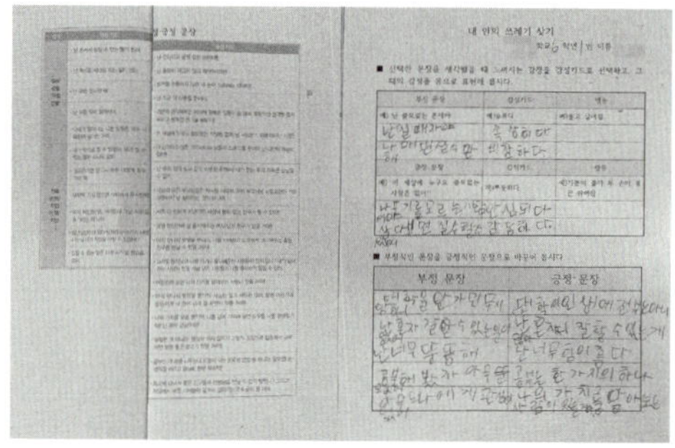

[긍정적 생각하기]

▸ 제재: 부정적 생각 탈출하기

자신이 가지고 있는 부정적인 생각을 긍정적인 말로 바꾸어 발표하는 활동으로 부정적 생각을 탈출하고자 하는 의지를 행동으로 표현하는 것이 중심이다.

차시	주요학습활동	평가과제	수업자료
7~8	• 텍스트를 읽고 주제 찾기 • 부정적 생각 찾기 • 긍정적인 말로 바꾸기 • 부정적 생각 탈출하기	부정적 생각 탈출 활동	-

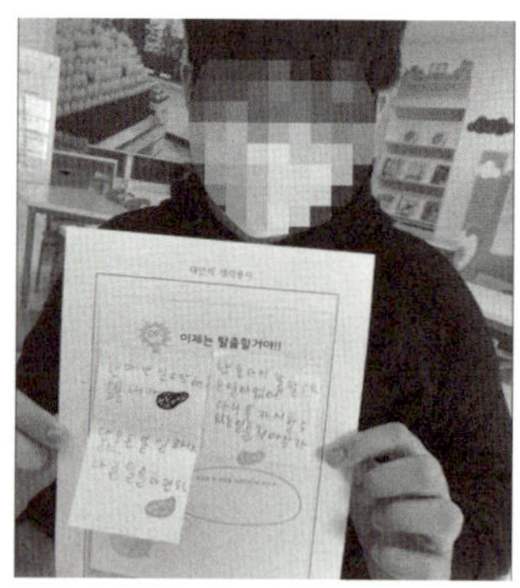

[버리고 싶은 부정적 생각을 찾아 긍정적인 말로 바꾸기]

제2장 기본 교육과정 성취기준에 준거한 특수학교 교육과정

교육과정은 국가수준 교육과정 고시를 바탕으로 시·도 교육과정 편성운영지침을 근거로 하여 마련하게 된다. 이러한 특수교육 교육과정은 총론과 교과 교육과정으로 나뉘며, 각 교과 교육과정은 교과의 성격과 목표, 내용체계 및 성취기준, 교수·학습 및 평가로 구성을 하고 있다. 특히 교과목표와 성취기준은 교사가 교사(학급) 교육과정[1]을 수립하는 데 있어 매우 구체적인 방향을 제시한다.

이러한 성취기준은 각 교과에서 학생들이 학습을 통해 성취해야 할 지식, 기능, 태도의 능력과 특성을 진술한 것으로 교수·학습 및 평가의 실질적인 근거로 작용한다. 하지만 기본 교육과정의 경우 성취기준은 반드시 달성해야 할 목표가 아니라 학생들이 경험해야 하는 것임을 고려하여 학생의 수준에 맞게 재구성[2]할 수 있도록 하고 있다(2015 특수교육 교육과정 총론 해설서). 총론 해설서에서 말하는 성취기준은 ① 학생의 수준에 맞게 재구성하고 ② 수준별로 해당 성취기준이 의미하는 바를 명료하게 진술하고 ③ 이를 통해 개별 학생에게 맞춤식 학습을 제공하는 것이다(장애학생을 위한 교과연계 교수·학습 보완자료, 2021). 즉 학교, 학년(군), 학급 교육과정의 성취기준은 학생의 수준에 맞게 해당 성취수준을 재구성할 수 있음을 의미한다.

2장에서는 국가수준 교육과정에 제시된 성취기준을 근거로 특수학교 교육과정 실제 수립과정을 예시를 통하여 개괄적으로 살펴보고자 한다.

1) 교사 교육과정이란 실제 교사가 지도하고 있는 학생들의 수준을 파악하여 학교교육과정 편제에 맞게 재구성한 교육과정이다.

2) 성취기준을 통합하거나 일부 내용을 압축하여 재구조화할 경우 성취기준의 내용요소 일부가 임의로 삭제되지 않도록 유의해야 하며, 일부 내용요소를 추가해야 하는 경우에는 학생의 학습 및 평가 부담이 가중되지 않도록 학년(군), 학교급 및 교과(군) 간의 연계성을 충분히 고려해야 한다.

1. 교과별 성취기준 학년별 분류

기본 교육과정 편제는 초등학교 1~2학년, 3~4학년, 5~6학년, 중학교 1~3학년, 고등학교 1~3학년으로 5개 학년군으로 운영된다. 교과별로 학년군 성취기준을 나열하여 학기별로 성취해야 하는 성취기준을 협의하여 선정한다. 이를테면 중학교 '진로와 직업' 교과 성취기준을 3년 동안 연계하여 무엇을 가르칠 것인가에 대한 교육과정 운영 주체 간의 합의가 필요하다. 이때 학교의 물리적인 환경과 교사의 여건 및 학생의 수준 등과 같은 교육 조건들을 염두에 두어야 할 것이다.

국가수준 교육과정에서 '진로와 직업' 교과의 성취기준은 [9진로01-01]에서 [12진로06-04]까지 총 38개가 제시하고 있다. 이 38가지 성취기준을 3년에 걸쳐서 중학교 1학년 때는 11개, 2학년 때는 13개, 3학년 때는 14개를 학생들에게 경험시키고자 하였다. 이를 표로 간단하게 나타내보면 〈표 2-1〉과 같다.

〈표 2-1〉 2015 개정 교육과정 중학교 1~3학년 진로와 직업[3] 교과 성취기준 적정수 예시

학년 / 영역	1학년	2학년	3학년
자기탐색	3	2	1
직업의 세계	2	2	2
작업 기초 능력	2	2	3
진로의사결정	1	2	3
진로 준비	1	1	3
직업생활	2	4	2
성취기준 계	11	13	14

〈표 2-2〉 2022 개정 교육과정 중학교/고등학교 진로와 직업 교과 성취기준 수

학년 / 영역	중학교(1~3학년)	고등학교(1~3학년)
자기 인식	5	5
직업의 세계	4	4
작업 기초 능력	4	4

3) 지면상 진로와 직업 한 교과목만 제시하였으나 학년군별로 전 교과목 분석을 통한 합의가 필요하다.

영역 \ 학년	중학교(1~3학년)	고등학교(1~3학년)
직업 태도	6	6
진로 설계	4	7
진로 준비	4	4
성취기준 계	27[4)]	30

'자기탐색', '직업의 세계', '작업 기초 능력', '진로의사결정', '진로 준비', '직업생활' 영역별로 학년별 성취기준을 다음과 같이 선정하였다. 이때 성취기준에 관련한 교과서 범위나 단원을 함께 제시해 준다면 교육과정 재구성 시 참고하기가 좋다.

- 자기탐색

핵심 개념	성취기준		교과서 단원	1학년		2학년		3학년	
				1학기	2학기	1학기	2학기	1학기	2학기
자기이해	9진로01-01	이름, 나이, 주소, 가족, 학교 등 자기의 기본 정보를 알고 기록한다.	중학교 진로와 직업 ㉮ 1단원 나의 정보	○					
자기이해	9진로01-02	자기의 소중함을 알고 장점과 단점을 파악하여 자신을 긍정적으로 소개한다.	중학교 진로와 직업 ㉮ 1단원 나의 정보			○			
자기이해	9진로01-03	자기의 꿈과 희망을 알아보고 행복한 미래 생활을 설계한다.	중학교 진로와 직업 ㉮ 2단원 미래 생활의 설계					○	
역할과 책임	9진로01-04	가정에서 자신의 역할과 책임을 알고 실천한다.	중학교 진로와 직업 ㉮ 3단원 역할과 책임	○					
역할과 책임	9진로01-05	학교에서 자신이 해야 할 역할과 책임을 알고 실천한다.	중학교 진로와 직업 ㉮ 3단원 역할과 책임	○					
역할과 책임	9진로01-06	사회생활 속에서 자신의 생각과 감정을 조절하며 배려, 협동, 봉사를 실천한다.	중학교 진로와 직업 ㉮ 4단원 배려, 협동, 봉사			○			

4) 2015 개정 교육과정 중학교 진로와 직업 교과의 성취기준 수는 38개이나 2022 개정 교육과정에서는 27개의 성취기준이 제시됨.

- 직업의 세계

핵심 개념	성취기준		교과서 단원	1학년		2학년		3학년	
				1학기	2학기	1학기	2학기	1학기	2학기
직업의 의의	9진로 02-01	일을 통해 얻을 수 있는 기쁨과 보람을 이해하고 직업의 경제적 · 사회적 가치 등을 조사한다.	중학교 진로와 직업 ㉮ 5단원 일과 보람			○			
직업의 의의	9진로 02-02	가족 구성원의 직업과 지역사회 내 다양한 직업을 조사하고 분류하여 가치를 탐색한다.	중학교 진로와 직업 ㉮ 6단원 가족과 지역사회의 직업						○
직업 탐색	9진로 02-03	자신의 직업 흥미와 적성 등 직업 선택 시 고려해야 할 사항을 살펴본다.	-		○				
직업 탐색	9진로 02-04	지역사회에서 접할 수 있는 농수산업 직종을 탐색한다.	중학교 진로와 직업 ㉮ 7단원 농수산업 탐색	○					
직업 탐색	9진로 02-05	지역사회에서 접할 수 있는 제조업 직종을 탐색한다.	중학교 진로와 직업 ㉮ 8단원 제조업 탐색			○	○		
직업 탐색	9진로 02-06	지역사회에서 접할 수 있는 서비스업 직종을 탐색한다.	중학교 진로와 직업 ㉮ 9단원 서비스업 탐색						○

- 직업 기초 능력

핵심 개념	성취기준		교과서 단원	1학년		2학년		3학년	
				1학기	2학기	1학기	2학기	1학기	2학기
작업 수행	9진로 03-01	앉아서 하는 작업, 서서 하는 작업, 움직이면서 하는 작업의 바른 자세를 익혀 안전하게 작업을 수행한다.	중학교 진로와 직업 ㉯ 5단원 작업과 자세	○					
작업 수행	9진로 03-02	신체와 도구를 사용하여 단순한 작업을 수행한다.	중학교 진로와 직업 ㉯ 5단원 작업과 자세		○				
작업 도구 및 기기	9진로 03-03	농수산업에서 필요한 작업 도구 및 기기의 종류와 용도, 기능을 익힌다.	중학교 진로와 직업 ㉮ 7단원 농수산업 탐색					○	

핵심 개념	성취기준		교과서 단원	1학년		2학년		3학년	
				1학기	2학기	1학기	2학기	1학기	2학기
작업 도구 및 기기	9진로 03-04	제조업에서 필요한 작업 도구 및 기기의 종류와 용도, 기능을 익힌다.	중학교 진로와 직업 ㉮ 8단원 제조업 탐색					○	
작업 도구 및 기기	9진로 03-05	서비스업에서 필요한 작업 도구 및 기기의 종류와 용도, 기능을 익힌다.	중학교 진로와 직업 ㉮ 9단원 서비스업 탐색				○		
직업과 정보 통신	9진로 03-06	전화기 사용법과 통화 예절을 익혀 직업 생활에 활용하는 능력을 기른다.	중학교 진로와 직업 ㉯ 3단원 직업과 전화기 사용						○
직업과 정보 통신	9진로 03-07	문서 작성과 인터넷 활용 등 작업에서 필요한 컴퓨터 활용 능력을 기른다.	중학교 진로와 직업 ㉯ 4단원 직업과 컴퓨터 활용			○			

- 진로의사결정

핵심 개념	성취기준		교과서 단원	1학년		2학년		3학년	
				1학기	2학기	1학기	2학기	1학기	2학기
직업 능력	9진로 04-01	의사결정 과정을 이해하고 합리적이고 주체적으로 일을 결정한다.	중학교 진로와 직업 ㉮ 11단원 의사결정					○	
직업 능력	9진로 04-02	흥미, 적성, 요구 등을 이해하고 자신의 심리적 특성을 파악한다.	중학교 진로와 직업 ㉮ 10단원 직업 기초 능력				○		
직업 능력	9진로 04-03	힘, 자세, 이동 등을 이해하고 자신의 신체적 특성을 파악한다.	중학교 진로와 직업 ㉮ 10단원 직업 기초 능력	○					
직업 능력	9진로 04-04	학교, 가정, 지역사회 환경을 이해하고 자신의 적응 능력을 파악한다.	중학교 진로와 직업 ㉮ 10단원 직업 기초 능력				○		
전환 계획	9진로 04-05	특수학교 진학 정보를 수집하여 진학에 필요한 전환 계획을 수립한다.	중학교 진로와 직업 ㉮ 12단원 진학계획					○	
전환 계획	9진로 04-06	일반고·특성화고 등 진학 정보를 수집하여 진학에 필요한 전환 계획을 수립한다.	중학교 진로와 직업 ㉮ 12단원 진학계획					○	

• 진로 준비

핵심 개념	성취기준		교과서 단원	1학년		2학년		3학년	
				1학기	2학기	1학기	2학기	1학기	2학기
진학 및 취업 준비	9진로 05-01	선택한 고등학교 유형의 진학 정보를 수집한다.	중학교 진로와 직업 ㉯ 11단원 고등학교 진학 준비					○	
진학 및 취업 준비	9진로 05-02	선택한 고등학교의 교육과정 및 생활에 대한 정보를 수집하고 체험한다.	중학교 진로와 직업 ㉯ 11단원 고등학교 진학 준비						○
직업 체험	9진로 05-03	농수산업 분야의 직업 체험을 통하여 관련 직업의 특성과 필요한 능력을 파악한다.	중학교 진로와 직업 ㉯ 7단원 농수산업 체험			○			
직업 체험	9진로 05-04	제조업 분야의 직업 체험을 통하여 관련 직업의 특성과 필요한 능력을 파악한다.	중학교 진로와 직업 ㉯ 8단원 제조업 체험						○
직업 체험	9진로 05-05	서비스업 분야의 직업 체험을 통하여 관련 직업의 특성과 필요한 능력을 파악한다.	중학교 진로와 직업 ㉯ 9단원 서비스업 체험		○				

• 직업생활

핵심 개념	성취기준		교과서 단원	1학년		2학년		3학년	
				1학기	2학기	1학기	2학기	1학기	2학기
자기 관리	9진로 06-01	용모, 건강, 금전, 시간 등에 대한 기본적인 자기관리 능력을 기른다.	중학교 진로와 직업 ㉯ 1단원 자기관리		○		○		
자기 관리	9진로 06-02	상황에 맞는 교통수단을 선택하여 등하교한다.	중학교 진로와 직업 ㉯ 1단원 자기관리						○
자기 관리	9진로 06-03	일의 소중함과 여가 생활의 가치를 알고 적합한 여가활동을 즐긴다.	중학교 진로와 직업 ㉯ 10단원 일과 여가						○
작업 태도	9진로 06-04	간단한 구두 및 서면 작업 지시에 따라 과제를 수행한다.	중학교 진로와 직업 ㉯ 6단원 안전한 작업 수행	○					

핵심 개념	성취기준		교과서 단원	1학년		2학년		3학년	
				1학기	2학기	1학기	2학기	1학기	2학기
작업 태도	9진로 06-05	상황에 맞는 인사와 적절한 감정 표현으로 원만한 대인관계를 유지한다.	중학교 진로와 직업 ⓛ 2단원 인사 예절과 감정 표현				○		
작업 태도	9진로 06-06	학교와 직장의 작업 환경을 조사하고 작업 규칙을 지킨다.	중학교 진로와 직업 ⓛ 6단원 안전한 작업 수행			○			
작업 태도	9진로 06-07	위험한 물건과 상황을 인지하고 교내에서 안전하게 작업한다.	중학교 진로와 직업 ⓛ 6단원 안전한 작업 수행				○		

3년간 연계하여 지도해야 하는 교육과정 성취기준을 정할 때는 학교교육과정 편제, 즉 진로와 직업 교과시수를 우선 고려해야 하며, 어떠한 성취기준이 어느 시기에 적절한지에 대한 고민과 성취기준의 중요도[5]에 따라서는 학기를 반복하여 지도할 수 있다는 전제를 열어둔다. '초등 2개년간, 중학교 3개년간, 고등학교 3개년간, 전공과 2개년간 교과성취기준에 대한 협의하에 교과 교육과정 계획이 수립되고 있는가?', '현재 2023년 교과교육과정은 2022년 및 2024년과 연계성을 가지고 있는가?' 등의 질문을 하면서, 3년 동안 연계를 고려하여 분류체계를 만드는 과정이라는 인식하에 한시적인(한 학년) 시점으로 분류해서는 안 될 것이다.

2. 성취기준에 따른 교과 교육과정(내용) 계획

학기별로 성취기준을 분류했다면 성취기준을 경험할 수 있도록 풍부한 자료와 환경 및 조건들을 가미하여 실제 지도해야 하는 요소들을 선택하는 과정이 필요하다. 즉 이는 무엇을, 어떻게 지도해야 하는지에 대한 고민에 해당되는데 학교교육과정

5) 학생들의 수준, 학교교육계획 방향, 실생활 중심, 미래역량 등의 교육과정 기저를 담아서 중요도 및 성취기준을 중복으로 선택할 수 있다.

에서는 교과에 대한 단원(제재)과 지도내용으로 표기하였다. 예를 들어 초등학교 1~2학년군 수학의 성취기준 [2수학01-03], [2수학01-04]의 지도내용을 〈표 2-3〉과 같이 구성할 수 있다.

초등학교 1~2학년(수학)					
영역	성취기준	1학년		2학년	
		1학기	2학기	1학기	2학기
수와연산	[2수학01-01] 시야의 사물이 사라진 상황에서 주위를 탐색하며 사물을 찾는다.	○			
	[2수학01-02] 여러 가지 구체물 중에서 제시한 것과 같은 것 또는 다른 것을 찾는다.	○			
	[2수학01-03] 구체물 중에서 같은 것이나 서로 관계있는 것을 찾아 일대일로 짝짓는다.	○			
	2수학01-04] 세 개의 구체물을 한 가지 기준에 따라 순서대로 배열한다.	○			
	[2수학01-05] 사물의 있고 없음을 구별하고, 사물 한 개와 여러 개를 구별한다.		○		
	[2수학01-06] 다섯 개 이하인 구체물의 개수를 센다.		○	○	
	[2수학01-07] 배열이 다른 두 모임의 개수를 세어 비교한다.		○	○	
	[2수학01-08] 하나의 구체물 모임을 두 개의 모임으로 가른다.			○	○
	[2수학01-09] 두 개의 구체물 모임을 하나의 모임으로 모은다.			○	○
	2수학01-10] 화폐의 용도를 이해하고 화폐가 필요한 상황을 구분한다.			○	
	[2수학01-11] 여러 가지 구체물 중에서 화폐를 찾는다.			○	
	[2수학01-12] 주어진 화폐와 모양, 색상, 크기가 같은 화폐를 찾는다.			○	

[그림 2-1] 초등학교 1-2학년 수학교과 학년군별 성취기준 선정 예시

〈표 2-3〉 성취기준 [2수학01-03], [2수학01-04] 지도내용의 예시

월	주	기간	영역	성취기준	단원(제재)	지도내용
5	12	16-20	수와 연산	[2수학01-03] 구체물 중에서 같은 것이나 서로 관계있는 것을 찾아 일대일로 짝 짓는다.	짝이 되는 것끼리 짝 짓기	두 개로 짝 지어지는 물건의 짝 찾기
	13	23-27			하나씩 짝 짓기	사람과 물건을 하나씩 짝 짓기
6	14	30-3				어울리는 두 물건을 찾아 하나씩 짝 짓기
	15	6-10			관계있는 것끼리 짝 짓기	몸의 부분과 짝이 되는 물건을 찾아 인형 옷 입히기
	16	13-17				생활 속에서 서로 관계있는 물건들의 그림 카드끼리 짝 짓기

월	주	기간	영역	성취기준	단원(제재)	지도내용
	17	20-24	수와 연산	[2수학01-04] 세 개의 구체물을 한 가지 기준에 따라 순서대로 배열한다.	순서대로 따라 하기	몸을 짚는 순서를 보고 같은 순서대로 짚어보기 악기 연주 순서를 보고 같은 순서대로 연주하기
	18	27-1				재료를 순서대로 따라 놓으며 구조물 만들기
7	19	4-8			색의 순서대로 놓기	물건이 놓인 색의 순서를 보고 같은 색의 순서대로 붙임딱지 붙이기
	20	11-15			크기의 순서대로 놓기	물건이 놓인 크기의 순서를 보고 같은 색의 순서대로 붙임딱지 붙이기
	21	18-22			길이의 순서대로 놓기	물건이 놓인 길이의 순서를 보고 같은 색의 순서대로 붙임딱지 붙이기

기본 교육과정 교과교육을 계획할 때 쉽게 참고할 수 있는 자료는 국정교과서이다. 국정교과서의 지도요소나 방법 등은 참고자료로 활용은 하되, 학생의 수준이나 실용적인 요소들을 반드시 고려하여야 할 것이다. 또한 예시 표에는 기재되지 않았으나 '어떻게 지도할 것인가?' 즉 교사의 입장에서 어떠한 교육방법으로 지도할 것인지에 대한 고민이 녹아 있어야 한다. 이때도 학생별 수준이 현저히 차이가 나므로 대략 A, B, C 수준의 학생에 대한 지도방법과 매체 등도 함께 구상해 두어야 할 것이다. 교사 교육과정이 문서화하여 제출되는 것이 아니라면 '지도내용' 옆에 본인이 지도하는 시수와 교육방법, 매체, 수업환경 등의 예시를 메모하여 계획해보는 것도 하나의 방안이 될 수 있다.

3. 성취기준에 따른 교과평가 계획

평가 계획 수립시 교육과정에서 제시한 성취기준과 동일하게 기준을 제시할 수도 있으나 성취기준을 개별 학생 수준에 맞게 재조정하여(A, B, C) 평가 계획을 수립하였다. 물론 교육과정 성취기준에 근거한 이러한 성취기준은 교사가 가르치고 있는 학생의 실제 상황과 수준을 직시하여 성취기준의 본연의 의미를 퇴색시키지 않은 범위에서 재기술하고자 노력하는 게 중요하다.

〈표 2-4〉 **평가 계획 예시**

순	영역	교육과정 성취기준	평가 기준			평가내용	평가 방법	평가 시기
			A	B	C			
1	수와 연산	[2수학01-01] 시야의 사물이 사라진 상황에서 주위를 탐색해 사물을 찾는다.	두 개의 상자 중 물건이 숨겨진 상자를 가리킨다.	사물의 일부가 가려진 상황일 때 시야를 확보하기 위해 얼굴이나 몸을 움직인다.	사물이 다른 곳으로 이동하는 상황에 시선을 고정한다.	움직이는 물건 탐색하기 물건 숨기고 찾기	관찰 평정 척도	3-4월
2	수와 연산	[2수학01-02] 여러 가지 사물 중에서 제시한 것과 같은 것 또는 다른 것을 찾는다.	세 개 이상의 구체물을 보고 같은 모양인 것끼리 바구니에 담는다.	색을 구분하여 두 개의 물건 중 제시된 물건과 같은 색을 가리킨다.	두 개의 물건 중 제시된 물건과 같은 색과 모양인 물건을 가리킨다.	제시된 물건과 같은 물건, 다른 물건 찾기 색 구분하기	관찰	4-5월
3	수와 연산	[2수학01-03] 구체물 중에서 같은 것이나 서로 관계있는 것을 찾아 일대일로 짝 짓는다.	짝이 되는 물건을 찾아 일대일로 짝 짓는다.	유도선을 따라 짝이 되는 물건끼리 맞대어 본다.	신체 부위와 짝이 되는 물건을 적절한 부위에 착용해 본다.	짝이 되는 것끼리 짝 짓기 두 대상을 하나씩 짝 짓기 관계있는 것끼리 짝짓기	관찰 수행 평가	5-6월
4	수와 연산	[2수학01-04] 세 개의 구체물을 한 가지 기준에 따라 순서대로 배열한다.	색 기준에 따라 놓인 배열을 보고 같은 순서대로 이어 붙인다.	색 기준에 따라 놓인 배열을 보고 빈칸에 들어갈 붙임딱지를 찾는다.	교사의 시범을 보고, 2동작을 순서대로 따라 한다.	순서대로 따라 하기 색, 크기, 길이를 기준으로 순서대로 놓기	관찰 포트폴리오	6-7월

평가기준은 학생의 수준에 따라 3단계인 A, B, C로 나누거나, 2단계로 나눌 수도 있으며, 교과 성취기준에 따라서 단일 성취기준으로 기술될 수도 있다. 교과 교육과정(교육내용)을 계획한 후 평가기준을 마련하는 순서로 기재는 하였으나 이러한 일련의 과정이 실제로는 동시에 이루어지는 것이 교육과정이며, 교사 교육과정의 핵심은 평가기준을 얼마나 적절하게 재구성하는지에 따라 실제 교실 안·밖에서 일어나는 수업에의 역동성과 상호작용이 일어날 수 있을 것으로 기대한다.

4. 성취기준에 근거한 평가기술

교육과정은 '무엇을, 어떻게, 왜 가르칠 것인가'에 대한 질문을 다루는 실천적인 학문이다. '무엇을'은 교육내용, '어떻게'는 교육방법, '왜'는 교육목표에 해당할 것이다. 중요한 이슈를 하나 더하자면 목적을 위해 적절한 교육내용과 적합한 교수방법으로 지도한 것을 평가기준을 근거로 하여 평가를 기술해야 하는 과정이 더해진다.

특수교육 대상 학생의 평가는 단편적으로 기술하기에는 개별적인 수행의 범위가 섬세하게 차이가 나며 보편적인 시각에서 범주로 기술할 경우 개별 학생의 수행결과를 제대로 인식하기가 어려울 뿐만 아니라 이후 교육과정 계획을 수립하는 데도 적절한 근거를 제공해 줄 수 없다. 따라서 평가기준에 근거한 평가는 개별학생 중심의 관찰 가능한 촘촘한 평가가 도움이 될 수 있다.

〈표 2-5〉 ○○개별학생 평가기준에 근거한 평가예시

순	영역	교육과정 성취기준	평가기준	지원강도			
				독립수행	촉구수준		
					단서	언어	신체
1	수와 연산	[2수학01-01] 시야의 사물이 사라진 상황에서 주위를 탐색해 사물을 찾는다.	두 개의 상자 중 물건이 숨겨진 상자를 가리킨다.	O	O		
	평가결과	주의집중을 요하는 교사의 언어나 행동을 보고 바구니(상자) 안에 학용품을 넣는 교사의 움직임을 관찰할 수 있음. ○○이의 학용품(색연필 등)을 상자에 넣는 것을 보고 자신의 학용품이 숨겨진 바구니에서 학용품을 찾아 올 수 있음.					
2	수와 연산	[2수학01-02] 여러 가지 사물 중에서 제시한 것과 같은 것 또는 다른 것을 찾는다.	두 개의 물건 중 제시된 물건과 같은 색과 모양인 물건을 가리킨다.		O		
	평가결과	봄을 나타내는 나무를 꾸미는 과정에서 분홍 꽃과 초록 나뭇잎을 같은 색끼리 모아서 가지고 있을 수 있음.					
3	수와 연산	[2수학01-03] 구체물 중에서 같은 것이나 서로 관계있는 것을 찾아 일대일로 짝짓는다.	짝이 되는 물건을 찾아 일대일로 짝 짓는다.		O		
	평가결과	모양과 색깔이 각기 다른 친구들의 실내화나 운동화 짝을 찾아 나란히 놓을 수 있음. 나뭇잎 1장 위에 애벌레 1마리를 올려놓은 교사의 제시물을 보면서 나뭇잎 위에 애벌레를 올려놓을 수 있음.					

<table>
<tr><th rowspan="3">순</th><th rowspan="3">영역</th><th rowspan="3">교육과정 성취기준</th><th rowspan="3">평가기준</th><th colspan="4">지원강도</th></tr>
<tr><th rowspan="2">독립수행</th><th colspan="3">촉구수준</th></tr>
<tr><th>단서</th><th>언어</th><th>신체</th></tr>
<tr><td rowspan="2">4</td><td>수와 연산</td><td>[2수학01-04] 세 개의 구체물을 한 가지 기준에 따라 순서대로 배열한다.</td><td>색 기준에 따라 놓인 배열을 보고 빈칸에 들어갈 붙임 딱지를 찾는다.</td><td></td><td></td><td>O</td><td></td></tr>
<tr><td>평가 결과</td><td colspan="6">색 기준(노랑, 빨강, 파랑)으로 나열된 자동차 그림을 보고 빈칸에 들어갈 색깔에 맞춰 자동차 붙임딱지를 찾아 붙일 수 있으나, 색깔을 표현하는 언어적 촉진 소거 시 색에 집중하지 않고 붙임딱지를 그냥 떼는 경향이 있음.</td></tr>
</table>

이러한 평가기준에 근거한 평가는 학생 개인별로 기술되어야 함이 당연하다. 전 교과, 전 영역, 학기별로 지도해야 하는 성취기준을 학생 개인별로 전부 기술하는 것이 다소 시간과 에너지가 소모될 수는 있으나, 수업활동 중 개별 관찰과 수행의 정도만으로 학생의 결과를 평가할 수밖에 없는 장애의 특성을 고려한다면 교육의 결과를 확인할 수 있는 유일한 통로이자 결과라 사료된다.

5. 교사 교육과정 실천을 위한 기타 고려 사항들

서두에서 기술한 학교 교육과정, 즉 교사 교육과정을 실천하기 위한 또 다른 고려 사항들을 대략 살펴본다면 연간 학사일정에 수립된 학교행사나 현장학습을 고려한 성취기준의 선정·배열 및 교육내용 요소의 가감이 이루어져야 한다. 또한 다양한 지역사회 협력교수나 외부강사 특별수업 등으로 인한 교육과정을 변칙적으로 운영하기보다는 사전 교육내용 협의를 통하여 교과 교육과정 수립 시 협력하여 수업을 운영할 수 있도록 계획에 삽입하는 발 빠름이 요구된다. 이 외에도 각종 범교과 학습 주제나[6] 규정에 의하여 교육활동을 삽입해야 하는 경우에도 학년군 중심의 전체적인 내용을 고려하여 적합한 성취기준이나 적절한 내용요소에 포함하여 지도할 수

6) 2022 개정 교육과정에서 제시한 범교과 학습 주제별 내용요소는 안전·건강교육, 인성교육, 진로교육, 민주 시민 교육, 인권 교육, 다문화교육, 통일 교육, 독도 교육, 경제·금융교육, 환경·지속가능발전교육임.

있도록 포괄적으로 교육과정을 구성해야 한다.

교육과정의 실천과정은 일련의 계획적이며 지속되는 과정이기에 현재 충실하지 못할 경우 다음 학기, 내년에도 지속적인 연관성을 갖지 못하여 내게 맞지 않는 불편한 옷을 입은 것과 유사하다. 다른 사람은 나의 불편함을 인식하지 못하지만 교육과정을 실행하는 나는 무엇을 준비해야 하는지, 무엇을 수정해야 하는지, 무엇을 변화시켜야 하는지 누구보다 잘 알 수 있다.

제3장 환경과 연계한 전공과 수업 구성

기후위기,
필요한 모든 것을 해야 할 때!

- 생태보전시민모임 -

2023년 3월 1일 자부터 '초등학교와 중학교는 환경교육을 실시해야 한다'[1)]라는 조항으로 환경에 대한 학교의 의무성과 책무성에 더 무거운 무게를 실어주고 있다. 그러나 중증장애학생들에게 지구 온난화와 기후 변화를 설명하는 것은 쉽지 않다. 지구 환경을 지키고 생태계를 보존하는 것이 얼마나 가치로운지, 이를 위한 우리의 행동과 실천이 얼마나 중요한지 지식적으로 이해시키기 어렵다. 그렇다고 기후 위기에 살고 있는 우리 학생들에게 현재와 미래의 삶을 대비하고 개선해야 하는 것들을 무심코 지나치기에는 지구가, 환경이 위험한 상태이다. 작지만 일상에서 중증장애 학생들이 할 수 있는 기후 위기 대응 환경보전 경험과 시도를 교과와 연계하여 해보는 것은 무엇보다 의미 있는 실천이라 생각한다.

빙하가 녹고 해수면이 상승하여 집이 침수되는 등 피해사례가 뉴스에 보도되고 있다. 현재 기후 위기로 지구가 정말 위험하다고 알고 있는데 식품가공 교과를 가르치고 있는 나는 어떤 노력을 해야 할까? 기후 위기를 해결하는 방안인 탄소 배출량 줄이는 법을 고민해 본다. 메탄이 이산화탄소보다 온실 효과를 야기하는 정도가 80배 이상이라고 한다. 메탄은 음식물 쓰레기가 썩을 때 고기가 썩을 때 많이 발생한다.

그래, 음식물쓰레기를 줄이는 방법을 간헐적이지만 수업 속에서 실천해보자.

1) 환경교육의 활성화 및 지원에 관한 법률(시행 2023.3.1.) 제10조의2.

1. 특수학교 전공과 교육과정2)

특수학교 전공과 교육과정은 기본 교육과정 고등학교의 편제에 준하여 기본 교육과정의 교과나 선택 중심 교육과정의 전문교과 교육과정 중에서 필요한 교과목을 선택하거나 해당 시·도 교육감의 승인을 받아 학교장이 새로운 교과목을 신설하여 학교 실정에 맞게 편성·운영할 수 있다. 전공과 교과목 편성을 대략적으로 제시하고 교과목에 생태환경교육을 어떻게 연계하여 지도할 수 있는지 살펴보고자 한다.

1) 교육과정 편제와 구성

교과(군)는 대인서비스, 현장직업기술, 상품포장, 식품가공, 직업준비, 여가건강생활로 하고, 창의적 체험활동은 자율활동으로 구성하였다.

〈표 3-1〉 ○○ 전공과 교과별 성취기준 수와 시수 예시

교과명	대인 서비스	현장직업 기술	상품포장	식품가공	직업준비	여가 건강생활
영역 수	6개 영역	5개 영역	3개 영역	7개 영역	9개 영역	5개 영역
성취기준 총 개수	30	24	20	24	24	18
1학년 주당 시수	8	6	4	6	3	2
2학년 주당 시수	8	6	4	6	3	2
총 주당 시수	16	12	8	12	6	4

이러한 교과목에 대한 성취기준과 내용요소를 선정하는 데 있어서 다음과 같은 내용들을 참고하였다.

2) ○○○○학교 2023학년도 전공과 교육과정 예시.

〈표 3-2〉 전공과 교과목별 성취기준 선정 근거

과목명	성취기준 및 내용 출처
대인 서비스	• 특수교육 교육과정 선택 중심 교육과정(교육부고시 제2020-226호) 전문교과Ⅲ(직업교과) 대인서비스 발췌 • NCS 국가직무능력표준 13.음식서비스-01식음료조리서비스-02식음료서비스-03커피관리 참고하여 장애학생 특성에 맞도록 작성
현장직업 기술	• 특수교육 교육과정 선택 중심 교육과정(교육부고시 제2020-226호) 전문교과Ⅲ(직업교과) 직업현장실습 발췌 • 교내외 현장실습 및 취업에 관련하여 분석하고 장애학생 특성 및 교외 현장실습기관 사업 내용에 맞도록 작성
상품포장	• 특수교육 교육과정 선택 중심 교육과정(교육과학기술부 고시 제2010-44호) 전문교과(직업) 포장 · 운반 · 조립 내용을 참고하여 장애학생 특성에 맞도록 작성 • 포장 관련 도서를 분석하여 장애학생 특성에 맞도록 작성
식품가공	• 특수교육 교육과정 선택 중심 교육과정(교육부고시 제2020-226호) 전문교과Ⅲ(직업교과) 외식서비스 발췌 • NCS 국가직무능력표준 21.식품가공-01식품가공-01식품가공, 02식품저장 참고하여 장애학생 특성에 맞도록 작성 • NCS 국가직무능력표준 21.식품가공-02제과 · 제빵 · 떡 제조 참고하여 장애학생 특성에 맞도록 작성
직업준비	• 특수교육 교육과정 선택 중심 교육과정(교육부고시 제2020-226호) 전문교과Ⅲ(직업교과) 직업준비, 안정된 직업생활 발췌 • 취업 준비 및 과정에 맞는 내용을 분석하여 장애학생 특성에 맞도록 작성
여가건강 생활	• 특수교육 교육과정 기본 교육과정(교육부고시 제2020-226호) 선택교과 여가활용(고) 발췌 • 장애학생들이 학교와 지역사회의 자원을 활용할 수 있도록 성취기준 및 내용 작성

2) 교과(식품가공) 성취기준 선정

여러 가지 교과 중에서 생태전환교육[3]과 쉽게 연계할 수 있는 하나의 교과(식품가공) 성취기준과 내용체계만 살펴보고자 한다.

3) '생태전환교육'은 기후 위기 비상 시대, 인간과 자연의 공존과 지속 가능한 삶을 위해 개인의 생각과 행동이 변화를 바탕으로 조직문화 및 시스템의 체계적인 변화를 추구하는 교육정책이다(2021, 생태전환교육의 현장 적용 실태 분석 및 활성화 방안 연구).

〈표 3-3〉 식품가공 성취기준 학년별 분류 예시

영역	성취기준	1학년		2학년	
		1 학기	2 학기	1 학기	2 학기
식품 가공 기초(Ⅰ)	[식가-01-01] 식품가공의 정의, 목적과 식품가공 · 저장의 역사를 이해하고, 주재료 · 제품 · 가공 정도에 따라 식품가공을 분류한다.	●			
	[식가-01-02] 식품을 가공 · 저장하는 과정에서 영향을 주는 인자에 대해 설명한다.	●			
	[식가-01-03] 개인 · 식품 위생 관리 기준을 익혀 점검하고, 주방 안전사고 예방 방법에 따라 점검한다.		●		
식품 가공 실무	[식가-02-01] 조리 · 가열 기기 · 보관 · 세척 · 작업 · 운반 기기의 종류, 용도와 특징을 알고 사용한다.	●			
	[식가-02-02] 식재료의 전처리 과정을 익히고, 식재료를 안전하게 관리한다.	●			
	[식가-02-03] 비가열 · 가열 조리 방법의 종류와 특징을 알고 처리한다.		●		
	[식가-02-04] 식재료 하역 및 보관하는 방법과 주의사항을 알고 처리한다.		●		
	[식가-02-05] 가공작업과 식품 포장의 개념을 알고, 포장의 종류에 따라 포장 작업을 수행한다.	●			
	[식가-02-06] 일반세척 순서와 조리실 소독 및 청소 방법을 익히고 처리한다.		●		
식품 가공(Ⅰ)	[식가-03-01] 식품 가공 직무 수행을 위하여 요구되는 식품 가공 지식과 기술을 습득하여 활용한다.	●			
	[식가-03-02] 원재료에 대한 특성을 파악하고, 원재료 제조 · 가공 방법에 대한 지식과 기술을 습득한다.		●		
	[식가-03-03] 가공에 필요한 이론적 지식을 함양하고, 식품 가공 원리를 습득한다.		●		
	[식가-03-04] 곡물, 농 · 축 · 수산물, 제빵 가공에 따른 제조 방법을 활용하여 가공하고 품질을 관리하는 능력을 함양한다.	●			
	[식가-03-05] 가공에 필요한 기구 · 기기의 구조와 원리를 이해하고 조작법을 익히며, 가공 식품 제조 능력을 함양한다.		●		
식품가공의 직업생활	[식가-04-01] 주방보조의 개념, 역할, 직무를 설명한다.			●	
	[식가-04-02] 주방 보조원의 위생 복장을 바르게 착용하며, 직업 예절을 갖추고 수행한다.			●	
	[식가-04-03] 주방보조 분야의 직종, 취업 사례와 직업 정보를 탐색한다.				●

영역	성취기준	1학년		2학년	
		1 학기	2 학기	1 학기	2 학기
식품 가공 기초(Ⅱ)	[식가-05-01] 식품가공의 기초공정의 개념과 식품을 가공 목적에 맞게 순서대로 제품을 제조하는 과정을 이해한다.			●	
	[식가-05-02] 식품저장원리(건조, 냉장, 냉동, 가열살균 등)를 이해하고, 그 종류를 탐색한다.				●
식품 가공(Ⅱ)	[식가-06-01] 개인 안전, 화재 예방, 도구 및 장비 안전 등 안전 준수 사항에 대한 내용을 숙지하고 준수한다.				●
	[식가-06-02] 가공 식품의 인체에 유용한 성분, 영양소, 생리학적 작용에 대한 지식을 습득한다.				●
	[식가-06-03] 가공 식품 종류에 따른 원료의 선택, 전처리 방법, 제조 공정에 대한 지식과 기술을 습득한다.			●	
	[식가-06-04] 가공에 필요한 기구·기기의 구조와 원리를 이해하고 조작법을 익히며, 가공 식품 제조 능력을 함양한다.			●	
	[식가-06-05] 가공 관련 실무를 창의적으로 수행할 수 있는 능력과 태도를 기른다.				●

3) 교과(식품가공) 내용체계

식품가공 교과의 내용체계는 특수교육 교육과정 선택 중심 교육과정(교육부고시 제2020-226호)과 전문교과Ⅲ(직업교과) 외식서비스, 식품 가공 실무(식품가공기능사 작업형 실기시험) 등을 참고하였다.

〈표 3-4〉 식품가공 단원 및 제재(내용체계) 예시

1학년(주당 시수 6)			2학년(주당 시수 6)		
영역	단원	제재	영역	단원	제재
식품 가공 기초 (Ⅰ)	식품가공 및 저장의 기초	식품가공의 정의와 목적 식품가공·저장의 분류 식품가공의 발달사	식품 가공의 직업 생활	주방보조의 이해	주방보조의 개념과 직무 주방 보조원의 위생 복장 주방 보조원의 직업 예절
				주방보조 직종 및 직업 정보 탐색	여러 종류의 주방보조 직종 탐색 취업 사례 및 직업 정보 탐색
	식품가공 및 저장에	수분 미생물	식품 가공	식품가공의 기초공정	선별 및 정선 수송

1학년(주당 시수 6)		
영역	단원	제재
	영향을 주는 인자	효소 산소 pH
	위생 및 안전 관리	개인위생 관리 식품 위생 관리 안전 관리
식품 가공 실무	주방기기의 이해	조리 · 가열 기기의 명칭과 용도 보관 · 세척 · 작업 · 운반 기기의 명칭과 용도
	식재료 준비 및 관리	전처리 과정 식재료 안전 관리
	조리 보조	비가열 조리 보조 가열 조리 보조
	기초 식품 가공	식재료 하역 및 운반 가공작업 제품 포장
	세척 및 정리	식기 · 조리기구 세척 및 소독 조리실 소독 및 청소
식품 가공 (I)	곡물 가공	곡물 가공 정의 곡물 도정, 분쇄, 검사 방법 곡물 가공 식품 제조 및 포장
		다양한 떡 제조 방법 알기 찌는 떡 종류 알기 떡 제조
	수산 식품 가공	수산 식품 가공 정의 수산 식품 전처리 과정 수산 식품 보관 방법에 따

2학년(주당 시수 6)		
영역	단원	제재
기초 (II)		세정 분쇄 혼합과 유화 여과 및 막분리 증류 및 추출 기타 공정(흡착, 압착, 성형)
	식품저장 원리 1 (건조, 냉장, 냉동)	건조 농축 저온저장
	식품저장 원리 2 (가열살균, 기타 저장원리)	가열 통조림과 병조림 삼투압 원리 훈연 및 훈증법 전자파 살균법 기타 저장원리
식품 가공 (II)	두류 식품 가공	두류 식품 가공 정의 두류 식품 전처리 과정 두류 응고 및 성형 원리 두류 가공식품 제조하기
	건강 기능 식품 가공	건강 기능 식품 정의 건강 기능 식품 가공 방법 건조분말 제조 · 가공 방법 알기 건과일, 티백 제조 및 포장하기
		착즙액 제조 · 가공 방법 알기 착즙액 살균 및 보관 방법 알기 착즙 주스 만들기 착즙액 살균 및 보관
	유제품 가공	유제품 가공 정의 유제품 분리, 유화 방법에 따른 분류 가공치즈 제조 · 가공 방법 알기 가공치즈류 제조 및 포장하기
		발효유류 제조 · 가공 방법 알기 발효유 균질 방법 요거트 제조 및 살균 · 냉각하기

1학년(주당 시수 6)			2학년(주당 시수 6)		
영역	단원	제재	영역	단원	제재
		른 가공 방법 차이점 분류 수산 가공식품 제조하기		김치 · 반찬 가공	김치 · 반찬 가공 정의 삼투압을 통한 절임 원리 양념 혼합 방법 김치, 피클 제조 및 포장하기
	축산 식품 가공	축산 식품 가공 정의 축산 식품 분류 축산 식품 부위별 가공 방법 축산 가공식품 제조하기		음료 가공	음료 가공 정의 액상차 추출, 배합 방법 액상차 살균, 밀봉 방법 청(레몬, 오렌지, 자몽) 제조 및 살균 · 밀봉하기
	제과	제과와 제빵 차이점 반죽형 반죽 방법 알기 반죽형 제과 제품 제조하기		제빵	제빵 정의 제빵 반죽, 발효 원리 및 방법 세계 전통 빵(팡도르, 크루아상 등) 만들기 토핑이 들어가는 빵 제조하기
		거품형 반죽 방법 알기 거품형 제과 제품 제조하기			냉동 빵 정의 냉동반죽, 보관 방법 냉동 빵 제조하기

4) 학년별 교과(식품가공) 성취기준과 지도 요소

교과의 성취기준과 내용체계를 연계하여 성취기준에 따른 영역 및 단원 · 제재(지도 요소)를 구성한다.

〈표 3-5〉 성취기준에 따른 단원 및 지도 요소의 예시

1학년[4]			
성취기준	영역	단원	지도 요소
[식가-01-01] 식품가공의 정의, 목적과 식품가공 · 저장의 역사를 이해하고, 주재료 · 제품 · 가공 정도에 따라 식품가공을 분류한다. [식가-01-02] 식품을 가공 · 저장하는 과정에서 영향을 주는 인자에 대해 설명한다. [식가-01-03] 개인 · 식품 위생 관리 기준을 익혀 점검하고, 주방 안전사고 예방 방법에 따라 점검한다.	식품 가공 기초 (Ⅰ)	식품가공 및 저장의 기초	1. 식품가공의 정의와 목적 2. 식품가공 · 저장의 분류 3. 식품가공의 발달사
		식품가공 및 저장에 영향을 주는 인자	1. 수분 2. 미생물 3. 효소 4. 산소 5. pH

<table>
<tr><th colspan="4">1학년4)</th></tr>
<tr><th>성취기준</th><th>영역</th><th>단원</th><th>지도 요소</th></tr>
<tr><td></td><td></td><td>위생 및 안전 관리</td><td>1. 개인위생 관리
2. 식품 위생 관리
3. 안전 관리</td></tr>
<tr><td rowspan="6">[식가-02-01] 조리·가열 기기·보관·세척·작업·운반 기기의 종류, 용도와 특징을 알고 사용한다.
[식가-02-02] 식재료의 전처리 과정을 익히고, 식재료를 안전하게 관리한다.
[식가-02-03] 비가열·가열 조리 방법의 종류와 특징을 알고 처리한다.
[식가-02-04] 식재료 하역 및 보관하는 방법과 주의사항을 알고 처리한다.
[식가-02-05] 가공작업과 식품 포장의 개념을 알고, 포장의 종류에 따라 포장 작업을 수행한다.
[식가-02-06] 일반세척 순서와 조리실 소독 및 청소 방법을 익히고 처리한다.</td><td rowspan="6">식품 가공 실무</td><td>주방기기의 이해</td><td>1. 조리·가열 기기의 명칭과 용도
2. 보관·세척·작업·운반 기기의 명칭과 용도</td></tr>
<tr><td>식재료 준비 및 관리</td><td>1. 전처리 과정
2. 식재료 안전 관리</td></tr>
<tr><td>조리 보조</td><td>1. 비가열 조리 보조
2. 가열 조리 보조</td></tr>
<tr><td>기초 식품 가공</td><td>1. 식재료 하역 및 운반
2. 가공작업
3. 제품 포장</td></tr>
<tr><td>세척 및 정리</td><td>1. 식기·조리기구 세척 및 소독
2. 조리실 소독 및 청소</td></tr>
<tr><td rowspan="7">[식가-03-01] 식품 가공 직무 수행을 위하여 요구되는 식품 가공 지식과 기술을 습득하여 활용한다.
[식가-03-02] 원재료에 대한 특성을 파악하고, 원재료 제조·가공 방법에 대한 지식과 기술을 습득한다.
[식가-03-03] 가공에 필요한 이론적 지식을 함양하고, 식품 가공 원리를 습득한다.
[식가-03-04] 곡물, 농·축·수산물, 제빵 가공에 따른 제조 방법을 활용하여 가공하고 품질을 관리하는 능력을 함양한다.
[식가-03-05] 가공에 필요한 기구·기기의 구조와 원리를 이해하고 조작법을 익히며, 가공 식품 제조 능력을 함양한다.</td><td rowspan="7">식품 가공 (Ⅰ)</td><td rowspan="2">곡물 가공</td><td>1. 곡물 가공 정의
2. 곡물 도정, 분쇄, 검사 방법
3. 곡물 가공 식품 제조 및 포장</td></tr>
<tr><td>1. 다양한 떡 제조 방법 알기
2. 찌는 떡 종류 알기
3. 떡 제조</td></tr>
<tr><td>수산 식품 가공</td><td>1. 수산 식품 가공 정의
2. 수산 식품 전처리 과정
3. 수산 식품 보관 방법에 따른 가공 방법 차이점 분류
4. 수산 가공식품 제조하기</td></tr>
<tr><td>축산 식품 가공</td><td>1. 축산 식품 가공 정의
2. 축산 식품 분류
3. 축산 식품 부위별 가공 방법
4. 축산 가공식품 제조하기</td></tr>
<tr><td rowspan="2">제과</td><td>1. 제과와 제빵 차이점
2. 반죽형 반죽 방법 알기
3. 반죽형 제과 제품 제조하기</td></tr>
<tr><td>1. 거품형 반죽 방법 알기
2. 거품형 제과 제품 제조하기</td></tr>
</table>

4) 1학년만 제시하였으나, 2학년은 내용의 심화 확대 혹은 반복 실습을 할 수 있는 내용으로 구성.

5) 교과(식품가공) 교육과정

성취기준과 내용 요소 등이 선정되면 1학기 혹은 2학기 월별 교과 교육과정 계획을 작성한다. 이때 학생의 수준, 학교 환경 및 행사 등을 고려하여 작성하게 된다. 아래에서는 2학기 교과교육과정 작성 예시 중 일부만 제시하였다.

〈표 3-6〉 식품가공 월별 교과 교육과정 예시

월	주	기간	영역	성취기준	단원(제재)	지도내용
8	22	16-18	식품 가공 실무	[식가-02-06] 일반세척 순서와 조리실 소독 및 청소 방법을 익히고 처리한다.	식품 위생 관리	여름방학 생활 이야기 나누기 위생의 중요성과 건강관리 식품가공실 청소 방법을 알고 청소하기
	23	21-25	식품 가공 기초(Ⅰ)	[식가-01-03] 개인 식품 위생 관리 기준을 익혀 점검하고 주방 안전사고 예방 방법에 따라 점검한다.	주방에서의 안전과 대처 방법	주방 안전사고 유형과 예방 방법 알아보기 사고유형과 유형에 따른 대처 방법 알기 구급함의 구성품과 용도 알아보기 화상 사고와 응급 처치 알아보기 안전사고에 유의하여 쿠키 굽기
	24	28-1	식품 가공 실무	[식가-02-04] 식재료 하역 및 보관하는 방법과 주의사항을 알고 처리한다.	식재료 하역 및 운반	식재료 운반 방법 알아보기 식재료 보관 방법 알기 식재료 정리 및 적재 방법 알기 식재료 운반 시 주의사항 알기 식재료 포장하여 보관하기
9	25	4-8	식품 가공(Ⅰ)	[식가-02-03] 비가열 가열 조리 방법의 종류와 특징을 알고 처리한다. [식가-03-02] 원재료에 대한 특성을 파악하고 원재료 제조 가공방법에 대한 지식과 기술을 습득한다.	곡물류 제조	곡물의 종류 알아보기 찌는 곡물, 삶는 곡물, 볶는 곡물류 구별하고 제조하기 송편 속 만들기 송편 속을 이용한 송편 만들기
	26	11-15			곡물류 제조	식혜 재료와 가공 방법 알아보기 (엿기름: 물: 설탕/ 1:1:1/2) 식혜 만드는 순서와 방법 알기 식혜 제조하기
	27	18-22			절임법(포도잼)	가을철 대표적인 과일 알아보기 다양한 포도 품종 알아보기 포도 세척하기 포도잼 제조하기 밀봉하고 보관하기

월	주	기간	영역	성취기준	단원(제재)	지도내용
	28	25-29		[식가-03-02] 원재료에 대한 특성을 파악하고 원재료 제조 가공방법에 대한 지식과 기술을 습득한다.	압착 제조 (포도 주스)	기성 제품의 포도 주스 맛보기 포도송이를 알알이 떼어내고 세척하기 포도 1송이 기준 물 200ml 넣고 센불에서 끓이기 실온에서 식힌 후 포도즙 압착하기
10	29	2-6			기초식품 가공 (건조 가공)	건조 방법 알아보기 인공건조와 천연건조의 차이점 알기 원재료에 따른 건조방법 알기 감말랭이/곶감 제조하기 건조하여 감자칩 만들기 감자 껍질 활용하기(생태전환교육)
	30	9-13			기초식품 가공(건조 가공)	저염 소금용 재료 건조하기 재료 손질하고 세척하기 건조기(70℃)에서 재료 건조하기
	31	16-20		[식가-03-03] 가공에 필요한 지식을 함양하고 식품 가공 원리를 습득한다.	저염 소금 (1)	소금의 생성 원리 알아보기 소금의 성분과 활용에 대해 알아보기 저염소금의 종류와 성분이 몸에 이로운 점 알기 버섯 마늘 저염소금 만들기 포장 및 라벨링 작업하기
	32	23-27			저염 소금 (2)	저염소금 만드는 방법과 원리를 알아보기 다양한 저염소금의 종류 알아보기 저염소금 제조하기 학교 축제를 활용한 저염소금 판매하기 수익금과 원재료 지출비를 계산하여 손익 계산하기

2. 교과(식품가공) 교육과정과 연계한 생태전환교육

자연과 인간이 함께 공존해야 하는 생태환경의 필요성을 인식하고 학교 교육과정 안에서 실천하려면 학교 구성원 전체의 인식과 공유, 시스템적인 지원이 필요하다. 일반학교에서는 환경과 지구 온난화에 대한 심각성을 이미 인식하여 환경교육의 중요성과 탄소중립 환경교육 등이 교육과정 재구성 등을 통하여 이루어지고 있으나 기본 교육과정을 적용하는 특수학교의 경우 주어진 교육과정을 장애학생의 수준에 맞게 재구성하는 과정 자체가 어렵다 보니, 생태환경을 접목한 교육과정을 또다시 재구성하기란 쉽지 않다. 다만 현재의 기후위기 상황들을 인식하고 교사 교육과정 수립 시 의도적으로 한 학기에 1회씩 계획하여 실천하게 된다면 점차적으로 중증장애 학생들의 교육과정에도 이러한 시도와 변화가 나타나리라 기대한다.

1) 성취기준에 부합하는 지도내용 선정

〈표 3-7〉 성취기준에 부합하는 지도내용 선정 시 생태전환교육 내용 포함

주	기간	영역	성취기준	단원(제재)	지도내용
28	25-29	가공(Ⅰ)	[식가-03-02] 원재료에 대한 특성을 파악하고 원재료 제조 가공방법에 대한 지식과 기술을 습득한다.	압착 제조(포도 주스)	기성 제품의 포도 주스 맛보기 포도송이를 알알이 떼어내고 세척하기 포도 1송이 기준 물 200ml 넣고 센불에서 끓이기 실온에서 식힌 후 포도즙 압착하기
29	2-6			기초식품 가공(건조 가공)	건조 방법 알아보기 인공건조와 천연건조의 차이점 알기 원재료에 따른 건조방법 알기 감말랭이/곶감 제조하기 건조하여 감자칩 만들기 감자 껍질 활용하기**(생태전환교육)**
30	9-13			기초식품 가공(건조 가공)	저염 소금용 재료 건조하기 재료 손질하고 세척하기 건조기(70℃)에서 재료 건조하기

식품가공 영역 중에 건조가공 실습 내용으로 원재료를 그대로 활용하는 '감'을 이용한 가공과 '감자'를 이용한 가공으로 나누어 구성하였다. 감이나 감자 속을 이용한 건조 식품에는 쉽게 접할 수 있는 감말랭이나 곶감, 감자칩 등이 있는데 이를 건조가공해 봄으로써 건조가공의 의미와 성질을 경험할 수 있도록 하였다. 또한 생태전환교육과 연계하여 흔히 음식물 쓰레기에 분류하여 버렸던 껍질들을 건조하여 만들 수 있는 감자 껍질 칩, 감자 껍질 천연비료, 감자 껍질 차 등의 가공식품을 경험해 봄으로써 쓰레기를 줄이고 유용하게 활용할 수 있다는 것을 직접 체험할 수 있도록 하였다.

2) 생태전환교육 교사용 준비자료

생태전환교육 준비

국가기후위기적응정보포털

기후위기 : 기후변화가 극단적인 날씨뿐만 아니라 물 부족, 식량 부족, 해양산성화, 해수면 상승, 생태계 붕괴 등 인류 문명에 회복할 수 없는 위험을 초래하여 획기적인 온실가스 감축이 필요한 상태를 말한다. (기후위기 대응을 위한 탄소중립·녹색성장 기본법 제2조)

교황 "기후 위기 한계점 가까워져"…유엔 행동 촉구(2023.10.05)

프란치스코 교황이 "지구 온난화로 인해 세계가 붕괴하고 있다"고 경고하며 화석 연료 퇴출을 위한 국제사회의 행동을 촉구했습니다.
교황은 '교황 권고'를 통해 "청정 에너지원으로의 전환과 화석 연료의 포기가 필요한 속도로 진행되지 않고 있다"며 "우리가 살고 있는 세계가 한계점에 가까워지고 있을지도 모른다"고 했습니다.
또 "소수의 부유층이 가난한 50%보다 더 많은 오염을 일으키고 있다"며, 오는 11월 유엔기후변화협약 당사국총회에서 화석 연료 퇴출을 위한 구속력 있는 정책이 합의돼야 한다고 강조했습니다. 최덕재 기자(연합뉴스TV (yonhapnewstv.co.kr)

식품가공교과 교사인 나의 고민!

현재 빙하가 녹고 해수면이 상승하여 집이 침수 되는 등 피해사례가 뉴스에 보도되고 있다. 현재 기후 위기로 지구가 정말 위험하다고 알고 있는데 식품가공 교과를 가르치고 있는 나는 어떤 노력을 해야 할까? 기후 위기를 해결하는 방안인 탄소 배출량 줄이는 법을 고민해 본다. 메탄이 이산화탄소보다 온실 효과를 야기하는 정도가 80배 이상이라고 한다. 메탄은 음식물 쓰레기가 썩을 때 고기가 썩을때 많이 발생한다.

그래 음식물쓰레기를 줄이는 방법을 수업속에서 실천해보자.

활동명 1. 감자 껍질 칩 만들기

활동명 2. 감자 껍질로 천연비료 만들기

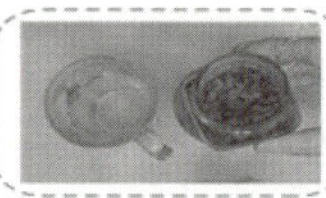

활동명 3. 감자 껍질로 차 만들기

?

활동명 4.

<table>
<tr><td rowspan="2">주제</td><td>환경 보호(쓰레기 줄이는 방법)</td><td>연계과목</td></tr>
<tr><td>- 감자껍질을 활용한 생활 속 팁! -</td><td>식품가공, 실과, 창체</td></tr>
<tr><td rowspan="2">활동명1. 감자 껍질 칩 만들기
</td><td>생생자료실
잠깐! 모든 감자 껍질을 사용해도 될까요?
○ 싹이 난 감자 껍질을 사용하면 안된다
○ 감자 껍질이 초록색으로 변한 것은 사용하면 안된다
○ 신선한 감자를 사용한다.
○ 껍질까지 먹는 품종의 감자를 사용한다.

홍감자 대서 고운감자</td><td>효능 감자의 효능
• 비타민C가 다량 함유되어 있어 피로를 해소하고, 면력역을 높여줌
• 녹말성분이 위 점막을 보호해 위산과다로 생기는 위염을 완화
• 칼륨 성분이 들어있어서 체내에 축척되어 있는 나트륨 배출을 촉진하여 혈압을 조절, 붓기를 가라앉히는데 효과적
• 철분을 상당량 함유하고 있어서 빈혈 예방
• 폴리페놀(감자껍질) 성분은 암세포 증식을 억제하는 효능이 있으며, 갈아서 얼굴에 팩을 하면 미백효과를 얻음</td></tr>
<tr><td colspan="2">1. 감자 껍질로 칩을 만들어 봅시다.

가. 만드는 순서
① 감자 껍질을 벗겨 키친타월로 수분을 제거해준다.
② 물기를 제거한 감자 껍질에 전분을 입혀준다.
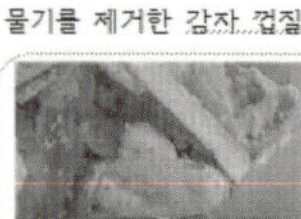
전분을 넣게 되면 전분이 감자 껍질 안쪽의 수분을 머금게 되어서 더욱 바삭하고 쫄깃한 맛이남</td></tr>
</table>

③ 튀길 준비를 한다.

굵은 소금을 뿌려서 '칙' 소리가 났을 때 기름의 온도가 180도로 적정함

④ 180도의 기름에 감자 껍질을 노릇노릇 할 때까지 튀겨준다.

⑤ 감자칩 소스를 만든다.

버터 1/2큰술+설탕 1큰술+ 꿀 1큰술+ 간장 1큰술를 중불로 끓임

⑥ 튀긴 감자 껍질과 소스를 잘 섞어준다.

나. 에어플라이어로 감자껍질구이 만들기(https://www.youtube.com/watch?v=JCKL69JOKoM 동영상출처:혹유엄시)

감자를 깨끗하게 씻는다.

⇨

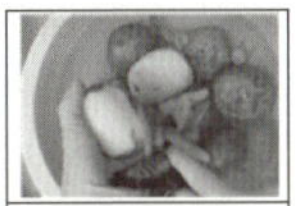

감자껍질을 벗긴다.

⇨

물기를 뺀다.

⇨

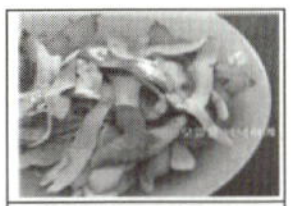

올리비유는 넉넉하게 소금은 취향에 맞게

⇨

에어프라이어 넣고 400도에서 약15분 정도 굽다가 한번 뒤적이고 10분간 더 굽는다.

⇨

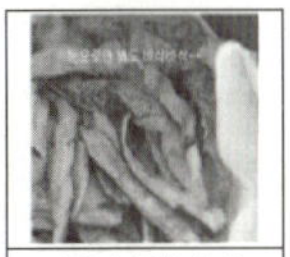

바삭바삭한 상태 확인

⇨

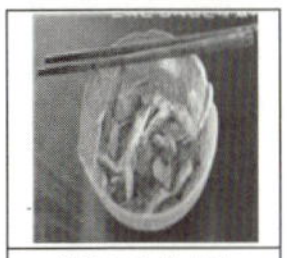

올리브오일이나 발사믹식초와 함께

활동명2. 감자 껍질로 천연비료 만들기

생생 자료실

궁금하다! 천연비료가 뭐지?

◎ 천연비료

○ 천연비료(유기비료)에는 풋거름, 동물 배설물 및 퇴비와 같은 생분해 성 화합물이 포함된다. 즉, 토양 비옥도 향상을 위해 자연 유기체 또는 요소를 적용하는 것을 천연비료라고 한다. 천연비료는 화학 물질을 천천히 토양으로 방출하여 다년생과 같은 장기 작물에 적합하다. 반면에 천연비료는 다량 영양소 이외의 미량 영양소가 풍부하며 환경에 미치는 부정적인 영향을 최소화할 뿐 만 아니라 인공비료보다 저렴하다. 더욱이 천연비료는 토양의 질감과 수분 보유력을 향상시켜 토양 침식을 방지하여 가정 정원과 같이 환경에 민감한 지역에 적용 할 수 있다. (인터넷 출처 Monica Porter 기술, 편집)

○ 천연비료의 종류

커피찌꺼기 달걀껍질 바나나껍질

- 커피 찌꺼기: 질소 약 2%, 인 0.4%, 칼륨 0.8%, 항바이러스성 및 항균성 탄닌산 등 많은 유기 구조 물질과 매우 약산성이 소량의 카페인에 포함. 커피 지꺼기를 사용하려면 곰팡이 증식을 피하기 위하여 완전히 건조 후 사용해야함
- 달걀 껍질: 거의 대부분이 탄산칼슘으로 구성되어 있으며, 칼슘 외에도

비교 화학비료

- 화학비료는 분해되지 않는 원소로 만든 합성 비료로 화학물질을 빠르게 방출한다. 따라서 이것은 빠르게 자라는 작물 또는 연간 작물에 적합하다. 제조 과정에서 화학비료는 산과 통합되어 환경 위험을 유발하며 식생 성장 (부영양화)이 과도하고 토양의 산성도를 높이고 토양의 미생물 성장을 억제하는 단점도 있다(일부 식물은 과도한 영양 공급으로 인해 열매를 맺지 않을 수 도 있음). 반면 전반에 걸쳐 균일한 영양 적용을 보장하고 식물의 영양 결핍을 즉시 회복 할 수 있으며 식물에 필요한 비료의 양을 정밀하게 측정 할 수 있는 장점이 있다.

탐색 누가 누가 잘 자라나?

천연비료의 효과
(계란껍질, 바나나껍질, 커피찌꺼기 비료)
https://www.youtube.com/watch?v=4lwyjqwfdPw
(동영상 출처: 식물집사둥이카시)

적용해 볼까

칼륨, 인 및 마그네슘이 포함되어 있지만 아주 소량임. 기본적으로 토양의 pH 값을 높이거나 안정화시키는 데 적합. 그러나 그 효과는 매우 느림.
- 바나나 껍질: 식물의 성장과 발달에 필수적인 성분. 칼륨, 비타민 B, 비타민 C, K 등의 영양소가 풍부하고 마그네슘, 섬유질, 산화 방지제 및 구리가 포함되어 있음

바나나 껍질 비료 만들기와 효과적인 사용 방법
https://www.youtube.com/watch?v=J3pWYe9FWSs(동영상 출처: 내맘대로 셰프교실)

1. 감자 껍질로 천연비료를 만들어 봅시다. •••

감자껍질을 벗긴다.

⇨

감자껍질을 말린다.

⇨

가루로 만든다.

⇨

흙안에 골고루 뿌린다.

2. 감자 껍질로 액비 천연비료를 만들어 봅시다. •••

가. 만드는 순서

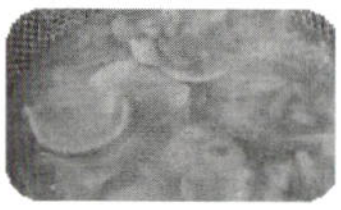

⇨ ① 감자칼을 이용하여 감자껍질을 벗긴다.

감자껍질성분: 탄수화물 13g, 단백질 1.5g, 지질0.2g, 섬유소 0.5g 칼슘mg 나트륨3mg, 칼륨420mg, 비타민B1 0.17mg, 비타민B2 0.04mg, 비타민C 18mg, 나이아신 12mg

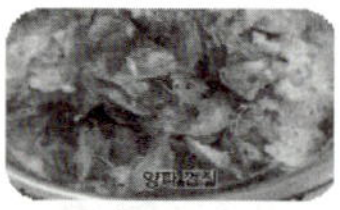

⇨ ② 황산화 성분 플라보노이드, 퀘르세틴 등이 풍부한 양파껍질을 넣어 끓인다.

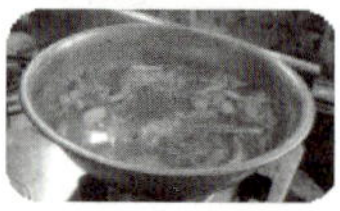

⇨

⇨ ③ 식힌 후 바구니를 이용하여 즙을 걸러낸다.

⇨

⇨ ④ 즙(감자껍질+양파껍질)에 물을 부어 희석해준다.

즙과 물의 비율: 1:3

⇨ ⑤ 베이킹소다를 넣으면(피티병 병마개 1개) 썩는 것을 방지하여 저장성을 좋게한다.

⇨

⇨ ⑥ 사용할때는 다시 1:1의 비율로 희석하여 식물에 적당히 주면된다.

즙과 물의 비율: 1:1

<table>
<tr><td></td><td>나. 영상을 보면서 따라 만들기

감자껍질로, 천연 슈퍼 영양제 만들기
https://www.youtube.com/watch?v=aoV2uTLwprM (동영상 출처: 장독뺑이)</td></tr>
<tr><td>활동명3. 감자 껍질로 차 만들기
</td><td>1. 감자 껍질로 차를 만들어 봅시다.

감자껍질의 효능과 놀라운 레시피 3가지
https://www.youtube.com/watch?v=9aWLjqQ_CRo (동영상 출처: 주부나라)

만드는 과정을 보면서 따라서 실습해 보기
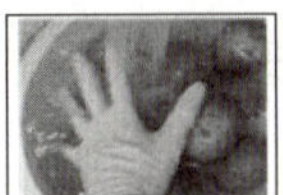 감자를 깨끗하게 씻는다. ⇨  감자껍질을 벗긴다. ⇨  물기를 뺀다. ⇨ 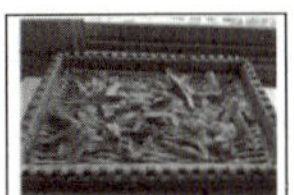 감자껍질을 말린다. *에어프라이어 140도 1시간 건조가능</td></tr>
</table>

<table>
<tr><td></td><td> 에어프라이어로 150도 30분 굽는다. ⇨ 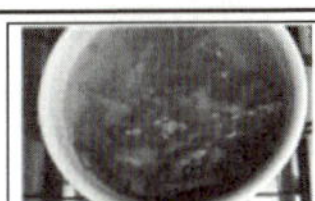 말린 껍질을 끓인다. ⇨  끓인 물을 차로 마실 수 있다.

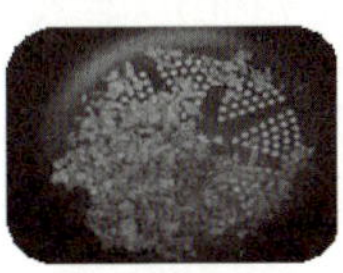 ⇨ 여기서 잠깐!
말린 감자껍질을 볶으면 감자껍질의 아린맛과 솔라닌 함량이 줄어들고, 폴리페놀 물질들이 생겨서 몸이 좋음</td></tr>
<tr><td>활동명4. 감자 껍질로 □□□□ 만들기</td><td>나도 셰프께!</td></tr>
</table>

3) 생태전환교육 학생용 제시자료

〈생태전환교육 수업안〉

◉ 자연환경 주제: 쓰레기를 줄이자

◎ 소주제: 감자 껍질을 재활용하여 음식물쓰레기 줄이기

1. 학생들에게 배움을 주고 싶은 이야기(1차시)
   - 감자 껍질을 버리면 왜 안 될까?
     https://www.youtube.com/watch?v=9e878OuoJkM
     (산에 버린 과일 껍질, 생태계 교란 주범)
     https://www.youtube.com/watch?v=6EvNOnIREtY
     (내가 버린 음식물 쓰레기는 어디로 갈까)
   - 감자 껍질에 있는 영양소 알기

2. 학생들과 함께 실습해 보는 식품 가공 이야기

제재	활동순서	비고
활동명1. 감자 껍질 칩 만들기 	① 감자 껍질을 벗겨 키친타월로 수분을 제거해준다. ② 물기를 제거한 감자 껍질에 전분을 입혀준다. ③ 튀길 준비를 한다. ④ 180도의 기름에 감자 껍질을 노릇노릇할 때까지 튀겨준다.	(2차시)
활동명2. 감자 껍질로 천연비료 만들기 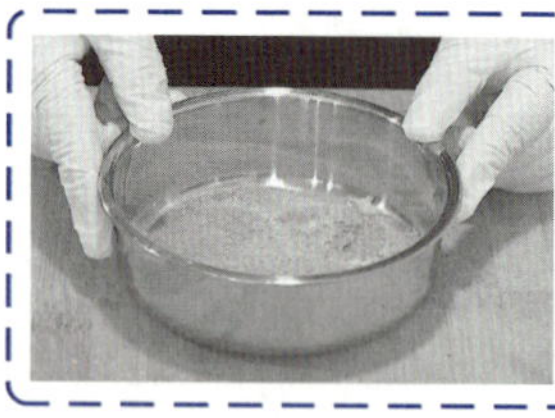	 감자 껍질을 벗긴다. ⇨  감자 껍질을 말린다. ⇨  가루로 만든다. ⇨  흙 안에 골고루 뿌린다.	(3차시) 본시

제재	활동순서	비고
활동명3. 감자 껍질로 차 만들기 	① 감자를 깨끗하게 씻은 후 껍질을 벗긴다. ② 물기를 제거한 후 감자 껍질을 말린다. ③ 프라이팬이나 에어프라이어로 굽는다. ④ 말린 감자 껍질을 물에 넣고 끓인다.	

3. 생활 속 실천 다짐

3. 생태전환교육 연계 실천 중점

환경과 연계하는 생태전환교육은 교과교육과정에서 혼자만 실행하기보다는 학교 전체 교육과정 수립 시 기후위기에 대한 필요성과 환경의 심각성을 공유하여 학교 교육과정의 중점사항이나 특색사업의 일환으로 선정하여 각 과정마다 연계성 있게 구성하는 것이 좋다. 이를테면 가정이나 학교환경에서 습관적으로 실천할 수 있는 주제 중심(에너지 절약, 재활용 등)으로 구성할 수도 있으며, 동식물 보호, 기후나 환경 관련 도서를 선정하여 국어나, 과학 교과 등의 성취기준에 적합한 요소를 선정하여 교과와 연계하거나, 창의적 체험활동과 연계하여 환경보호 실천, 쓰레기 분류와 같은 활동을 해 볼 수 있도록 구성한다. 덧붙여 학생자치회 활동에 줍킹 및 캠페인이나, 환경보호 동아리 등의 활동을 구성하거나, 연간 학교 일정에 저탄소 실천의 날 등을 계획해 보는 것도 추천한다.

부록

부록 1 중도중복장애 학생을 위한 교과 연계 교육과정 재구성

교육은 삶을 위한 준비과정이 아니다.
교육은 삶 그 자체이다.

-John Dewey-

실제 고등학교 특수학급에 배치된 특수교육 대상 학생들은 누적된 학습의 격차로 일반교육과정의 성취기준을 학습하기에는 매우 어려움이 있다. 교육과정 고시(제2022-34호)에 따르면 일반학급 및 특수학급에 배치된 특수교육 대상 학생의 교육과정 편제와 시간 혹은 학점 배당은 해당 학년군의 교육과정을 따르되 교육과정의 내용은 학생의 교육적 요구에 따라 초·중등학교 교육과정을 재구성하거나, 특수교육 교육과정에 따른 교과용 도서, 통합교육용 교수·학습 자료 등을 사용할 수 있다. 또는 특수교육 교육과정의 교과(군) 내용과 연계하거나 대체하여 운영할 수 있으며 교과 내용을 대체할 경우 생활기능 및 진로와 직업교육, 현장 실습 등으로 운영할 수 있다고 명시하고 있다. 따라서 대부분의 고등학교 특수학급인 경우 개별화교육지원팀의 협의나 학교교과교육협의회를 통하여 교과 내용과 학습방법을 결정하는 경우가 많다. 고등학교 과정이 일반학생들에게는 진학의 큰 줄기를 결정하는 대학입시가 있다면 특수교육 대상 학생들은 취업이나 진로(전공과 진학)에 대한 결정을 하는 시기이다. 따라서 학생들이 사회에 통합되었을 때 필요한 대인관계나 사회성 기술 및 실제적인 직업에 대한 직무 등을 익혀야 하는 중요한 시기이기도 하다. 따라서 교과를 지도할 때 현장에서의 문제해결을 직접적으로 할 수 있도록 실제적이며, 성인으로서의 사회생활 준비를 지도하는 것이 필요하다.

교육과정은 교사의 수만큼 다양하다고 표현될 정도로 특히, 고등학교 특수학급에서의 교육과정(교과내용)은 학교와 학생의 수준 그리고 교사의 성향에 따라 다양한 분포로 이루어지고 있다. '내가 가르치고 있는 교육과정에 대한 근거를 조금이나마 제시해 줄 수 있는 방법은 없을까' 하는 고민 속에서 「교과 통합 '생활 기능 중심'의 교육과정 재구성」 했던 사례를 공유해 보고자 한다. 즉 편제는 일반교육과정의 편제와 교과목을 따를 수밖에 없으나 내용은 특수교육 대상 학생들이 사회생활에 필요한 적응능력요소와 직업생활을 하는 데 필요한 요소들을 중점으로 구성하였다. 다만 이러한 요소들을 중심으로 교육내용을 구성하되, 내용에 부합하는 특수교육 기본 교육과정의 관련 교과에서 성취기준을 연계하여 가지고 오고자 하였다. 이는 특수학급의 교육과정이라고 보여줄 수 있는 문서체계를 주관적인 프로그램으로 운영하기보다는 교육과정과 연계함으로써 보다 객관화된 근거로 제시할 수 있어야 한다고 생각되었기 때문이다.

1. 교과 통합 '생활 기능 중심'의 교육과정 재구성

요즘 일반교육에서는 STEAM교육을 통한 실생활 문제해결력을 강조하고 있다. 특수교육 대상 학생에게는 수학이나 과학적 원리와 사고를 접목시킨 실생활 문제해결 적용은 어려울 수 있으나, 교과별 단순지식과 개념이 아닌 각 교과의 성취기준 혹은 내용요소를 분석한 교과통합에 기반한 실생활 중심 기능교육은 장애학생들의 사회적응력 및 기능을 습득시키기 위해 필요한 교육의 형태이다. 이를테면 「화폐 활용하기」의 내용을 학생들에게 가르치고자 할 때 단순히 화폐의 개념을 지도하고, 화폐의 교환가치 및 활용을 교실 수업 속에서 지도하기보다는 「관광명소 입장요금 지불하기」, 「대형마트에서 필요한 품목 구입하기」 등 실제 지역사회 관광지나 문화명소에 가서 해당 입장 요금을 직접 지불해 보거나, 자신의 생활에 필요한 목록을 사전에 작성하여 지역사회 마트에 가서 구입하는 활동으로 수업을 전개한다면 훨씬 실생활 기능 중심에 가까운 수업을 전개할 수 있다. 이러한 실생활 중심의 현장학습 수업은 연간, 월간 세부적인 계획과 실천이 필요하다.

1) 연간 교육과정 근거 마련하기

특수학급에서 3월은 대부분 통합학급 적응기간으로 설정하므로 4월부터 12월까지 일반학교 편성 교과인 사회[1] 교과 시수(4학점)를 가지고 와서 기본 교육과정의 사회+진로와 직업 교과 내용을 중심으로 하되, 활동에 따라서는 국어, 수학교과의 내용도 일부 포함하여 교과 교육과정 계획을 수립[2]하였다. 또한 학생, 교사, 학교, 학부모의 실태를 반영하여 교육내용을 활동 중심으로 전개하고자 하였다. 교육활동은 매주 수요일 4시간씩 이루어졌으며, 교육활동이 이루어지는 장소는 매우 다양하지만, 대부분 지역사회 안에서 활동을 진행할 수 있도록 사전 계획한다. 이때 현장 실습 형태의 교육방법을 주로 활용하였으므로 학부모 및 학생 동의, 그리고 학교 교육과정위원회(혹은 개별화교육지원팀)의 사전 협의가 필수적이다.

〈표 1〉 연간 지역사회 중심 사회(사회+진로와 직업+주제 관련 교과) 교과 교육과정 계획

일시(4차시)		주제(활동)	활동장소
4월	○ 4월 9일 08:40 - 12:40	• 지역사회 장애인 작업현장 탐색 및 직무분석	하늘재 보호작업장
	○ 4월 16일 08:40 - 12:40	• 배관 파이프 직무과정 분업	
	○ 4월 23일 08:40 - 12:40	• 배관 파이프 직무과정 협업	
	○ 4월 30일 13:00 - 17:00	• 배관 파이프 개별직무능력 향상도 평가	
5월	○ 5월 7일 08:40 - 12:40	• 자신이 좋아하는 직업 탐색	교실
	○ 5월 14일 08:40 - 12:40	• 지역사회 장애인 작업현장 탐색 및 작업참여	보호작업장
	○ 5월 21일 08:40 - 12:40	**• 지역사회 미용실을 이용한 자기 관리**	**지역 미용실**
	○ 5월 28일 08:40 - 12:40	**• 지역사회 재래시장을 이용하여 필요한 물건 구입**	**육거리 시장**

1) 일반고등학교 나이스 편제와 동일하게 따르기 때문에 사회 4학점으로 편성됨.

2) 일반학급 및 특수학급에 배치된 특수교육 대상 학생의 교육과정은 다음과 같이 편성・운영함. ③ 특수교육 교육과정의 교과(군) 내용과 연계하거나 대체하여 운영할 수 있다. 교과 내용을 대체할 경우 생활기능 및 진로와 직업교육, 현장 실습 등으로 운영할 수 있다(교육부 고시 제2022-34호).

일시(4차시)		주제(활동)	활동장소
6월	○ 6월 11일 08:40 - 12:40	• 자신이 맡은 역할에 대한 평가	교실
	○ 6월 18일 08:40 - 12:40	• 행정기관 탐색(정부세종청사)	행정기관
	○ 6월 25일 08:40 - 12:40	• 지역 기관 이용(국립세종도서관)	국립세종 도서관
7월	○ 7월 9일 08:40 - 12:30	• 미래 자신의 직업 탐색 • 직업을 갖기 위한 조건 • 이력서 서식 탐색	교실
	○ 7월 16일 08:40 - 12:30	• 지역사회 기관(부강면 행정복지센터, 부강농협, 부강역) 탐색	지역기관
9월	○ 9월 3일 08:40 - 12:30	• 가사 지원 활동(쿠키 만들기)	교실
	○ 9월 17일 08:40 - 13:30	• 장애인 직업교육 실태(○○장애인종합복지관)	복지관
	○ 9월 25일 08:40 - 13:30	• 지역사회 장애인 취업기관 실습(중증장애인 생산시설)	생산시설
10월	○ 10월 2일 08:40 - 12:30	• 가사 지원 활동(머핀 만들기)	교실
	○ 10월 8일 -	• 단체 활동에 참여	제주 일원
	○ 10월 22일 08:40 - 13:30	• 전환 평가 실시(○○장애인종합복지관)	교실
	○ 10월 29일 08:40 - 12:30	• 가사 지원 활동(차 대접하기)	교실
11월	○ 11월 5일 08:40 - 13:30	• 지역 내 기차역 이용	부강역
	○ 11월 12일 08:40 - 12:30	• 지역의 문화시설 방문	문의 박물관
	○ 11월 22일 08:40 - 19:00	• 문화생활 이용(뮤지컬 관람하기)	예술의 전당
	○ 11월 26일 08:40 - 12:30	• 문화시설 및 문화생활에 대한 소감문 작성	교실
12월	○ 12월 3일 08:40 - 13:30	• 제작한 판매물품 포장	교실
	○ 12월 10일 08:40 - 12:30	• 판매대와 판매 관련 준비	교실
	○ 12월 17일 08:40 - 19:00	• 주인이 되어 소품 판매	학교 내

*10월 둘째 주 단체활동에 참여한 시수는 행사활동에 포함함

2) 주제 관련 교육과정 분석과 차시 선정

지역사회에서 지도해야 하는 주제를 중심으로 내용 요소와 성취기준을 분석하고, 차시를 구성한 후, 각 차시별로 어떠한 활동을 할 것인지에 대한 구체적인 내용을 구상한다.

〈표 2〉 지역사회 중심 기본 교육과정 교과 교육과정 분석

교과	영역	핵심 개념	내용 요소	학년군	성취기준3)	차시
진로와 직업	직업 생활	자기관리	• 직업인의 자기관리	고1~3 학년	• [12진로06-01] 직업 생활에 필요한 용모, 건강, 급여, 시간 등에 대한 자기관리 능력을 기른다.	1
사회	시민의 삶	공간과 삶	• 사람들의 삶과 경제	고1~3 학년	• [12사회03-03] 사람들의 경제생활 모습을 이해하고 경제적 주체로서의 삶을 준비한다.	1
국어	듣기 말하기	듣기 말하기의 실제	• 자신의 의도를 전달하기	고1~3 학년	• [12국어01-05] 자신의 의도가 드러나도록 설명 · 주장 · 설득하는 말을 한다.	1
수학	수와 연산	화폐	• 화폐 활용하기	고1~3 학년	• [12수학01-15] 제시한 화폐에 따른 거스름돈을 확인한다.	1

일시	시간(교시)	차시	활동	장소
5월 28일	08:40-12:40(1~4교시)	총 4차시	재래시장에서 물건 구입하기	육거리시장

이러한 교과별 핵심개념 및 성취기준을 분석, 정리한 후에는 자신이 지도하고 있는 학생의 수준에 따른 활동목표와 지도내용을 분석하는 과정이 필요하다. 혹은 역으로 지도하고자 하는 내용과 핵심을 정한 후에 관련 교육과정을 살펴보고 기술하여 근거를 만드는 것도 괜찮다.

3) 2015 개정 교육과정 성취기준을 기준으로 하였으나, 2022 개정 교육과정이 적용되는 시점에는 해당 교육과정에 맞게 정리, 기술해야 함.

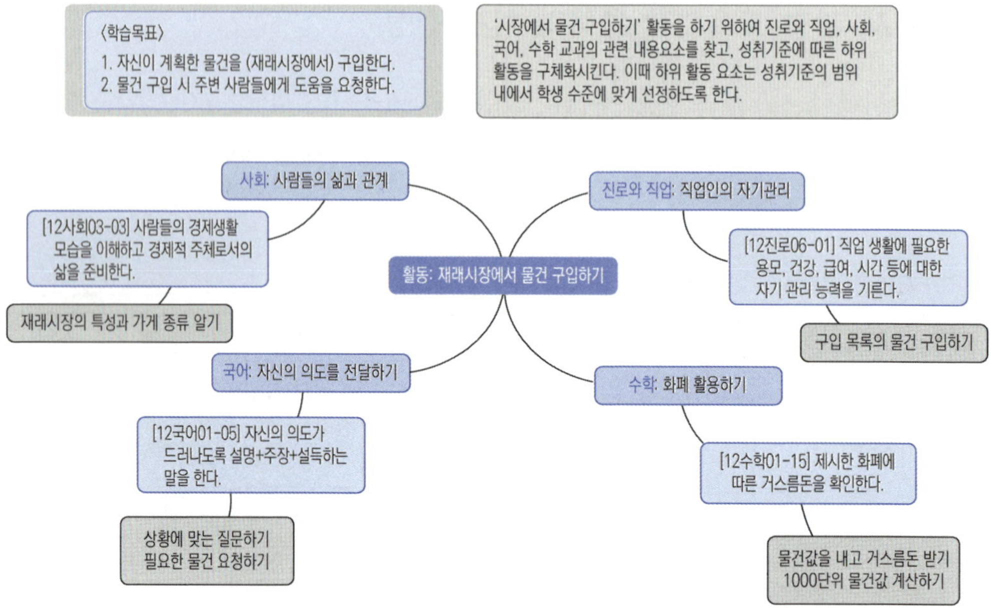

[그림 1] 주제(활동)에 따른 교과 연계 활동내용(4차시) 분석

3) 성취기준을 참고한 학생 개별 목표 선정

활동(학습)목표를 정하면 성취기준을 참고하여 활동에 대해 개인별로 수행할 개별목표를 정하도록 한다. 이때 활동 수행에 대한 기능 면이나 경험 유무 등 학생의 선수학습 수준이 어느 정도인지 파악하는 것이 중요하며, 활동을 하기 위한 선수학습이 결여되었다면 교육과정과 연계하여 사전 선수학습을 진행하여야 한다. 또한 학생이 활동을 수행한 이후에는 성취기준(개별 활동 목표)에 근거하여 평가를 실시한다. 이때 평가는 이후의 교육활동과 연동이 될 뿐만 아니라 가정연계 교육활동자료로 활용될 수 있도록 한다.

〈표 3〉 성취기준에 준거한 개별 학생 목표 예시

<table>
<tr><th rowspan="2">사전학습 활동</th><th rowspan="2" colspan="2">개별 수행활동 목표</th><th colspan="6">활동평가4)</th></tr>
<tr><th>5</th><th>4</th><th>3</th><th>2</th><th>1</th><th></th></tr>
<tr><td rowspan="4">[강○○]
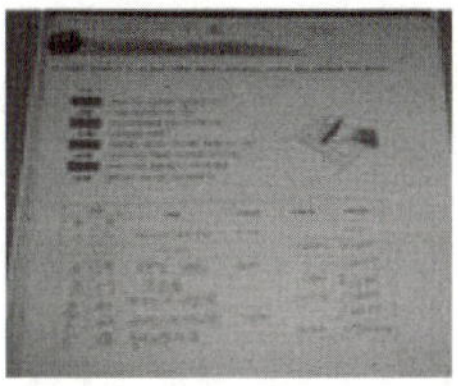
〈수입, 지출, 잔액표기의 물건 구입계획서 작성하기〉
• 수입, 지출, 잔액에 대한 선행학습을 완료함
• 물건 값과 물건 값에 해당하는 금액에 정확한 대응을 할 수 있음
• 평소에 주변 마트를 이용하여 식료품, 간식 등을 구입함</td><td>진로와 직업</td><td>• 자신이 작성한 구입목록에 있는 물건을 구입한다.</td><td>○</td><td></td><td></td><td></td><td></td><td rowspan="4">• 구입목록에 따른 물건 구입이 가능함. 상품에 대한 비교와 품질을 고민할 수 있도록 심화 지도하는 부분이 고려되어야 함
• 시장 사람들에게 묻거나 요청이 가능하며, 재래시장에 대한 경험으로 시장의 특성을 문장으로 표현함
• 물건 값을 지불하고 거스름돈을 정확하게 받음</td></tr>
<tr><td>국어</td><td>• 주변 사람들에게 상황에 맞는 질문을 한다.</td><td>○</td><td></td><td></td><td></td><td></td></tr>
<tr><td>사회</td><td>• 재래시장의 특성을 알고, 가게의 종류를 말한다.</td><td></td><td>○</td><td></td><td></td><td></td></tr>
<tr><td>수학</td><td>• 10000원 이하의 물건 값을 계산한다.</td><td>○</td><td></td><td></td><td></td><td></td></tr>
<tr><td rowspan="4">[박○○]
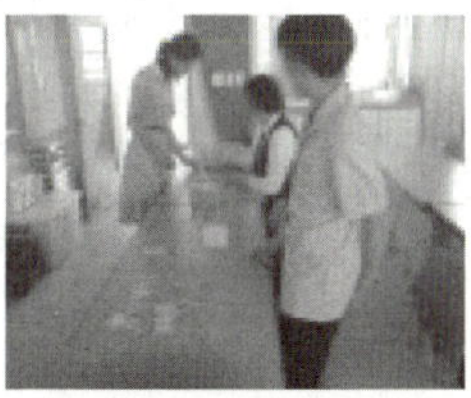
〈물건 구입계획서(사물그림-금액) 작성하기〉
• 100원, 500원, 1,000원, 10,000원이라는 돈의 단위를 비교하여 돈을 고를 수 있음
• 물건값에 대한 계산능력이 습득되지 않음
• 물건을 혼자 살 수 없으며, 관련 경험이 매우 부족함</td><td>진로와 직업</td><td>• 자신이 작성한 구입목록에 있는 물건과 동일한 물건을 재래시장에서 찾는다.</td><td>○</td><td></td><td></td><td></td><td></td><td rowspan="4">• 구입목록에 있는 두부와 오이는 찾았으나, 가게 아주머니에게 두부와 오이가 필요하다는 것을 말로 표현하지 못함
• 시장의 특성을 설명하는 표현으로 '사람이 많다'로 답함
• 두부와 오이 가격을 지불하지 못하고 망설임. 교사가 "돈을 줘야지" 하는 말에 3,000원을 건넴</td></tr>
<tr><td>국어</td><td>• 가게 주인에게 필요한 물건 이름을 말한다.</td><td></td><td></td><td>○</td><td></td><td></td></tr>
<tr><td>사회</td><td>• 재래시장의 특성을 살펴보고, 느낌을 말한다.</td><td></td><td></td><td>○</td><td></td><td></td></tr>
<tr><td>수학</td><td>• 두부(1,000원), 오이(2,000원) 값을 계산한다.</td><td></td><td>○</td><td></td><td></td><td></td></tr>
</table>

<table>
<tr><th rowspan="2">사전학습 활동</th><th rowspan="2" colspan="2">개별 수행활동 목표</th><th colspan="6">활동평가[4)]</th></tr>
<tr><th>5</th><th>4</th><th>3</th><th>2</th><th>1</th><th></th></tr>
<tr><td rowspan="4">[허○○]
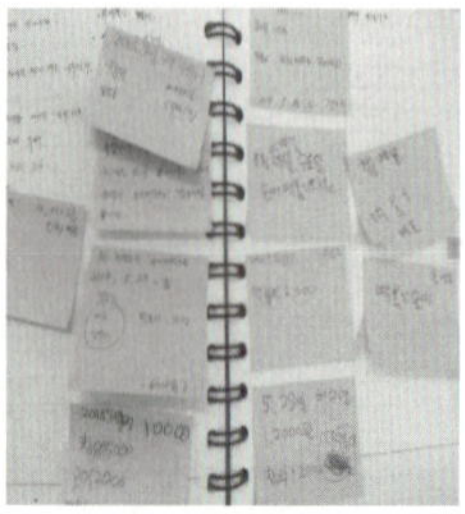
〈수입, 지출, 잔액표기의 물건 구입계획서 작성하기〉
• 500원, 1,000원 단위의 물건값을 계산할 수 있음
• 수입, 지출, 잔액에 대한 선행학습이 됨
• 평소에 주변 마트를 이용하여 식료품, 간식 등을 구입하나 마트에서 계산을 완료해 줌</td><td>진로와 직업</td><td>• 자신이 작성한 구입목록에 있는 물건을 구입한다.</td><td>○</td><td></td><td></td><td></td><td></td><td rowspan="4">• 가게 아주머니에게 구입목록에 따른 물건을 자신 있게 요구함
• 시장에서 자신이 본 가게의 종류와 상품들을 나열하여 말함
• 물건 가격을 각각 말할 수 있으나 두 가지 품목을 합한 가격을 계산하지 못함</td></tr>
<tr><td>국어</td><td>• 주변 사람들에게 상황에 맞는 질문을 한다.</td><td>○</td><td></td><td></td><td></td><td></td></tr>
<tr><td>사회</td><td>• 재래시장의 특성을 알고, 가게의 종류를 말한다.</td><td></td><td>○</td><td></td><td></td><td></td></tr>
<tr><td>수학</td><td>• 5,000원 이하의 물건값을 계산한다.</td><td></td><td>○</td><td></td><td></td><td></td></tr>
<tr><td rowspan="4">[임○○]

〈물건 구입계획서(사물그림-금액) 작성하기〉
• 100원, 500원, 1,000원, 10,000원이라는 돈의 단위를 비교하여 돈을 고를 수 있음
• 물건값에 대한 계산능력이 습득되지 않음
• 물건을 혼자 살 수 있으나, 계산이 전혀 안 됨</td><td>진로와 직업</td><td>• 자신이 작성한 구입목록에 있는 물건과 동일한 물건을 재래시장에서 찾는다.</td><td>○</td><td></td><td></td><td></td><td></td><td rowspan="4">• 구입목록에 있는 고추와 오이를 찾고, 가게 아주머니에게 "고추 1,000원, 오이 2,000원 주세요"라고 말함
• 시장의 특성을 시장에서 본 구체적인 사물 이름들을 나열하여 표현함
• 돈을 지불하는 것은 알고 있으나 얼마를 지불해야 하는지 계산하지 못함. 가지고 있는 돈을 모두 아주머니에게 내밂</td></tr>
<tr><td>국어</td><td>• 가게 주인에게 필요한 물건 이름을 말한다.</td><td></td><td>○</td><td></td><td></td><td></td></tr>
<tr><td>사회</td><td>• 재래시장의 특성을 살펴보고, 느낌을 말한다.</td><td></td><td>○</td><td></td><td></td><td></td></tr>
<tr><td>수학</td><td>• 고추(1,000원), 오이(2,000원) 값을 계산한다.</td><td></td><td></td><td>○</td><td></td><td></td></tr>
</table>

4) 지역사회중심교수를 적용한 수업의 실제

다음은 '지역사회 미용실을 이용한 자기관리'를 지도하기 위하여 진로와 직업과 사회 교과를 중심으로 기본 교육과정 1~3학년 교과를 참고하여 학생 스스로 자신이 원하는 헤어스타일을 미용사에게 의사표현하고, 미용이 끝난 후 이용요금을 지불할 수 있도록 교과 관련 내용요소를 통합하여 교육활동을 구성한 예이다.

본 교육활동은 단정한 자신의 모습 확인 및 자기 관리하기뿐만 아니라 지역사회 기관 이용하기 / 자신의 의도를 말로 요청하기 / 관계 형성하기 / 화폐 사용하기 등과 같은 폭넓은 생활교육을 통합하여 지도하는 데 목적을 두었다.

(1) 교수 · 학습 방법: 지역사회중심교수

사전에 미용실을 이용해 본 경험을 공유하고, 인터넷 지도를 통하여 지역사회 미용실이 어디에 있는지 탐색한다. 그러고 나서 미용실을 이용할 경우 익혀야 하는 요소(예) 이용할 미용실을 찾아서 방문하기, 방문의 목적 표현하기, 비용 지불하기, 서비스이용에 대한 의사표현하기 등)들을 각 교과에서 분석한 후 사전에 수업장면[5]에서 모의 교수 형태로 반복 훈련의 기회를 갖는 것이 필수적이다.

직접 지역사회 미용실을 방문했을 때는 여러 가지 달라질 수 있는 상황을 미리 안내하고, 교사의 지원 역할은 매우 축소[6]하여 현장에서 어려움이 생기거나 궁금할 경우에만 교사에게 질문할 수 있다는 것을 인지시킨다.

> [tip] 지역사회 중심 교수(Community Based Instruction)
>
> 지역사회 중심 교수는 기능적 기술의 일반화를 위해 학생의 실제 환경에서 실시하는 교수를 말한다. 학생의 수행 수준에 따라 다음 방법들을 단계적으로 지도할 수 있으며, 한 가지 기술을 지도할 때 관련 기술들을 함께 지도할 필요가 있다.

4) 객관적인 평가측정 도구가 아닌 교사 주관적 평가임.
5) 특수학급은 학년과 교과에 따른 개별학생 시간표가 작성되므로 개별학생 관련 교과 시간을 활용할 수 있음.
6) 교사가 직접적인 지원을 하지 않고 학생이 요구할 경우에만 반응하는 형태로 교사의 지원형태를 가능한 한 줄이도록 함.

- 지역사회 모의 교수: 지역사회 환경과 유사하게 교실 상황을 꾸며 역할극을 하거나 관련 동영상을 보여주며 교수하는 방법이다. 예를 들어 '마트에서 원하는 물건 구매하기'를 수업 활동으로 설정하였다면, 교사는 마트 이용 장면을 동영상으로 보여주거나 교실 내 마트 상황을 꾸며 역할극을 해 보게 하는 것을 말한다. 단 직접 지역사회에서의 실행이 힘들거나 위험요소가 있을 경우 이 방법만을 실시할 수도 있다.
- 지역사회 참조 교수: 지역사회 환경과 똑같지는 않지만 학교 내 유사한 시설을 활용하여 교수하는 방법이다. 예를 들어 위의 예에서는 교내 매점을 활용한다거나 '대중교통 이용하기'를 수업 활동으로 설정하였다면, 학교 버스를 이용하는 것을 예로 들 수 있다.
- 지역사회 중심 교수: 지역사회 환경에서 직접 교수하는 방법이다. 예를 들어 '마트'라는 지역사회 시설에 직접 가서 물건 구매하기 활동을 실시하는 것을 말한다.

(2) 교과별 교육과정 관련 내용요소 분석

주제(활동)에 적합한 동일 학년군의 관련 교과를 참고하여 실제적인 기능을 익히는 데 필요한 학습요소가 들어간 영역과 성취기준, 내용 등을 정리해 본다. 아래의 예시를 살펴보면 많은 과목[7]을 통합하였으나, 실제적으로는 자신이 지도하는 과목 내에서의 시수를 감안하여 정리한다.

〈표 4〉 2015 개정 교육과정 교과별 교육과정 관련 내용요소 분석 예시

교과	영역	핵심 개념	내용 (일반화된 지식)	내용 요소	기능
				고 1~3학년	
국어	듣기·말하기	듣기 말하기의 실제	상대방의 말과 행동을 이해하고 자신의 생각이나 느낌을 표현한다.	• **자신의 의도를 전달하기**	• 표현하기 • 대화하기 • 요청하기
사회	관계의 삶	사회적 능력	다른 사람과 사회적 관계를 형성하고 사회적 맥락과 역할에 알맞게 행동하는 것은 사회적 구성원으로서 갖추어야 하는 사회적 능력이다.	• **사회적 관계의 유형**	• 경험하기 • 문제해결하기 • 의사결정하기

7) 기본 교육과정에 제시된 관련 내용 요소들을 많이 보여주고자 다수의 교과목을 제시함.

교과	영역	핵심 개념	내용 (일반화된 지식)	내용 요소	기능
				고 1~3학년	
수학	수와 연산	화폐	화폐의 가치를 알고, 실생활에 활용한다.	• **화폐 활용하기**	• 계산하기 • (화폐)읽기 • 교환하기 • 문제해결하기 • 탐색하기
진로와 직업	직업 생활	자기관리	자기관리는 독립적인 직업생활을 위해 개인이 갖추어야 할 기본 능력이다.	• **직업인의 자기관리**	• 수행하기 • 실천하기 • 점검하기
재활	의사 소통	의사소통 참여	일상생활에서 타인과 의사표현을 주고받으며 소통한다.	• **기능적 의사소통**	• 표현하기 • 이해하기 • 참여하기
여가 활용	일상적 여가	가정 여가활동	가정에서의 여가활동은 여가활동 중 가장 일차적이고 손쉽게 실천할 수 있는 활동으로, 휴식과 자기관리의 기능을 포함하는 활동이다.	• **자기관리형 여가활동**	• 살펴보기 • 실천하기 • 탐색하기

〈표 5〉 2022 개정 교육과정 교과별 관련 내용요소 분석 예시

<table>
<tr><th rowspan="2">교과</th><th rowspan="2">영역</th><th rowspan="2" colspan="3">범주</th><th>성취기준</th></tr>
<tr><th>고 1~3학년</th></tr>
<tr><td rowspan="3">국어</td><td rowspan="3">듣기
·
말하기</td><td colspan="2">지식 · 이해</td><td>• 생각을 나타내는 말
• 대화의 목적</td><td rowspan="3">[12국어01-02] 상대방의 말에 적절히 반응하며 공감하는 대화를 한다.
[12국어01-03] 생각을 주고받으며 대화를 나눈다.
[12국어01-04] 대화 목적에 따라 적절한 내용과 태도로 말한다.</td></tr>
<tr><td colspan="2">과정 · 기능</td><td>• 상대방의 말에 반응하며 듣기
• 생각 표현하기
• 목적에 맞게 대화하기</td></tr>
<tr><td colspan="2">가치 · 태도</td><td>• 공감하는 대화</td></tr>
<tr><td rowspan="3">사회</td><td rowspan="3">관계의 삶</td><td rowspan="3">사회성</td><td>지식 · 이해</td><td>• 사회적 관계유형과 역할 행동</td><td rowspan="3">[12사회02-03] 다양한 사회적 관계유형에 따른 역할 행동을 일상에서 실천한다.</td></tr>
<tr><td>과정 · 기능</td><td>• 사회적 관계유형에 따른 역할 행동하기</td></tr>
<tr><td>가치 · 태도</td><td>• 사회적 역할 행동의 실천 의지</td></tr>
</table>

<table>
<tr><th rowspan="2">교과</th><th rowspan="2">영역</th><th colspan="3" rowspan="2">범주</th><th>성취기준</th></tr>
<tr><th>고 1~3학년</th></tr>
<tr><td rowspan="3">수학</td><td rowspan="3">수와 연산</td><td rowspan="3">화폐</td><td>지식 · 이해</td><td>• 화폐 활용과 관리</td><td rowspan="3">[12사회02-03] 다양한 사회적 관계유형에 따른 역할 행동을 일상에서 실천한다.</td></tr>
<tr><td>과정 · 기능</td><td>• 화폐 사용 시 다양한 의사 표현하기</td></tr>
<tr><td>가치 · 태도</td><td>• 여러 가지 화폐의 생활 속 가치</td></tr>
<tr><td rowspan="2">진로와 직업</td><td rowspan="2">직업 태도</td><td colspan="2">지식 · 이해</td><td>• 직업적 자기 관리</td><td rowspan="2">[12진로04-01] 호칭, 역할, 책임, 급여 등에 대한 직업적인 자기 관리 능력을 기른다.
[12진로04-05] 상대와 상황에 따라 적절한 소통을 하고 직장 예절을 지켜 원만한 대인 관계를 유지한다.</td></tr>
<tr><td colspan="2">과정 · 기능</td><td>• 직업적인 자기 관리 점검하기
• 원만한 대인 관계 유지하기</td></tr>
<tr><td rowspan="3">보건</td><td rowspan="3">생활 속 건강 관리</td><td colspan="2">지식 · 이해</td><td>• 질병과 건강한 생활</td><td rowspan="3">[12보건01-01] 건강한 생활 관리와 질병의 관계를 인식하고 건강 관리 계획을 수립하여 실천한다.</td></tr>
<tr><td colspan="2">과정 · 기능</td><td>• 질병 예방을 위한 건강 관리 계획 수립하고 실천하기</td></tr>
<tr><td colspan="2">가치 · 태도</td><td>• 질병 예방을 위한 건강 관리의 생활화</td></tr>
</table>

(3) 지도 목표 및 내용 도식화(마인드맵)

'학생들에게 무엇을 가르칠 것인가'보다는 '학생들이 무엇을 배울 것인가'에 초점을 두어 교과의 연관성을 도식화한다면 장애학생들의 배움이 훨씬 활발하게 일어날 수 있을 것이며, 이러한 도식화 과정을 통하여 교사는 수업 속에서 지도하고자 하는 목표와 통합된 핵심기술을 수업의 중심에 둘 수 있다.

지도 목표 및 내용 도식화

〈학습목표〉
이 · 미용실에서 자신의 헤어스타일을 요청할 수 있다.
이 · 미용실 이용 후 요금을 계산할 수 있다.

수학교과 '화폐 활용하기'를 지도하기 위하여 지역사회 이 · 미용실 기관을 이용하여 장애학생 스스로 자신이 원하는 헤어스타일을 미용사에게 전달하고, 미용이 끝난 후 이용요금을 지불할 수 있도록 교육활동을 교과를 통합하여 계획하였다. 본 교육활동을 통하여 화폐 지불뿐만 아니라 지역사회기관 이용하기/자신의 의도를 말로 요청하기/관계 형성하기/단정한 자신의 모습 확인 및 관리하기 등과 같은 폭넓은 생활교육을 함께 지도하고자 하였다.

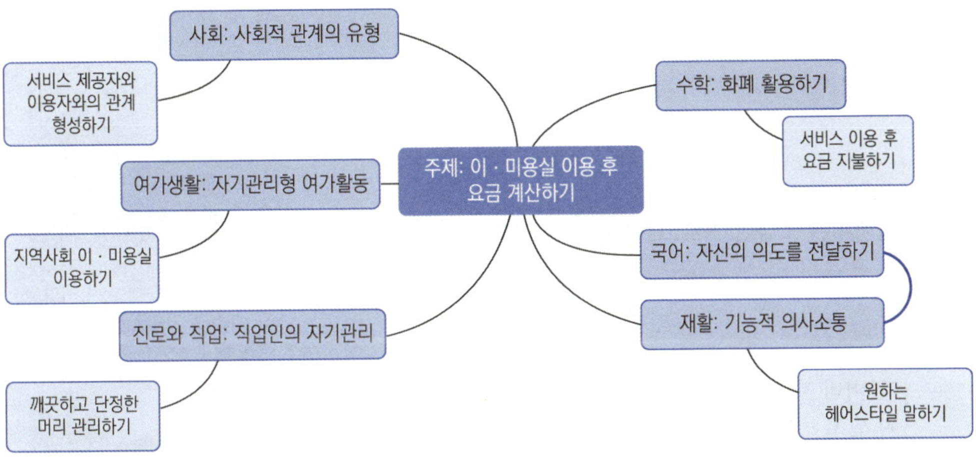

[그림 2] 주제(활동)에 따른 교과 연계 활동내용 분석

(4) 활동 및 지도 과정

수행 수준 / 학생명	자신의 헤어스타일 요구 표현하기				요금 지불하기			사회적 관계 유형에서 본 미용실에서의 활동
		잘함	보통	노력	잘함	보통	노력	
강○○	"앞머리는 조금요. 뒷머리 조금 잘라주세요"	○			○			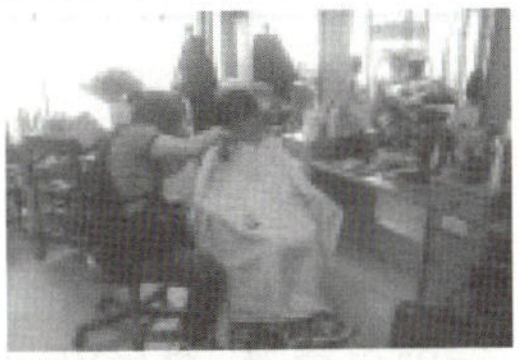 ▸ 평소에 이용해 왔던 미용실이며, 미용사와 익숙한 관계이므로 스스럼없이 원하는 헤어스타일을 이야기함

수행 수준 / 학생명	자신의 헤어스타일 요구 표현하기				요금 지불하기			사회적 관계 유형에서 본 미용실에서의 활동
		잘함	보통	노력	잘함	보통	노력	
박○○	"앞머리만 조금"		○				○	 ▸ 주변 관계를 인식하기보다는 미용 후 자신의 모습에만 집중하는 경향이 있음
허○○	"뒤에 머리숱만 쳐주세요. 앞머리는 조금만 자르고요"	○				○		 ▸ 낯선 장소, 낯선 사람(미용사)임에도 불구하고 평소 익힌 사회적 기술로 자연스럽게 관계 형성을 함
임○○	"앞머리 자르지 말고 귀 자르지 말고 반만 잘라주세요" *머리를 자르는 동안 주변 여러 가지에 참견을 많이 함 *적절한 의사표현이라기보다는 고집스러운 성향이 강하게 나타남 예〉다른 미용실을 가야 한다고 중간에 얘기도 하였으며, 뒤 말고는 절대 자르지 않겠다는 표현을 반복함		○				○	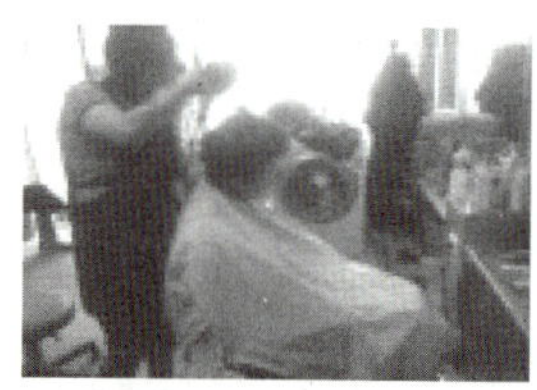 ▸ 사회적 관계 형성의 미숙과 언어적 표현 능력의 부족으로 미용사와 적절한 상호관계를 형성하지 못함. 자신의 머리를 자르던 미용사가 아니어서 머리를 자르지 않겠다고 계속하여 반복적으로 이야기함

(5) 수행결과 및 가정연계 과제

수행결과는 척도와 서술식을 병행하여 기재한다. 이때 척도의 기준은 지도하는 교사의 주관적인 기준일 수 있으므로 학생의 수행이나 당시 상황 등을 서술식으로 함께 기록하는 것이 좋다.

① 수행결과 척도화

영역 및 수행활동	강○○ 수행수준					박○○ 수행수준					허○○ 수행수준					임○○ 수행수준				
	1	2	3	4	5	1	2	3	4	5	1	2	3	4	5	1	2	3	4	5
헤어스타일에 대한 요구표현				✔		✔									✔				✔	
미용요금 지불					✔	✔								✔		✔				
미용실 이용 (사회적 관계)			✔			✔							✔					✔		
지역사회 기술 (태도 및 인사성)					✔				✔			✔				✔				
계(20점)	17점					7점					14점					9점				

* 5점: 스스로 할 수 있음. 1점: 반드시 보호자 혹은 동행자가 필요함

⇩

② 수행결과 분석

요구표현 영역	이용 요금 계산 영역	기타 지역사회 이용 기술 영역
• 전반적으로 요구표현 시 말끝을 흐리며, 정확하지 않음 • ○○를 제외한 학생들은 대화 시 목소리 크기 훈련이 필요함 • ○○: 자신이 어떠한 표현을 해야 하는지 사전에 학습을 했음에도 전혀 표현을 못 하고 다른 사람의 눈치를 보고 있음 • ○○: 자신의 의사표현이 고집스러울 정도로 강함. 때로는 수용하는 자세가 필요함도 인지시킬 필요성이 있음	• ○○, ○○, ○○: 돈의 사용처(목적)는 알고 있으나 돈을 계산하여 이용 요금을 지불하는 능력이 부족함 • ○○: 돈의 액면가의 크기를 전혀 모름	• 익숙한 미용실에 대한 낯설거나 경계를 하는 태도는 나타나지 않음 • ○○, ○○: 다른 손님에게 방해될 정도로 지속적으로 이야기를 하는 경향이 있음 • 머리를 자르고 '감사합니다' 라는 인사말을 지도할 필요성이 있음

③ 가정연계 과제

가정 연계 과제	○ 학생 전체과제 • 학생들은 평소 이·미용 활동 시 보호자가 함께 해주고 있거나, 정해놓은 미용실에서만 머리를 자르고 있었음 ⇨ 학생들의 이후 사회생활을 위해서는 지역의 다양한 이·미용실을 이용해 볼 수 있도록 경험의 기회를 제공해야 함 ⇨ 보호자가 동행하여 학생을 대신해 헤어스타일을 말해주는 횟수를 점차 감소시켜 학생이 스스로 자신의 헤어스타일을 표현할 수 있는 기회를 제공해야 함 ○ 학생 개별과제 • 박○○: 사람을 만났을 때 인사를 하거나 밝은 태도를 유지할 수 있는 사회성을 강점으로 하여 긍정적인 칭찬 제시 ⇨ 가정연계 지도활동 내용으로서 미용실 이용에 대한 단계적인 접근 방법을 구체적으로 제시(과제분석을 통한 활동의 세분화와 유연화)하여 학생이 점차적으로 스스로 미용실을 이용할 수 있도록 함. 또한 '이·미용에 대한 의사표현하기'나 '이·미용요금 지불하기' 등을 스스로 할 수 있게끔 부모가 먼저 모델링을 해주고 학생이 따라서 해보는 활동을 반복함으로써 익숙해질 수 있도록 많은 기회를 제공해야 함. 특히 생활 속에서 돈을 사용하는 빈도는 매우 높고 중요한 부분이므로 지역사회에서 화폐가 이용되는 다양한 상황을 보고 단순한 교환의 개념에서 점차적으로 계산하는 범위까지 확장할 수 있도록 꾸준한 기회를 제공해야 함. 또한 부차적으로 전화를 이용한 사전예약이나, 휴무일 등의 실제 지역사회 이용기관을 이용할 경우 알아야 하는 기본적인 상황도 경험 속에서 익힐 수 있도록 지원하는 것이 요구됨 • 임○○: 무엇이든 하려고 하는 의지가 강하고 칭찬을 받으면 더 잘하려고 노력하는 강점이 있음 ⇨ 가정연계 지도활동 내용으로서 미용실 이용에 대한 단계적인 접근 방법을 구체적으로 제시(과제분석을 통한 활동의 세분화와 유연화)하여 학생이 점차적으로 스스로 미용실을 이용할 수 있도록 함. 또한 미용실 이용에 필요한 핵심단어나 짧은 문장을 사전에 연습하여 끝이 흐리지 않도록 반복 연습하는 과정을 통하여 한 단어, 한 문장이라도 정확한 표현을 할 수 있도록 기회를 제공하는 것이 필요함. 미용요금에 대한 지불은 지폐를 사용한 계산능력보다는 실제적인 실용성을 고려하여 교통카드를 이용한 결제를 함께 지도해 보는 것도 효과적일 수 있음. 무엇보다 ○○이는 새로운 장소나 경험에 대한 두려움이나 회피성향이 전혀 없으므로 다양한 환경의 변화를 주어 경험의 기회를 일반화할 수 있도록 하는 것도 이후 사회생활을 위하여 좋은 기회라고 사료됨

5) 적용 시 유의점 및 사전 준비

특수학급의 교육과정은 특수학급 수만큼 다양할 것이다. 이는 다양성과 융통성이 장점이나 교육적 철학과 구성원 간(일반교사+관리자+학부모+학생 등) 합의를 거치지 않고서는 방향과 목적에 대한 구체성이 없는 임의 교육과정이 될 수 있는 단점을 내포한다. 즉 특수학급 교육과정은 일반학교 편제를 따를 수밖에 없지만 편제에 따른 각 교과목의 내용을 어떠한 내용으로 구성할 것인가는 구성원들이 결정할 수 있으므로 교육과정을 세울 때 목적성을 가지고 촘촘히 계획하는 것이 중요하다. 또한 현장학습이나 실습 위주의 교육방법을 선택할 경우 일반학생과의 통합 여부, 학교행사, 그리고 국가적인 시책(인권존중, 안전, 현장실습 강화 등), 지역 여건 등도 고려하여 수립해야 할 것이다. 무엇보다 중요한 건 특수학급에서 이루어지는 교육과정을 일반교사(통합교사)와 공유하여 학생의 학습 과정과 결과에 대한 상호작용이 이루어져야 한다는 것이다.

2. 선택 중심 교육과정 '공예' 중심 교과 통합 교육과정 재구성

진로와 직업 교과 영역은 '자기 인식', '직업의 세계', '작업 기초 능력', '직업 태도', '진로 설계', '진로 준비'의 6개 영역으로 구성되어 있다. 이러한 교육과정의 내용을 면밀히 들여다보면 자기에 대한 이해를 바탕으로 직업에 대해 탐색하며, 실제 직업 기술과 기능을 익혀 취업을 준비하고, 직업 생활을 할 수 있도록 전개되고 있다. 진로와 직업 교과를 대신하여 선택할 수 있는 전문교과[8] 「공예일반」[9] 교과 역시 공예 분야에 관련된 기초적인 지식과 기술을 습득하여 현장에서 실무에 활용할 수 있는 것이 교과 교육의 목표이다(교육부 고시 제2022-249호). 이러한 일반공예 목표와 교육내용을 그대로 특수학교 중증장애 학생들에게 적용하기보다는 장애학생의 특성을 고려한 공예활동의 장점을 반영하여 교육과정을 구성하면 효율적이다.

8) 진로·직업 교육은 '진로와 직업' 교과 외에도 선택 중심 교육과정의 전문 교과와 특수교육 전문 교과 중에서 학교의 여건에 맞는 것을 선택하여 편성할 수 있다(교육부고시 제2022-34호)
9) 공예일반은 나이스 편제 전문교과Ⅱ－인쇄·출판·공예(군)의 기초에 속함(2024.1월 기준).

공예 교육을 하는 데 있어 중도중복장애 학생들에게는 실생활에 필요하면서도 감각적인 공예품을 만들어 내는 것보다(결과물 산출) 만드는 과정에서의 다양한 경험과 표현, 그리고 작업 기술을 익히는 태도, 작업 활동 유지, 공예품에 대한 감상과 가치 공유 등에 대한 다각적인 경험과 훈련 기회를 제공할 수 있도록 내용을 구성하는 것이 적합하다.

특히 공예 교과 하위영역의 하나인 도자기 공예는 소지토를 활용한 다양한 작업 활동을 통해 장애학생의 감각을 촉진할 뿐만 아니라 소지토를 이용한 여러 가지 형태를 만드는 과정에서 다양한 기능을 비롯하여 작품의 결과까지 얻을 수 있는 다각적인 경험을 제공해 줄 수 있다. 또한 결과물 감상 과정에서 자신의 느낌과 생각을 나눌 수 있는 표현의 기회를 가질 수 있을 뿐만 아니라 생산물인 도자기를 판매하는 과정에서 실용적인 직업 생활기능까지 경험해 볼 수 있는 다양한 도전이 가능한 교과이다.

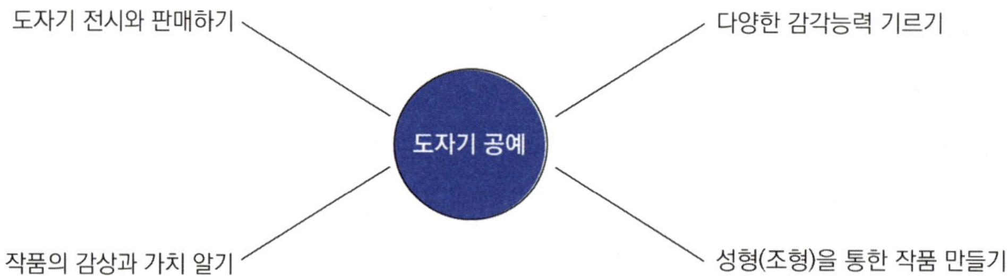

[그림 3] 특수학교 공예(도자기공예) 영역

따라서 기본 교육과정을 적용하는 특수학교의 공예교과 중 도자기 공예 교과를 기본 교육과정의 교과와 연계하여 중증장애 학생들에게 지도한 사례를 제시하고자 한다. 사례에서 보여주고자 하는 핵심은 주교과는 도자기 공예 교과이지만 주교과를 중심으로 하되 다양한 교과의 내용요소를 결합하여 실제 수업차시에 어떻게 구체적으로 녹여 표현할 수 있는지를 수업사례를 통하여 보여주고자 한다.

1) 일반공예 영역과 특수학교 도자기공예 영역 구성

전문교과 공예 실무과목 중 도자기공예의 내용체계는 '도자기 공예의 종류와 특성'을 포괄적으로 기술하고 있으나, 특수학교 재학 중인 중증장애학생의 특성과 수준을 고려하여 도자기 공예의 도구와 기기 사용법 알기, 다양한 기법으로 기물을 성형하고 소성하고 감상하는 과정으로 아래와 같은 하위 내용요소를 설정하였다.

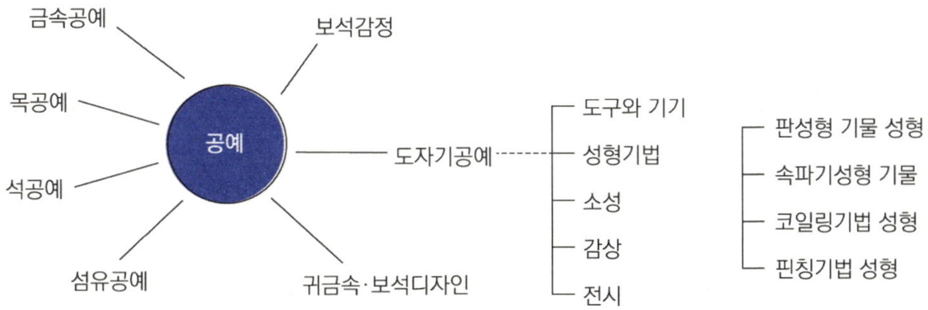

[그림 4] 일반공예 실무과목과 특수학교 도자기공예 하위영역

2) 수업전개를 위한 관련 교과 교육과정 분석

구체적인 수업활동은 도예공구(밀대)를 활용한 판성형 방법[10]을 익히고, 자신이 판성형한 것을 이용하여 실생활에 활용할 수 있는 접시를 만들어 보는 활동을 계획하였다. 성형하는 과정에서 흙에 대한 감각을 경험하고, 다양한 모양으로 변하는 흙의 속성을 직접 눈으로 확인함으로써 즐거움과 성취감도 얻을 수 있도록 하였다. 또한 만드는 과정과 결과물을 비교하여 표현해 보는 활동을 통하여 감상하는 태도와 사물을 비교하여 볼 수 있는 시각적인 안목도 기를 수 있도록 하였다. 도예공구(밀대)를 활용한 실생활용품(접시)을 만드는 것이 주된 활동과정이나 작업 활동에서 수 세기, 도형, 여러 가지 도구의 명칭 익히기, 작업 활동 순서 익히기, 자신과 친구들이 만든 작품 감상하기 등의 다양한 활동을 통합하여 전개함으로써 교과통합 수업을 구현하고자 하였다. 이와 같은 교과통합을 전개하기 위하여 다음과 같이 교육과정을 분석하였다.

10) 판성형 기법은 점토를 일정한 두께의 점토판으로 만들어 도면에 따라 자르고 붙여 성형하는 손성형기법임. 판성형 기법을 통해서 빚을 수 있는 대표적인 그릇 형태는 도마, 접시 등이 있음.

〈표 6〉 교과 통합수업을 위한 2015 기본 교육과정(고1~3학년) 분석

교과	영역	핵심 개념	내용 (일반화된 지식)	내용 요소	본시와 관련한 교과통합 내용
				고 1~3학년	
국어	듣기 · 말하기	듣기 · 말하기의 실제	상대방의 말과 행동을 이해하고 자신의 생각이나 느낌을 표현한다.	• 매체를 통해 전달되는 내용 파악하기 • 자신의 의도를 전달하기	• 영상을 통한 작업과정 이해하기 • 성형되는 과정과 성형기물에 대한 감상 이야기하기
수학	도형	평면 도형과 입체도형	주변의 형태를 여러 가지 입체도형과 평면도형 모양으로 범주화하고, 각각의 평면도형과 입체도형의 특성을 이해한다.	• 여러 가지 입체도형	• 밀대를 이용하여 소지토를 평평하게 밀기 • 접시 모양 탐색하기
과학	물질	물질의 성질	물질은 온도와 압력에 따라 상태가 변화한다.	• 물의 여러 가지 상태(중1~3)[11]	• 소지토가 건조되는 과정 탐색하기
진로와 직업	직업의 세계	직업탐색	직업을 선택하기 위하여 직종별 직업의 특성을 파악하고 개인의 흥미, 적성 등을 고려하는 것이 중요하다.	• 제조업 직종의 탐색과 체험	• 도예가가 하는 일 체험하기
미술	체험	관계	미술은 세상과 세계 속에서 이해되며 이를 통해 사회 구성원으로 자질을 기른다.	• 미술과 진로 · 직업	• 도예가를 체험해보고 자신의 미래 진로 탐색하기
재활	감각 운동	신체동작	신체를 조절하여 바른 자세로 동작을 수행한다.	• 작업에서의 동작 활용	• 밀대로 소지토 밀기 • 접시에 무늬 찍기

〈표 7〉 교과 통합수업을 위한 2022 기본 교육과정(고1~3학년) 교육과정 분석

교과	영역	범주		성취기준
				고 1~3학년
국어	듣기 · 말하기	지식 · 이해	• 매체를 활용한 의사소통 방법	[12국어01-05] 다양한 매체와 매체 자료를 활용하여 의사소통한다.
		과정 · 기능	• 매체를 활용한 듣기와 말하기	
		가치 · 태도	• 공감하는 대화	
수학	도형	지식 · 이해	• 생활과 도형	[12수학02-02] 여러 가지 도형을 활용하여 만들거나 꾸며 실생활에 활용한다.
		과정 · 기능	• 여러 가지 도형으로 만들기와 꾸미기 • 도구를 사용하여 도형 그리기	
		가치 · 태도	• 도형의 아름다움	

11) 고등학교 과정에 없는 일부 내용 요소는 중학교 내용 요소를 가지고 옴

<table>
<tr><th rowspan="2">교과</th><th rowspan="2">영역</th><th rowspan="2" colspan="3">범주</th><th>성취기준</th></tr>
<tr><th>고 1~3학년</th></tr>
<tr><td rowspan="3">과학
(중)</td><td rowspan="3">물질</td><td rowspan="3">물질의 성질</td><td>지식 · 이해</td><td>• 물의 여러 가지 상태</td><td rowspan="3">[9과학02-02] 일상생활에서 이용하는 액체의 성질을 조사한다.</td></tr>
<tr><td>과정 · 기능</td><td>• 물의 상태와 변화 예측하고 추론하기</td></tr>
<tr><td>가치 · 태도</td><td>• 생활 속 과학 및 과학 탐구의 유용성</td></tr>
<tr><td>진로와
직업</td><td>직업의
세계</td><td colspan="2">과정 · 기능</td><td>• 학교 및 지역사회의 직종 탐색하기</td><td>[12진로02-03] 학교 및 지역사회의 직종을 탐색하여 각 직종에 대한 정보를 수집한다.</td></tr>
<tr><td rowspan="3">미술</td><td>체험</td><td colspan="2">과정 · 기능</td><td>• 미술 관련 직업 탐색하기</td><td>[12미술01-04] 미술과 관련된 다양한 직업을 탐색하고 친구와 협력하는 태도를 지닌다.</td></tr>
<tr><td>표현</td><td colspan="2">과정 · 기능</td><td>• 미술 관련 직업 표현 활동하기</td><td>[12미술02-05] 미술과 관련된 직업을 알아보고 그와 관련된 미술 표현 활동을 한다.</td></tr>
<tr><td>감상</td><td colspan="2">과정 · 기능</td><td>• 환경 친화적인 미술 작품 감상하기</td><td>[12미술03-02] 미술 작품의 특징을 분석하고 미술 감상에 흥미와 관심을 가진다.</td></tr>
</table>

단순히 관련 교과 교육과정을 분석하는 것에 그치는 것이 아니라 본시와 관련한 교과통합 내용이 수업의 전개과정에서 어떻게 표현되어야 하며 활동안에 구체적으로 녹여내야 하는지에 대한 세심한 고려가 필요하다.

수업활동	교과 연계 수업전개 내용
작업과정 탐색하기	• 국어 - 영상을 통한 작업과정 이해하기 - 성형되는 과정과 성형기물에 대한 감상 이야기하기
밀대로 소지토 밀기	• 수학 - 밀대를 이용하여 소지토를 평평하게 밀기 - 접시 모양 탐색하기 • 재활: 밀대로 소지토 밀기
다양한 도구로 무늬나 모양 표현하기	• 재활: 접시에 무늬찍기
가장자리를 다듬어 접시 모양 만들기	• 진로와 직업: 도예가가 하는 일 체험하기 • 미술: 도예가를 체험해 보고 자신의 미래 진로 탐색하기
(건조과정)	• 과학: 소지토가 건조되는 과정 탐색하기

교육과정 분석 내용을 수업활동과 연계하여 [그림 5]와 같이 도식화해 본다면 각 교과에서 지도하고자 하는 내용을 구체화하여 수업을 전개할 수 있다.

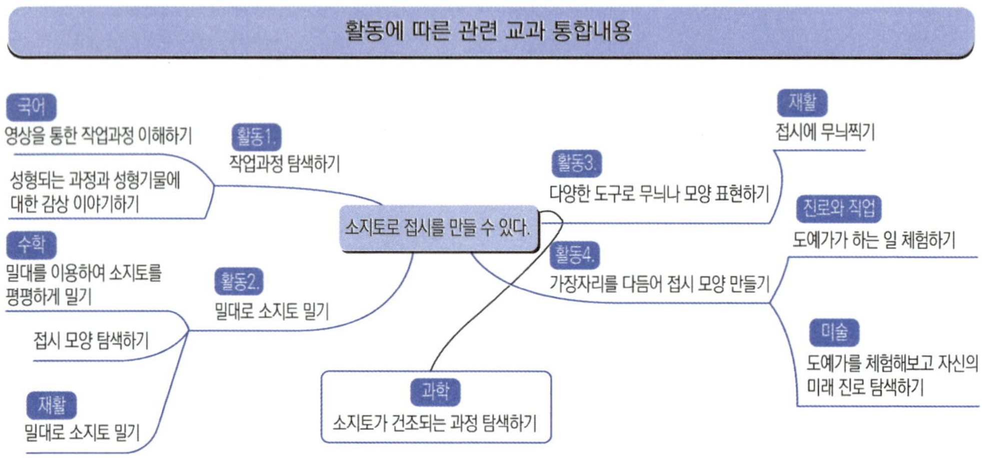

[그림 5] 활동목표에 따른 교과통합 내용의 관계망

3) 교수 학습 전개 계획

(1) 교과 및 대상

교과	도자기 공예	단원	판성형기물 만들기	제재	접시 성형하기
대상	고등학교 1학년 1반	장소	도예실	차시	5/6

(2) 학생실태

◆ 일반적인 학생 실태 분석

영역	실태 및 개선 방향
기본습관	• 기본적인 인사 · 착탈의 · 신변처리 · 식습관 등의 생활태도에 있어 개인별 편차가 매우 크며, 생활에서 꾸준한 지도의 필요성이 있음 • 개인위생에 대한 인식은 하고 있으나 스스로 처리하는 습관형성이 미흡함 • 일상생활에서 익혀야 하는 정리, 청소, 자신의 물품에 대한 보관 등의 경험 부재로 습관화되지 못함. 정리정돈 및 청소에 대한 습관을 형성할 수 있도록 학교생활에서 일정한 시간을 정하여 반복 수행하도록 의도적으로 계획함

영역	실태 및 개선 방향
사회성	• 대인관계기술 결핍으로 또래들과 원만한 대인관계를 형성하지 못함 • 의사소통이 원활하지 않아 충동적인 돌발 행동, 자해 등의 행동을 표출하는 학생이 있음 • 일상에서 지켜야 하는 규칙, 질서, 협력, 배려 등에 대한 개념을 다양한 활동과 연계하여 지도할 필요성이 있음 • 지역사회 다양한 사회적응 활동을 통한 사회적응력을 도모할 필요성이 있음
자존감 및 과제 수행 능력	• 낮은 지적 특성과 상황대처능력으로 교과와 실습시간에 적극적으로 참여하지 못함 • 반복된 실패경험 및 좌절감으로 자존감이 낮으며, 학습된 무기력을 가짐 • 선택적 주의 집중이 약하며, 한 가지 과제를 지속적으로 하지 못함. 개별학생의 흥미와 학습의 장점을 파악하여 학습 과제의 다양한 제시가 필요함 • 교과와 연계하여 생활기능 향상을 통한 자신감 부여가 요구됨

◆ 수업과 관련한 학생 수행 수준

이름	성	수준	본시학습 관련 수행수준	행동특성
고○ (뇌병변, 지체장애 1급)	남	가	• 작업에 대한 지시를 이해하여 작업 활동에 참여함 • 학습한 작업 도구의 명칭을 말할 수 있음 • 적극적인 신체적 지원을 받아 소지토를 이용하여 둥근 원을 만들 수 있음	• 인지적 수업에 대한 참여도가 높으며, 지시나 규칙을 이해하여 따름 • 뇌병변 장애가 심하여 손기능을 이용한 작업 활동이 매우 제한됨 • 이동과 신변처리, 식사활동 등에 전반적인 지원이 필요함
윤○○ (지적장애 2급)	여	가	• 작업 과정 혹은 순서 매뉴얼을 보거나 시범을 보이면 유사한 형태로 작업 활동에 참여할 수 있음 • 손기능을 활용한 작업이나 활동에 흥미를 보임 • 학습한 작업 도구의 그림과 명칭을 연결할 수 있음 • 둥근 흙의 소지토를 손바닥을 이용하여 평평한 둥근 모양으로 만들 수 있음	• 지시를 이해하여 수행하며, 학교생활에서의 규칙과 질서를 지키려고 노력함 • 또래 친구와 협력하는 수업에 참여할 수 있음 • 이성에 대한 관심이 많으며, 자신의 감정을 말로 표현할 수 있음
박○○ (지적장애 1급)	남	다	• 작업 과정 혹은 순서 매뉴얼을 보거나 시범을 보이면 유사한 형태로 작업 활동에 참여할 수 있음 • 작업 활동 동안 간헐적인 지시나 지원이 있을 시 참여도가 높음 • 학습한 작업 도구의 그림을 보고 명칭을 말할 수 있음 • 둥근 흙의 소지토를 손바닥을 이용하여 평평한 둥근 모양으로 만들 수 있음	• 지시를 이해하여 수행하며, 지시에 따라 학교생활에서의 규칙과 질서를 지킬 수 있음 • 자신이 원하는 상황 혹은 불편한 상황이 생길 경우 계속 혼잣말로 자신의 요구를 되풀이함 • 음식물을 씹는 행위에 대한 집착이 강하여 음식을 매우 오랫동안 입안에서 씹음

이름	성	수준	본시학습 관련 수행수준	행동특성
전○○ (지적장애 1급)	여	나	• 작업 과정을 설명하면 해당하는 작업 그림 카드를 고를 수 있음 • 시범 혹은 신체적 지원을 통한 작업 활동을 학습한 후에 스스로 하려는 의지를 보임 • 교사가 가지고 있는 작업 도구나 재료와 같은 것을 찾아 가지고 올 수 있음 • 지원을 받아 둥근 흙의 소지토를 손바닥을 이용하여 평평하게 만들 수 있음	• 언어적 의사소통은 불가능하나 교사나 다른 친구들이 하는 행동을 보고 따라서 할 수 있음 • 자신이 원하는 것을 하지 못할 경우 매우 고집스러운 행동(교실로 안 들어오거나 화장실에서 손을 계속 반복적으로 씻는 행동 등)이 표출됨 • 간혹 옷에 실수를 하기도 함

(3) 단원 지도 계획

<table>
<tr><th>차시</th><th>제재</th><th>학습목표</th><th>지도내용</th><th colspan="2">관련 교과 내용 요소 분석</th><th>관련 자료 및 개별화 자료</th></tr>
<tr><td rowspan="4">1/6</td><td rowspan="4">도예 도구와 재료 알기</td><td rowspan="4">• 도예에 필요한 재료와 도구(기기)의 명칭을 알 수 있다.</td><td rowspan="4">• 도예 도구와 재료 탐색하기
• 도구와 재료 이름 말하기
• 도구와 재료 단어-그림카드 연결하기</td><td>국어</td><td>낱말과 문장을 소리 내어 읽기 (중1~3)[12]</td><td rowspan="4">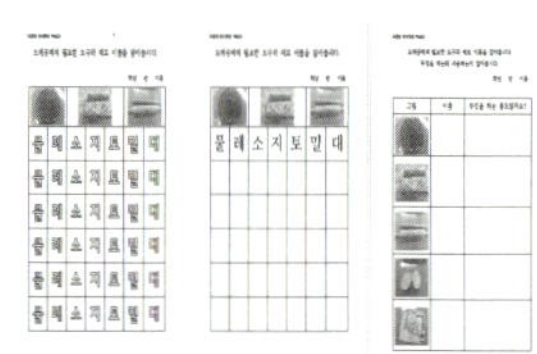
• 소지토, 물레, 밀대, 천, 스펀지, 자름줄
• 사진-단어 카드
• 수준별 단어 익힘 학습지</td></tr>
<tr><td>수학</td><td>여러 가지 입체 도형</td></tr>
<tr><td>과학</td><td>전기기구의 안전한 사용</td></tr>
<tr><td>진로와 직업</td><td>제조업 도구 및 기기 사용</td></tr>
<tr><td rowspan="3">2-3 /6</td><td rowspan="3">도구의 사용법 익히기</td><td rowspan="3">• 소지토의 성질을 탐색한다.
• 물레, 밀대, 자름줄 사용법을 익힌다.</td><td rowspan="3">• 소지토의 성질 탐색하기
• 물레 사용방법 탐색하기
• 밀대로 소지토 밀기
• 자름줄을 이용하여 소지토 자르기</td><td>국어</td><td>정보를 전달하는 말 이해하기</td><td rowspan="3">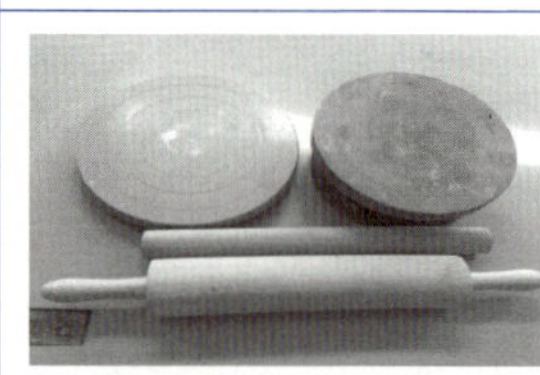
• 건조 상태가 각각 다른 소지토
• 알루미늄과 플라스틱 손물레
• 크기가 다른 밀대
• 자름줄</td></tr>
<tr><td>수학</td><td>길이 / 무게</td></tr>
<tr><td>진로와 직업</td><td>제조업 도구 및 기기 사용</td></tr>
</table>

12) 관련 교과 내용은 고1~3학년군의 내용을 가지고 왔으나 일부 내용은 중1~3학년군의 내용이 포함됨.

차시	제재	학습목표	지도내용	관련 교과 내용 요소 분석		관련 자료 및 개별화 자료
4/6	손으로 다양한 모양 빚어내기	• 소지토를 다양한 모양으로 빚을 수 있다.	• 손으로 소지토 탐색하기 - 두드리기, 찍기, 던지기, 자르기 • 손으로 네모, 동그라미 등 모양 표현하기 • 손으로 평평한 모양 만들기	국어	생각이나 느낌 표현하기 (중1~3)	 • 자름줄, 소지토, 천 • 평평한 모양으로 성형된 소지토 * 자유로운 분위기를 허용하여 자신의 감정까지 소지토에 표현해 볼 수 있도록 함
				수학	여러 가지 입체 도형	
				재활	신체감각의 조절	
				미술	시각 문화의 의미	
5/6	접시 성형하기 - 예시 -	• 소지토로 접시를 만들 수 있다.	• 작업과정 탐색하기 • 밀대로 소지토 밀기 • 다양한 도구로 무늬나 모양 표현하기 • 가장자리를 올려 접시 형태 만들기 • 스펀지로 접시 다듬기	국어	매체를 통해 전달되는 내용 파악하기	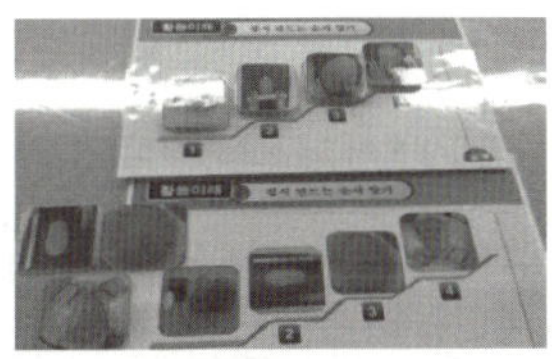 • 소지토, 밀대, 천, 여러 가지 무늬 찍기 도장, 스펀지, 물 • 만드는 과정의 영상 • 작업과정 개별작업판 • 성형된 접시
				수학	여러 가지 입체도형	
				과학	물의 여러 가지 상태	
				진로와 직업	제조업 직종의 탐색과 체험	
				미술	미술과 진로 · 직업	
				재활	작업에서의 동작 활용	
6/6	색소지를 이용하여 접시 꾸미기	• 색소지를 이용하여 접시를 꾸밀 수 있다.	• 색소지 성질 탐색하기 • 색소지를 이용하여 꽃 모양 만들기 • 판성형된 접시에 꽃 모양 붙이기	국어	목적에 맞게 찾아 읽기	 • 소지토, 색소지, 밀대, 천, 스펀지, 물 • 색소지로 성형된 접시 • 만드는 과정의 영상
				과학	용액의 진하기 (중1~3)	
				미술	조형의 원리	
				진로와 직업	제조업 현장실습	

(4) 수업 모형 및 지도 전략

◆ 기능적 학습 모형의 제작 중심 수업 모형

기능 학습에는 실습이 필요하며, 기능은 실습을 통한 계속적인 연습에 의하여 습득된다는 관점에 기초한다. 그러므로 개인차를 고려하여 개별화 수업이 가능하도록 하고, 학생들의 자주적 문제 해결 과정을 중시하여야 한다. 기능 학습은 일반적으로 다음과 같은 의미 파악 → 학습자 참여 → 연습 → 피드백 → 적용 → 유지의 여섯 단계 학습 과정으로 전개된다. 이러한 기능 학습 모형의 원리를 잘 반영하고 있는 대표적인 학습 모형으로 '제작 중심 수업 모형'과 '작업 중심 수업 모형'이 있으며, 본 제재를 지도하기 위하여 제작 중심 모형을 적용하였다.

제작 중심 수업 모형의 단계를 고려하여 수업에 적용할 내용 및 활동을 아래와 같이 정리하였다.

〈표 8〉 제작 중심 수업 모형의 단계를 고려한 수업 내용 및 활동

단계		중심요소	교수 · 학습 활동	수업에 적용
도입	목표 확인	선수 기능 보완	① 문제 상황을 확인한다. ② 실습하는 데 관계되는 지식을 이해한다.	◦ 작업에 필요한 도구와 재료 알기 ◦ 지난 시간 작업 활동 연상하기 ◦ 학습목표 인식하기 소지토로 접시를 만들 수 있다.
		학습 목표	③ 지난 시간의 예습과제 내용에서 공부할 문제를 확인한다. ④ 학습목표를 교사의 설명, 시범을 통해서 확인한다.	
전개	계획	작업 계획	① 해결방법을 여러 가지로 구상하여 계획을 세운다.	◦ 작업 활동 순서 탐색하기 활동1. 작업 과정 탐색하기 활동2. 밀대로 소지토 밀기 활동3. 다양한 도구로 무늬나 모양 표현하기 활동4. 가장자리를 다듬어 접시 모양 만들기
		순서 방법	② 작업의 순서를 알아본다.	◦ 작업 과정 탐색하기 - 작업 순서 영상 탐색하기 - 개별 작업 순서판을 이용하여 작업 순서 확인하기

단계		중심요소	교수 · 학습 활동	수업에 적용
	실행	시범 작업 작업 실습 작업 완성	③ 요소 기능을 추출하여 그에 대한 시범을 보인다. • 교사의 시범 보이기 • 보완점 처리하기 ④ 작업계획에 따라 실습한다. • 활동별로 개별 및 전체학습으로 실습하기 • 교사의 지도 및 조력하기 ⑤ 작업을 마무리한다.	◦ 접시 성형하기 - 준비물 준비하기 - 밀대를 이용하여 소지토 밀기 - 손이나 도구를 이용하여 모양내기 - 가장자리를 올려 접시 형태 만들기 - 스펀지로 가장자리 다듬기 ◦ 개별적 지원을 통한 접시 성형 완성하기
정리	확인	평가 뒤처리	① 작업 결과를 스스로 평가하고, 평가의 기회를 갖는다. ② 작업 후 뒷정리는 제대로 하였는지 확인한다. • 쓰고 남은 재료 정리하기 • 모든 기구를 정한 위치에 정돈하기 • 실습장 주변 청결히 하기	◦ 자신의 작업 태도 살펴보기 - 다짐이나 칭찬하기 ◦ 완성된 접시 감상하기 - 작품을 보고 느낀 점 표현하기 ◦ 사용한 도구를 제자리에 정리 정돈하기 - 사용한 도구 제자리에 갖다 놓기 - 작업대 위 정리하기
	실천	가정실습 과제	① 작업에 대한 만족감을 느끼게 한다. ② 본시의 작업 결과를 가정에서 실천으로 옮긴다. • 어떻게 사용할 것인가? • 어떤 의의가 있는가?	◦ 완성한 접시를 보고 소감 말하기 ◦ 가정 연계 과제 제시하기 - 접시를 가정에서 어떤 용도로 사용할 것인지 이야기하기 - 작업 과정에 대한 가정학습활동지 제시하기

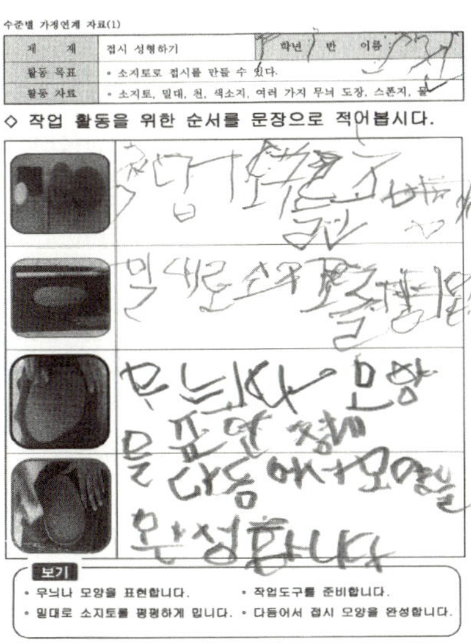

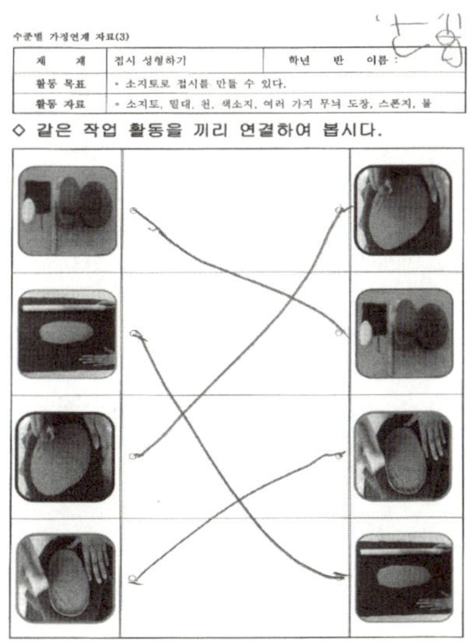

[그림 6] 가정실습 과제 예시

(5) 학습 집단 조직 및 좌석배치

◆ 학습 집단

수업 전개에 따라서 전체학습과 개별학습을 병행하되, 전체 학습 시에도 수준별 개별화 자료 및 차등지원을 통하여 장애학생 특성에 맞는 개별화된 배움 수업 활동이 전개되도록 한다.

도입: 전체학습	⇒	전개: 전체학습 + 개별학습	⇒	정리: 전체학습
• 학습목표 확인하기 • 작업계획 파악하기		• 〈활동1〉 작업과정 탐색하기: 전체학습		• 작업태도 평가하기 • 감상하기
		• 〈활동2〉 밀대로 소지토 밀기: 전체학습과 개별학습 병행		
		• 〈활동3〉 무늬나 모양 표현하기: 개별학습		
		• 〈활동4〉 접시 형태 만들기: 개별학습		

◆ 좌석배치

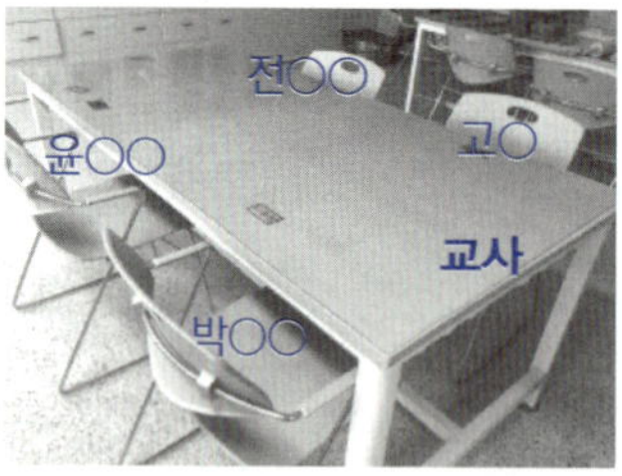

- 고○ 학생은 뇌병변 장애의 특성으로 직업 기능 수행 능력이 매우 낮아 교사 옆자리에 배치함으로써 효율적으로 지원을 제공함
- 윤○○ 학생은 작업이해도가 높고, 평소 또래 친구들에게 수업활동에서 도움을 주는 역할을 할 수 있으므로 주의 집중력이 낮고 산만한 박○○ 학생의 옆자리에 배치하여 또래학습을 지원할 수 있도록 함
- 작업에 필요한 도구들을 분리된 다른 작업대 위에 갖다 놓아 학생 스스로 작업 준비물을 챙겨올 수 있는 기회를 부여하고, 사용하고 난 작업도구는 즉시 정리하고자 함

4) 교수-학습 계획

(1) 교수학습 계획안 사례(5/6차시)

교과	도자기 공예	단원	판성형기물 만들기
주제	접시 만들기	차시	5/6
학습 목표	소지토로 접시를 만들 수 있다.		
학습 자료	교사	판성형 및 접시 만드는 과정 사진 · 동영상 자료, 완성된 접시	
	학생	• 재료나 도구: 소지토, 밀대, 천, 여러 가지 무늬 찍기 도장, 스펀지, 물, 자름줄 등 • 학습판: 개별 작업과정판, 그림이나 단어카드	

단계	중심요소		학습형태	교수-학습 활동			시간	([재]자료 [유]유의점)
				교사 활동	학생 활동			
					가 수준	나 수준		
도입	인사하기		전체 학습	• 인사하기	• 바른 자세로 인사하기		5	[유]긍정적인 자세로 하루를 출발할 수 있도록 독려 [재]그림감정카드
				• 오늘의 기분 탐색하기	• 학생들의 기분이나 감정 서로 표현하기			
	목표 확인	선수기능 보완 및 전시학습 상기하기		• 지난 시간 배운 내용 발문하기	• 지난 시간에 무엇을 했는지 이야기하기 - 어떠한 활동을 했는지 말하기 - 작업 동작 따라서 표현해 보기			[재]전 차시 활동 자료
		학습목표 확인하기		• 학습목표 제시하기 **【학습목표】 소지토로 접시를 만들 수 있다.**				[재]프레젠테이션, 접시 [유]핵심단어를 활용한 목표인식/학습목표에 대한 개별화 인지과정이 요구됨 [유]접시 사용경험과 연계된 동기유발
					• 학습목표 읽기 - 학습목표 따라 읽기 - 핵심단어(소지토, 접시) 읽기/ 핵심단어 붙이기 • 일상생활에서 접시가 어떻게 쓰이는지 말하기			
전개	계획	작업계획 파악하기		• 작업할 내용 안내하기 【학습활동】 활동1. 작업과정 탐색하기 활동2. 밀대로 소지토 밀기 활동3. 다양한 도구로 무늬나 모양 표현하기 활동4. 가장자리를 다듬어 접시 모양 만들기				[재]학습활동 안내

단계	중심요소	학습형태	교사 활동	학생 활동 가 수준	학생 활동 나 수준	시간	(자자료 유유의점)
실행 시범·실습·완성	**활동1** 작업과정 탐색하기	전체 학습 · 개별 학습	• 작업에 필요한 도구 준비하기	• 물레, 밀대, 천, 소지토 준비하기 - 작업도구의 명칭 알기 - 작업 도구(천, 밀대) 준비하기		30	자 물레, 밀대, 천, 소지토, 낱말-그림카드, 동영상 유 반응 기다리기, 부분 참여 원리를 활용하여 작업 활동에 모든 학생이 참여할 수 있도록 유도함
			• 작업과정 탐색하기	• 영상으로 작업과정을 탐색하여 활동 순서 알기 - 어떠한 작업과정인지 표현해 보기 • 작업활동 순서 문장, 그림카드를 연결하여 작업 활동 순서 알기 - 문장에 맞는 순서 그림 카드 찾기			
			• 작업과정 확인하기	• 개별 작업과정판을 이용하여 작업과정 확인하기 - 4장의 작업 순서 그림카드를 순서에 맞게 작업과정판에 붙이기 뇌[13] 4장의 순서카드 중 1장의 순서카드 미리 붙여주기	- 같은 그림을 찾아 작업과정판에 붙이기		
	활동2 밀대로 소지토 밀기		• 밀대 사용 방법 익히기	• 양손으로 밀대 잡고 앞뒤로 이동해 보기 • 밀대 사용방법에 맞게 밀어보기 뇌 지원을 받아 밀대를 앞뒤로 밀어보기			자 밀대 유 밀대를 바르게 잡고 사용하는 시범 제시
			• 밀대로 소지토 밀기 * 소지토에 기포가 생기지 않도록 지도	• 밀대를 이용하여 소지토 밀기 - 소지토 위에 밀대를 놓고 양손으로 앞뒤로 밀기 - 평평하게 될 수 있도록 밀대로 밀기 뇌 지원(밀대 한쪽은 교사가 잡아줌)을 받아 소지토 밀기			자판성형 견본, 포스트잇 유학생 수준별로 차등적 지원하기 유개별활동을 주의 깊게 관찰하여 즉각적인 피드백 제공하기
			• 자신이 성형한 소지토 살펴보기	• 자신이 성형한 소지토를 관찰하여 느낌 말하기 - 평평하게 되었는지 관찰하여 느낌 말하기	- 평평하게 되었는지 손으로 만져서 확		

단계	중심요소		학습형태	교수-학습 활동			시간	([자]자료 [유]유의점)
				교사 활동	학생 활동			
					가 수준	나 수준		
						인하기		
		활동3 다양한 도구로 무늬나 모양 표현하기	개별 학습	• 손이나 도구를 이용하여 무늬나 모양 내기	• 무늬나 모양을 낼 수 있는 도구나 재료 선택하기 • 손이나 도구를 이용하여 다양한 무늬 표현하기 - 찍기 도장을 이용하여 무늬찍기 [뇌] 자신의 손을 이용하여 무늬찍기			[자] 다양한 모양 찍기 도구 [유]정해진 모양보다는 학생들이 자유로운 형태를 나타낼 수 있도록 지원
		활동4 가장자리를 다듬어 접시 모양 만들기		• 가장자리를 올려 접시 형태 만들기	• 판성형된 가장자리를 올려 접시 모양내기 - 손이나 스펀지를 이용하여 가장자리를 올려 접시 모양 만들기 [뇌] 스펀지를 함께 잡고 가장자리 올리기	• 교사의 시범을 따라 가장자리 올리기 • 스펀지를 잡고 교사와 함께 다듬기		[자]스펀지, 물 *접시 형태의 모양이 날 수 있도록 교사의 직접 교수 및 적극적인 지원을 요함
				• 스펀지로 가장자리 다듬기	• 스펀지로 모양 다듬기 - 스펀지로 가장자리 다듬기			
정리 및 평가	확인	작업태도 살펴보기	전체 학습	• 작업태도 살펴보기	• 활동에 참여한 자신의 작업 태도 살펴보기 - 자신의 작업참여 태도 살펴보기 - 다짐이나 칭찬하기		5	[자]작업태도사진 [유] 학생들의 결과물에 대하여 구체적으로 칭찬하기 [유]학생들의 개별 수행수준 기록하기
		감상하기		• 작품 감상하기	• 작업 활동 결과인 작품 감상하기 - 작품을 보고 느낌을 말로 표현하기 - 작품을 보고 느낌을 표정으로 표현하기			
	정리	정리 및 인사		• 정리 정돈 및 인사하기	• 손 씻기 및 인사하기			

13) [뇌] 뇌병변장애가 심하여 작업 활동 시 전반적인 신체적인 도움을 요구하는 학생임을 표시함. 지적 능력은 비교적 양호한 편임.

(2) 수준별 평가 계획안 사례(5/6차시)

인지적 수준과 기능적 수준이 현저히 낮은 중도중복장애 학생들의 평가는 수행평가를 통한 작업참여도, 작업태도, 작업집중도 등을 평가함이 바람직하며, 작업기능면을 평가하는 데 있어서도 개별 맞춤형 평가를 실시하는 것이 바람직하다.

따라서 본 차시 평가를 아래와 같이 계획하였으나, 작업과정에서 개별 학생들의 수행도, 작업향상도, 시간에 비례한 작업량, 작업시간 집중력 등과 같은 작업태도 부분과 또래집단과의 협력과 지원, 상호관계 형성 면에서의 유지 등과 같은 인성적인 부분도 함께 고려해야 한다.

이러한 수업활동의 결과는 개별화교육[14]계획의 평가에 기록하여 가정연계는 물론 타 교과 교사와의 연계교육도 가능할 수 있도록 구현해야 할 것이며 개별 작업활동 포트폴리오 형식으로 만들어 지속적인 피드백을 할 수 있도록 함이 바람직하다.

<table>
<tr><th rowspan="14">평가영역</th><th colspan="3" rowspan="2">수준별 성취수준</th><th colspan="3">성취수준</th></tr>
<tr><th>상</th><th>중</th><th>하</th></tr>
<tr><td rowspan="3">태도면</td><td rowspan="2">가</td><td>• 작업과정을 알고 작업과정에 참여하는가?</td><td></td><td></td><td></td></tr>
<tr><td>• 작업과정에 집중하여 참여하는가?</td><td></td><td></td><td></td></tr>
<tr><td>나</td><td>• 작업과정판의 순서도를 이해하여 작업과정에 참여하는가?</td><td></td><td></td><td></td></tr>
<tr><td rowspan="9">기능면</td><td rowspan="3">가</td><td>• 밀대로 소지토를 밀 수 있는가?</td><td></td><td></td><td></td></tr>
<tr><td>• 여러 가지 도구나 손으로 무늬찍기를 할 수 있는가?</td><td></td><td></td><td></td></tr>
<tr><td>• 접시 형태의 모양을 성형할 수 있는가?</td><td></td><td></td><td></td></tr>
<tr><td rowspan="3">가(뇌)</td><td>• 주로 사용하는 손으로 밀대를 밀 수 있는가?</td><td></td><td></td><td></td></tr>
<tr><td>• 여러 가지 도구나 손으로 무늬찍기를 할 수 있는가?</td><td></td><td></td><td></td></tr>
<tr><td>• 접시 형태의 모양을 성형할 수 있는가?
전반적인 지원 강도를 포함하여 평가함</td><td></td><td></td><td></td></tr>
<tr><td rowspan="3">나</td><td>• 밀대로 소지토를 밀 수 있는가?</td><td></td><td></td><td></td></tr>
<tr><td>• 소지토에 무늬를 찍을 수 있는가?</td><td></td><td></td><td></td></tr>
<tr><td>• 스펀지를 이용하여 가장자리를 올릴 수 있는가?</td><td></td><td></td><td></td></tr>
<tr><th>평가방법</th><td colspan="6">• 수행평가, 관찰평가</td></tr>
<tr><th>평가준거</th><td colspan="6">• 상: 70% 이상 수행 / 중 70~50% 수행 / 하 50% 미만 수행</td></tr>
</table>

14) 장애인 등에 대한 특수교육법 제22조(개별화교육) ②개별화교육지원팀은 매 학기마다 특수교육대상자에 대한 개별화교육계획을 작성해야 한다.

(3) 지도상의 유의점

① 학생 수준별 지원의 강도를 조절하여 가능한 한 학생들이 스스로 작업 활동을 할 수 있도록 지원한다.

② 학생들이 경험한 것을 연상하거나 표현할 때 명확하게 개념을 인지할 수 있도록 구체적인 예를 들거나 생활과 연관된 부가적인 설명을 한다.

③ 작업 활동 시 자신의 작업 활동과 다른 학생들의 작업 태도 및 결과들을 비교해 봄으로써 또래 모델링을 촉진할 수 있도록 유도한다.

④ 수업목표 평가를 포함한 수업참여도, 또래 협력 지원 등 다양한 면에서의 평가를 통하여 학습과 인성이 조화를 이룰 수 있도록 다면평가를 계획한다.

(4) 관련 교수학습 자료

◆ 교사 제시 자료

• 수업 전개 프레젠테이션 자료

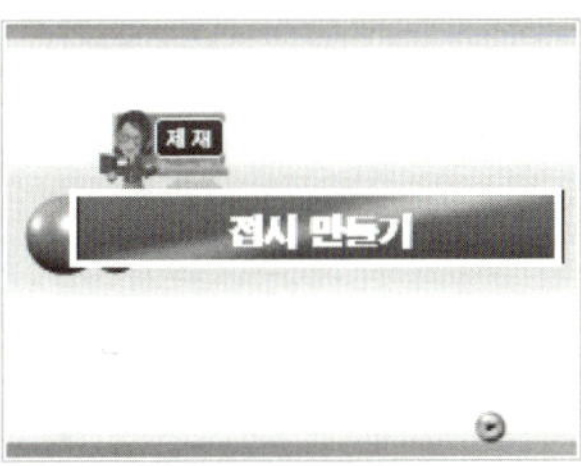

1

2 ★
• 지난 시간 활동 상기

3 ★
• 핵심단어와 작업 활동 결과 사진을 활용한 목표 인식

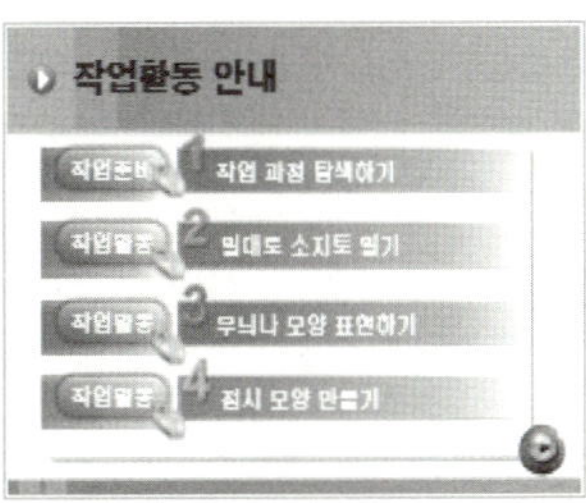

4 ★
• 작업 활동 안내

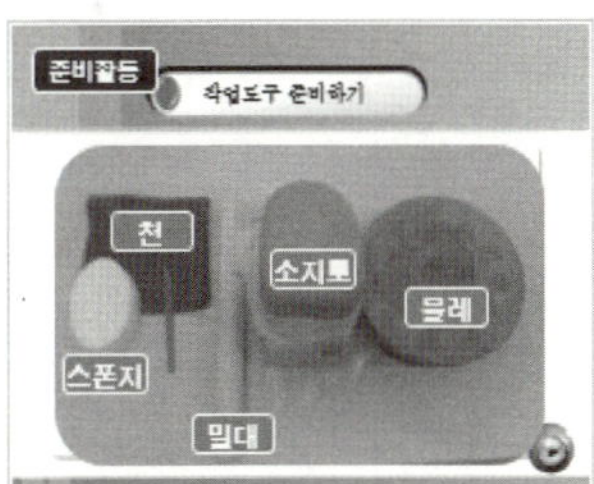

5 ★
• 필요한 재료와 도구

6 ★
• 작업 과정을 나타낸 영상

7 ★

8 ★

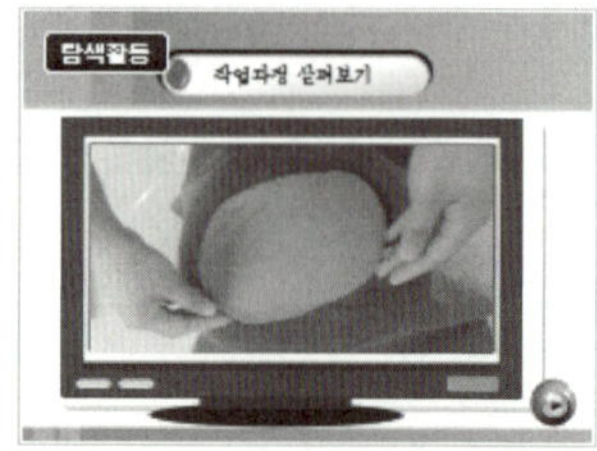

9 ★

〈작업 영상은 장애학생들의 단기기억 특성에 맞게 아주 짧게 편집하여 여러 부분으로 구분하여 제시함〉

10 ★

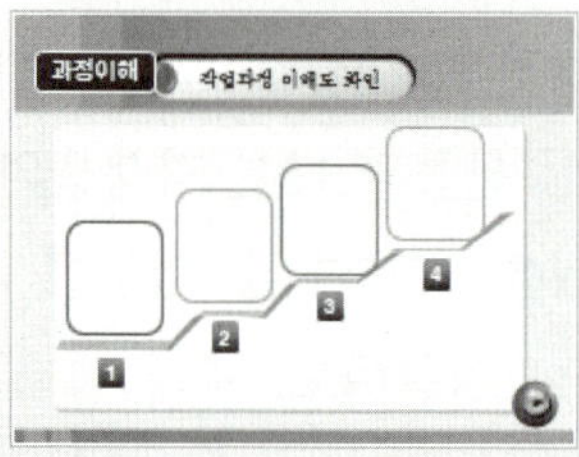

11 ★

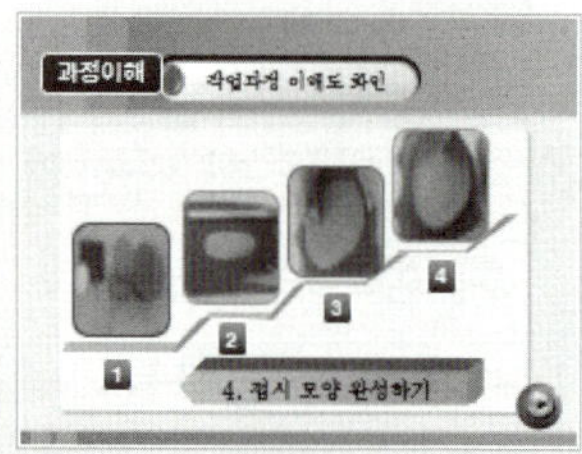

12 ★

• 작업 과정 이해도 확인

13 ★

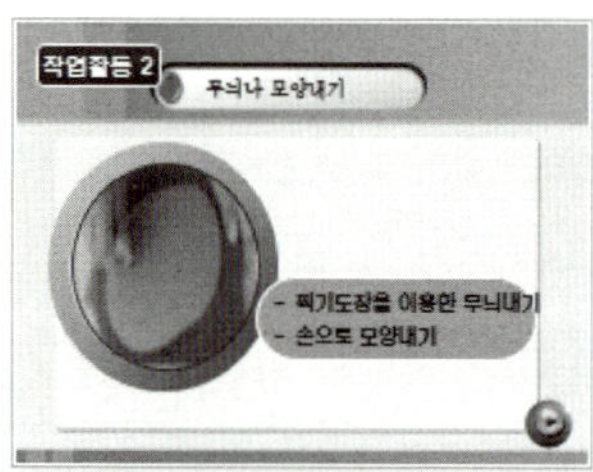

14 ★

15 ★

• 단계별 작업 방법 ⟶

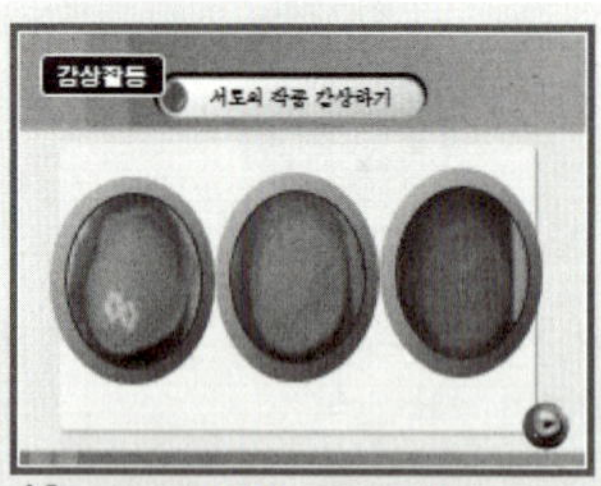

16

• 작품 감상

◆ 학생 작업과정 이해도 개별작업판

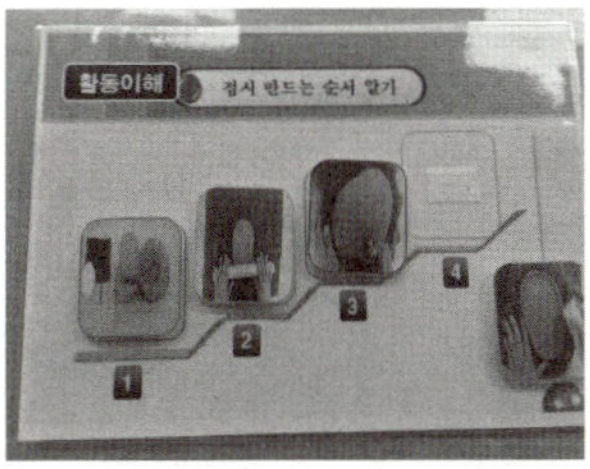
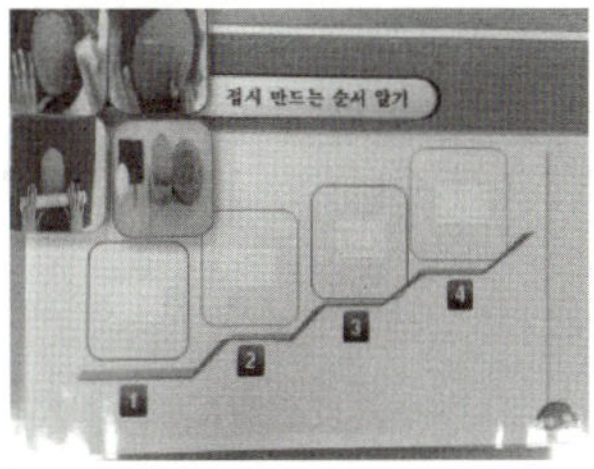

〈가 수준 학생의 개별작업판〉

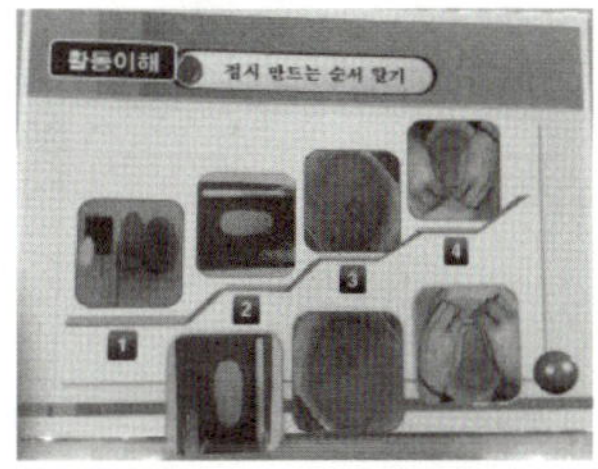

〈나 수준 학생의 개별작업판〉

5) 주교과(도자기 공예)를 중심으로 한 교과연계 수업 시 고려할 사항

특수학교 중증장애 학생들의 도자기 공예 수업을 연상해 본다면 흔히들 '흙으로 무형의 형태를 만들거나 감각 놀이를 하는 장면'을 많이 떠올리게 될 것이다. 아니면 작업대 위에서 학생들이 무엇가를 열심히 만지고 형태를 다져가는 것을 그릴 것이다. 나 역시도 가르치기 전에는 '무언가를 만들어 내는 구체적인 결과물(도자기 등)'을 쉽게 떠올렸다. 하지만 도예라는 영역에 관련 교과목을 접목할 경우에는 학생들과 상호작용할 다양한 수업의 요소와 이야깃거리들이 생겨나며, 교사는 의도적으로 관련 교과목의 요소들을 이용하여 끊임없이 발문하고, 같은 행위만 반복되는 (이를테면 기능적인 밀대로 밀기 등) 단순한 수업의 형태에서 벗어나 학생 수준에 맞는 활발한 수업(밀대로 밀면 흙의 무게는 달라질까?, 밀대로 밀었을 때 어떤 도형이 만들어졌을까?, 밀대로 민 흙 위에 무엇을 표현할까? 등)이 일어나는 것을 경험할 수 있다. 정적인 교과지만 이러한 역동적인 수업을 만들어내기 위해서는 학생들에게 필요한 생활적인 요소들을 명확하게 파악하고(관련 교과 교육과정과 분석) 도예 수업 흐름 중 어떠한 활동에 무엇을 연관 지어 가르칠 것인지에 대한 인지맵을 반드시 구체화해야 할 것이다.

부록2 2022 개정 특수교육 교육과정 교과별 내용 체계

1. 통합교과: 바른 생활, 슬기로운 생활, 즐거운 생활

핵심 아이디어	• 우리는 공동체의 구성원이자 삶의 주체로서 '지금, 여기서' 의미 있는 다양한 삶을 경험하고 표현하면서 자신만의 풍요로운 삶을 살아간다.		
범주	내용 요소		
	바른 생활	슬기로운 생활	즐거운 생활
지식 · 이해	• 자조 기술 • 자기 존중 • 자기 선택 • 나의 안전 • 나의 역할과 책임 • 규칙과 규범 • 예절 • 다양한 사람들과 함께하는 활동 • 환경 보전 • 생명 존중	• 나에 대한 이해 • 나의 하루 • 학교의 모습과 생활 • 여러 사람이 함께 쓰는 장소와 시설 • 생활 도구 • 안전을 지키는 방법 • 여러 가지 매체 • 자연물 • 날씨와 계절 • 동식물 • 우리나라의 문화	• 신체감각 • 주변의 아름다움 • 관심과 선호 • 감정 및 정서 • 신체활동 • 문화예술 • 놀이
과정 · 기능	• 익히기 • 실천하기 • 참여하기	• 탐색하기 • 알아보기 • 익히기 • 사용하기 • 이용하기	• 느끼기 • 감상하기 • 표현하기 • 참여하기 • 놀기 • 즐기기
가치 · 태도	• 바른 태도와 방식 • 능동적 자세 • 존중 • 협동 • 변함없는 노력 • 일관된 태도	• 관심 있는 태도 • 자유로운 방식 • 다양한 방식 • 적극적 자세 • 적합성	• 자유로움 • 다양한 방식 • 창의성 • 적극적 자세 • 재미 • 건강함 • 안전한 태도와 방식

2. 국어

(1) 듣기 · 말하기

<table>
<tr><td>핵심 아이디어</td><td colspan="5">• 듣기 · 말하기는 말소리, 준언어, 비언어, 보완대체의사소통, 매체를 활용하여 의미를 수용하고 표현하는 과정이다.
• 말하는 이와 듣는 이는 서로의 의사소통 표현 방식과 이해 능력을 고려하여 상황 맥락에 적합한 전략을 사용하여 듣고 말한다.
• 말하는 이와 듣는 이는 상호 존중의 대화 예절을 지키며, 적극적으로 듣고 말한다.</td></tr>
<tr><td rowspan="3">범주</td><td colspan="5">내용 요소</td></tr>
<tr><td colspan="3">초등학교</td><td>중학교</td><td>고등학교</td></tr>
<tr><td>1~2학년</td><td>3~4학년</td><td>5~6학년</td><td>1~3학년</td><td>1~3학년</td></tr>
<tr><td>지식 · 이해</td><td>• 여러 가지 소리
• 표정과 몸짓
• 의사소통 의도</td><td>• 일상생활과 관련된 단어
• 자신과 관련된 단어
• 움직임을 나타내는 말</td><td>• 단어와 문장
• 성질이나 상태를 나타내는 말
• 시간, 장소를 나타내는 말
• 묻는 말</td><td>• 느낌을 나타내는 말
• 준언어적, 비언어적 표현
• 높임 표현</td><td>• 정보를 전하는 말
• 생각을 나타내는 말
• 대화의 목적
• 매체를 활용한 의사소통 방법</td></tr>
<tr><td>과정 · 기능</td><td>• 소리 듣고 구별하기
• 표정과 몸짓으로 의사 표현하기
• 말소리, 상징, 보완대체의사소통 기기로 의사 표현하기</td><td>• 말 듣고 행동하기
• 친숙한 단어를 사용하여 말하기
• 간단한 질문에 대답하기
• 대화에 참여하기</td><td>• 문장 형태의 말 듣고 의미 파악하기
• 모습과 행동 파악하고 말하기
• 경험한 일 표현하기
• 질문과 대답하기</td><td>• 말 듣고 주요 내용 파악하기
• 사실과 느낌 표현하기
• 상황과 상대방에게 맞게 대화하기
• 질문과 대답으로 대화 이어 가기</td><td>• 말 듣고 필요한 정보 파악하기
• 상대방의 말에 반응하며 듣기
• 생각 표현하기
• 목적에 맞게 대화하기
• 매체를 활용한 듣기와 말하기</td></tr>
<tr><td>가치 · 태도</td><td>• 자발적인 의사 표현</td><td>• 대화의 바른 자세</td><td>• 바르고 고운 말 사용</td><td>• 대화 예절</td><td>• 공감하는 대화</td></tr>
</table>

(2) 읽기

핵심 아이디어	• 읽기는 읽는 이가 가진 배경지식과 그림, 글, 매체에 제시된 정보를 통합하여 의미를 형성해가는 과정이다. • 읽는 이는 자신의 읽기 목적에 맞게 다양한 그림, 글, 매체 자료를 적절한 읽기 전략을 사용하여 읽는다. • 읽는 이는 다양한 그림, 글, 매체 자료에 흥미를 느끼며 즐겨 읽는다.

범주	내용 요소				
	초등학교			중학교	고등학교
	1~2학년	3~4학년	5~6학년	1~3학년	1~3학년
지식 · 이해	• 형태 지각 • 그림, 기호, 상징	• 상징, 글자의 의미 • 환경 인쇄물의 정보	• 글자의 구성 요소 • 단어의 의미 • 매체 자료	• 단어의 의미 확장 • 문장의 의미	• 읽기의 목적과 방법 • 글과 매체
과정 · 기능	• 변별하기 • 글자의 기초가 되는 모양 찾기 • 실물, 그림, 상징 대응하기	• 친숙한 단어 읽기 • 친숙한 단어의 의미 파악하기 • 그림을 단서로 인물과 장면 확인하기	• 소리 내어 읽기 • 다양한 단어의 의미 파악하기 • 그림을 단서로 내용 파악하기	• 띄어 읽기 • 단어의 의미 확장하기 • 문장의 내용 확인하기 • 인물의 마음이나 생각 알기	• 유창하게 읽기 • 주요 내용 파악하기 • 중심 생각 파악하기 • 경험과 관련지어 읽기
가치 · 태도	• 그림, 기호, 상징에 대한 관심	• 그림과 글자 읽기에 대한 흥미 • 읽기의 바른 태도	• 읽기에 대한 즐거움 • 바람직한 읽기 습관	• 자발적인 읽기 태도 • 읽기의 경험과 읽은 후의 느낌 공유	• 읽기의 생활화

(3) 쓰기

핵심 아이디어	• 쓰기는 다양한 맥락 속에서 문자 언어, 보완대체의사소통, 매체를 활용하여 자신의 감정과 생각을 표현하는 과정이다. • 쓰는 이는 다양한 상황 맥락에서 자신의 쓰기 목적을 달성하기 위하여 활용할 수 있는 방법과 형태로 글을 쓴다. • 쓰는 이는 다양한 쓰기 경험을 통해 흥미를 느끼며 다른 사람과 소통하는 즐거움을 느낀다.				
범주	내용 요소				
	초등학교			중학교	고등학교
	1~2학년	3~4학년	5~6학년	1~3학년	1~3학년
지식 · 이해	• 글자의 기초가 되는 선과 모양	• 글자의 모양 • 친숙한 글자	• 글자의 짜임과 획순 • 단어의 의미	• 단어의 소리와 표기 • 기록의 필요성 • 문장의 구성	• 문장 부호의 의미 • 문단의 구성 • 쓰기 매체의 특성
과정 · 기능	• 자유롭게 끼적이기 • 글자의 기초가 되는 선과 모양 표현하기	• 글자 모양 만들기 • 글자 모양 따라 쓰기 • 글자 보고 쓰기	• 자모 쓰기 • 일상생활과 관련된 단어 쓰기	• 단어 쓰기 • 메모하기 • 문장 쓰기	• 문장 부호 사용하기 • 주제가 있는 짧은 글 쓰기 • 매체를 활용하여 쓰기

<table>
<tr><th rowspan="3">범주</th><th colspan="5">내용 요소</th></tr>
<tr><th colspan="3">초등학교</th><th>중학교</th><th>고등학교</th></tr>
<tr><th>1~2학년</th><th>3~4학년</th><th>5~6학년</th><th>1~3학년</th><th>1~3학년</th></tr>
<tr><td>가치 · 태도</td><td>• 끼적이는 재미</td><td>• 쓰기에 대한 관심
• 쓰기 도구 사용에 대한 흥미</td><td>• 쓰기에 대한 흥미
• 글씨를 쓰는 바른 자세</td><td>• 쓰기에 대한 자신감
• 기록하는 습관</td><td>• 쓰기로 소통하는 즐거움
• 읽는 이를 생각하며 쓰는 태도</td></tr>
</table>

3. 사회

(1) 나의 삶

<table>
<tr><td colspan="2">핵심 아이디어</td><td colspan="4">• 사람들은 자신을 바르게 이해하고 일상에서 자기 결정과 자기 옹호를 실천하며 주체적인 삶을 살아간다.</td></tr>
<tr><th colspan="2" rowspan="3">범주</th><th colspan="4">내용 요소</th></tr>
<tr><th colspan="2">초등학교</th><th>중학교</th><th>고등학교</th></tr>
<tr><th>3~4학년</th><th>5~6학년</th><th>1~3학년</th><th>1~3학년</th></tr>
<tr><td rowspan="3">자율성</td><td>지식 · 이해</td><td>• 나의 모습</td><td>• 나의 특징
• 생활 속 선택</td><td>• 자기 인식
• 나의 선택과 결정</td><td>• 자아 존중
• 나의 권리와 자기 결정</td></tr>
<tr><td>과정 · 기능</td><td>• 나의 모습 살펴보기</td><td>• 나의 특징 표현하기
• 원하는 활동이나 물건 선택하기</td><td>• 나의 특성 파악하기
• 나의 결정 실행하기</td><td>• 나의 가치 평가하기
• 상황에 맞게 주장하기</td></tr>
<tr><td>가치 · 태도</td><td>• 나를 좋아하는 마음</td><td>• 나를 소중히 하는 마음
• 선택을 중요하게 여기는 태도</td><td>• 나를 존중하는 태도
• 자기 결정 실천 의지</td><td>• 내 삶을 긍정적으로 인식하는 태도
• 자기 옹호 실천 의지</td></tr>
</table>

(2) 관계의 삶

<table>
<tr><td colspan="2">핵심 아이디어</td><td colspan="4">• 공감, 정직, 책임, 예절, 존중, 배려, 나눔의 태도를 생활 속에서 실천하는 것은 함께 살아가는 사람들의 모습이다.
• 사람들은 다양한 사회적 관계를 형성하고 사회적 맥락과 역할에 알맞게 행동한다.</td></tr>
<tr><th colspan="2" rowspan="3">범주</th><th colspan="4">내용 요소</th></tr>
<tr><th colspan="2">초등학교</th><th>중학교</th><th>고등학교</th></tr>
<tr><th>3~4학년</th><th>5~6학년</th><th>1~3학년</th><th>1~3학년</th></tr>
<tr><td>도덕적 인성</td><td>지식 · 이해</td><td>• 가족 사랑</td><td>• 가족과 이웃 사랑
• 친구와의 우정</td><td>• 일상에서 나의 역할과 책임
• 타인에 대한 친절과 존중</td><td>• 정직하고 성실한 생활
• 존중하고 배려하는 생활</td></tr>
</table>

범주		내용 요소			
		초등학교		중학교	고등학교
		3~4학년	5~6학년	1~3학년	1~3학년
	과정 · 기능	• 우리 가족의 화목한 모습 살펴보기	• 가족과 이웃들이 사이좋게 지내는 모습 관찰하기 • 친구와 사이좋게 지내기	• 일상에서 자신의 역할과 책임 실천하기 • 일상에서 타인에게 친절하기	• 일상에서 정직, 약속, 성실의 가치를 평가하기 • 타인을 존중하고 배려하는 행동하기
	가치 · 태도	• 가족을 소중히 여기는 마음	• 가족과 이웃을 소중히 여기는 마음 • 친구와의 우정을 소중히 여기는 태도	• 성실한 태도 • 타인을 소중히 여기는 마음	• 정직과 성실한 삶의 태도 내면화 • 생명 존중의 가치 습관화
사회성	지식 · 이해	• 가정에서의 생활 예절 • 친구와 사이좋은 학교생활	• 학교에서의 생활 예절 • 이웃과의 생활 예절	• 다양한 사회적 관계 유형 • 사회적 상황에서 타인의 행동과 감정	• 사회적 관계유형과 역할 행동 • 갈등 상황에서의 다른 입장과 존중
	과정 · 기능	• 가족 간 예의 바른 모습 살펴보기 • 친구 간 사이좋게 지내는 모습 살펴보기	• 학교에서 예의 바른 행동하기 • 이웃에게 예의 바르게 행동하기	• 다양한 사회적 관계 형태 조사하기 • 타인의 행동과 감정 분석하기	• 사회적 관계유형에 따른 역할 행동하기 • 갈등 상황 분석하기
	가치 · 태도	• 가정에서의 예의 바른 태도 • 친구를 소중히 여기는 마음	• 학교에서의 예의 바른 태도 • 이웃에 예의 바른 태도	• 사회적 관계 형성 의지 • 타인의 행동과 감정에 공감하는 마음	• 사회적 역할 행동의 실천 의지 • 다른 입장을 존중하는 태도

(3) 시민의 삶

핵심 아이디어		• 사람들은 지속가능한 생태환경을 가꾸고 다양한 삶의 공간에서 경제주체로서 살아간다. • 사람들은 현재 삶의 맥락을 바탕으로 역사를 이해하고 다양한 문화를 향유한다. • 민주시민은 민주주의의 원리를 존중하고 일상에서 실천하며 세계시민의 자질을 기른다.			
범주		내용 요소			
		초등학교		중학교	고등학교
		3~4학년	5~6학년	1~3학년	1~3학년
인간과 자연의 공존	지식 · 이해	• 우리 동네 모습 • 이웃의 경제생활	• 우리 지역의 자연환경과 인문환경 • 우리 지역 사람들의 경제생활	• 우리나라의 자연환경과 인문환경 • 여러 지역 사람들의 경제생활	• 인간과 환경의 관계 • 다양한 경제활동

범주		내용 요소			
		초등학교		중학교	고등학교
		3~4학년	5~6학년	1~3학년	1~3학년
	과정 · 기능	• 동네의 모습 살펴보기 • 이웃의 경제생활 모습 살펴보기	• 우리 지역의 자연 및 인문환경 특징 설명하기 • 우리 지역의 경제생활 모습 살펴보기	• 우리나라 자연환경과 인문환경 특징 조사하기 • 지역 간 인적, 물적 교류 정보 수집하기	• 세계 여러 나라의 환경과 생활 모습 분석하기 • 경제활동 모습 분석하기
	가치 · 태도	• 이웃의 생활 모습에 관한 관심 • 이웃의 경제활동에 관한 관심	• 우리 지역 모습에 관한 관심 • 우리 지역 경제활동에 관한 관심	• 우리나라 환경의 소중함 • 나라의 경제활동에 관한 관심	• 지속가능한 환경의 소중함 • 경제생활 주체로서 삶의 태도
역사 · 문화 소양	지식 · 이해	• 우리 가족의 과거와 현재 • 다양한 문화 활동	• 우리 지역의 문화 유적 • 지역의 문화 활동	• 우리나라의 문화 유적 • 다양한 문화 활동	• 우리나라의 문화 유산 • 다양한 사회적 관계 속에서의 문화 활동
	과정 · 기능	• 우리 가족의 변화 모습 살펴보기 • 함께 문화 활동하기	• 우리 지역의 문화 유적지 살펴보기 • 지역의 문화 활동 체험하기	• 우리나라의 문화 유적 정보 수집하기 • 다양한 문화 활동 계획하기	• 우리나라의 문화 유산 조사하기 • 다양한 사람들과 문화 활동하기
	가치 · 태도	• 가족의 변화 모습에 관한 관심 • 문화 활동 참여의 즐거움	• 옛사람의 생활 모습에 관한 관심 • 지역 문화 활동에 관한 관심	• 우리 역사를 아끼는 마음 • 문화 활동 참여를 즐기는 태도	• 우리 역사에 대한 자부심 • 문화적 소양을 기르는 태도
민주시민	지식 · 이해	• 학교의 생활 규칙 • 우리나라 상징	• 생활 속 규범 • 우리 땅 독도	• 민주적 생활 태도 • 영토를 지켜온 역사 • 우리 사회의 변화	• 사회 규범과 인권 • 민주주의 원리와 시민 의식 • 영토 주권과 평화와 통일 • 세계변화와 다중 시민성
	과정 · 기능	• 학교생활 규칙 살펴보기 • 우리나라를 대표하는 것 살펴보기	• 생활 속 규범 지키기 • 독도의 모습 살펴보기	• 일상에서 민주적 생활 모습 실천하기 • 나라를 지켜온 노력 조사하기 • 사회 변화 모습 비교하기	• 사회 규범 준수와 인권 존중 실천하기 • 시민의 의무와 권리 행사하기 • 영토 수호, 평화와 통일을 위한 노력 조사하기 • 세계인이 함께 사는 모습 조사하기

<table>
<tr><th colspan="2" rowspan="3">범주</th><th colspan="4">내용 요소</th></tr>
<tr><th colspan="2">초등학교</th><th>중학교</th><th>고등학교</th></tr>
<tr><th>3~4학년</th><th>5~6학년</th><th>1~3학년</th><th>1~3학년</th></tr>
<tr><td></td><td>가치 · 태도</td><td>• 학교 규칙을 지키려는 태도
• 우리나라를 사랑하는 마음</td><td>• 생활 속에서 규범을 지키려는 태도
• 우리 영토를 아끼는 마음</td><td>• 민주적인 생활 태도 실천 의지
• 영토와 평화를 소중히 여기는 마음
• 사회 변화에 관심</td><td>• 사회 규범 준수 및 인권 존중 태도
• 민주시민 의식 실천 의지
• 영토 주권 의식과 평화사랑
• 세계시민 소양 실천 의지</td></tr>
</table>

4. 수학

(1) 수와 연산

<table>
<tr><td colspan="2">핵심 아이디어</td><td colspan="5">• 수 이전 개념을 다루는 활동은 수 개념 형성의 기초가 된다.
• 사물의 개수와 양을 나타내기 위해 만들어진 수는 생활 속에서 집합수, 순서수, 명명수로 사용된다.
• 기초적인 덧셈, 뺄셈, 곱셈, 나눗셈 연산의 문제 해결은 실생활 문제를 합리적으로 해결하는 데 유용하다.
• 실생활 장면에서 다양한 형태의 화폐 활용은 화폐의 용도와 가치를 이해하는 토대가 된다.</td></tr>
<tr><th colspan="2" rowspan="3">범주</th><th colspan="5">내용 요소</th></tr>
<tr><th colspan="3">초등학교</th><th>중학교</th><th>고등학교</th></tr>
<tr><th>1~2학년</th><th>3~4학년</th><th>5~6학년</th><th>1~3학년</th><th>1~3학년</th></tr>
<tr><td rowspan="4">지식 · 이해</td><td>수의 기초</td><td>• 찾기
• 변별하기
• 비교하기
• 짝짓기
• 순서짓기</td><td></td><td></td><td></td><td></td></tr>
<tr><td>수</td><td>• 다섯까지 개수 세기</td><td>• 열까지 개수 세기
• 한 자리 수
• 순서수</td><td>• 두 자리 수</td><td>• 세 자리 수</td><td>• 네 자리 수
• 생활 속의 수</td></tr>
<tr><td>수의 연산</td><td>• 가르기와 모으기</td><td>• 한 자리 수의 덧셈과 뺄셈</td><td>• 10이 되는 더하기와 10에서 빼기
• 몇십의 덧셈과 뺄셈</td><td>• 몇백의 덧셈과 뺄셈
• 받아올림이 있는 한 자리 수의 덧셈
• 곱셈의 기초</td><td>• 큰 수의 덧셈과 뺄셈
• 받아내림이 있는 십몇과 한 자리 수의 뺄셈
• 나눗셈의 기초</td></tr>
<tr><td>화폐</td><td>• 화폐 탐색</td><td>• 동전 활용</td><td>• 지폐 활용</td><td>• 여러가지 화폐 활용</td><td>• 화폐 활용과 관리</td></tr>
</table>

범주	내용 요소				
	초등학교			중학교	고등학교
	1~2학년	3~4학년	5~6학년	1~3학년	1~3학년
과정 · 기능	• 수 개념 파악하기 • 수를 세고 읽고 쓰기 • 덧셈, 뺄셈 문제 해결 과정 나타내기 • 화폐 활용 시 간단한 의사 표현하기 • 수와 연산을 실생활과 타 교과에 적용하기 • 구체물, 수모형, 계산 도구 활용하기			• 수 계열 파악하기 • 생활 속의 수를 찾아 읽고 쓰기 • 사칙연산 문제 해결 과정 나타내기 • 화폐 활용 시 다양한 의사 표현하기 • 수와 연산을 여가, 직업생활 및 타 교과에 적용하기 • 수모형, 계산 도구 활용하기	
가치 · 태도	• 수의 필요성 • 덧셈과 뺄셈의 유용성 • 동전과 지폐의 생활 속 가치 • 적극적으로 참여하는 태도			• 생활 속의 수에 대한 흥미와 관심 • 사칙연산에서의 성공 경험 • 여러 가지 화폐의 생활 속 가치 • 또래와 협력하는 태도	

(2) 도형

범주		내용 요소				
핵심 아이디어		• 주변 사물을 관찰하여 여러 가지 모양을 찾고, 조작하는 것은 도형의 특성과 성질을 이해하는 기초가 된다. • 입체 또는 평면 모양과 도형을 만들고 꾸미는 활동을 통해 도형을 생활 속에서 유용하게 활용한다. • 공간에 대한 직접적 경험은 물리적 공간을 이해하고 활용하는 기초가 된다.				
범주		내용 요소				
		초등학교			중학교	고등학교
		1~2학년	3~4학년	5~6학년	1~3학년	1~3학년
지식 · 이해	모양과 도형	• 사물의 모양	• 입체 모양	• 평면 모양	• 평면도형	
	만들기와 꾸미기		• 입체 모양 만들기와 꾸미기	• 평면 모양 만들기와 꾸미기	• 평면도형 만들기와 꾸미기	• 생활과 도형
	공간 감각	• 공간의 탐색	• 위치와 방향의 변화	• 공간의 이해	• 쌓기나무 쌓기	• 공간의 활용
과정 · 기능		• 사물의 모양 관찰하고 찾기 • 위치와 방향, 거리를 구분하기 • 평면 모양 만들거나 그리기 • 여러 가지 모양으로 만들기와 꾸미기 • 대상의 위치, 방향, 거리 나타내기 • 직관적 비교로 모양 분류하기 • 도구를 사용하여 모양 그리기			• 도형 관찰하고 구별하기 • 입체 모양과 똑같이 쌓기 • 사용된 쌓기나무 개수 세기 • 여러 가지 도형으로 만들기와 꾸미기 • 모양 보고 쌓기나무 개수 추측하기 • 직관적 비교로 도형 분류하기 • 도구를 사용하여 도형 그리기	

범주	내용 요소				
	초등학교			중학교	고등학교
	1~2학년	3~4학년	5~6학년	1~3학년	1~3학년
가치 · 태도	• 사물의 모양에 대한 흥미와 관심 • 모양의 아름다움 • 만들기와 꾸미기의 즐거움 • 또래와 협력하여 만들기와 꾸미기			• 도형에 대한 흥미와 관심 • 도형의 아름다움 • 공간의 효율적 활용 • 또래와 협력하여 만들기와 꾸미기	

(3) 측정

범주		내용 요소				
핵심 아이디어		• 여러 가지 속성의 양을 비교하고, 단위를 사용하여 측정하는 활동은 실생활 및 실습 활동에 활용된다. • 일상생활 속 시간의 순서와 경과를 이해하는 것은 계획적인 생활을 실천하는 토대가 된다.				
범주		내용 요소				
		초등학교			중학교	고등학교
		1~2학년	3~4학년	5~6학년	1~3학년	1~3학년
지식 · 이해	양의 측정	• 직관적 비교	• 직접 비교	• 길이(cm) • 들이(L)	• 길이(m) • 무게(kg)	• 생활과 측정
	시간	• 시간 경험하기	• 하루의 일과	• 시각과 날짜	• 시간과 달력	• 시간 계획하기
과정 · 기능		• 측정 대상의 속성 탐색하기 • 측정 절차 따르기 • 측정 도구 사용하기 • 측정 단위(cm, L, 시, 일) 표현하기 • 양을 비교하고 결과를 표현하기 • 양적 감각 익히기 • 측정을 일상생활과 연결하기 • 시간의 순서 파악하기 • 시간과 생활 모습의 변화 연결하기			• 측정 정보 파악하기 • 측정 도구 선택하고 활용하기 • 측정 단위(m, km, kg, 월, 년) 표현하기 • 측정을 자립, 진로와 직업생활, 타 교과와 연결하기 • 물체의 양 어림하기 • 시간 계획을 수립하고 생활에 활용하기 • 시간에 따른 생활 모습의 변화 관계 짓기	
가치 · 태도		• 측정 도구의 필요성 • 시간 측정의 필요성 • 측정 활동에서의 성공 경험			• 측정 도구 활용의 유용성 • 시간 계획의 유용성 • 측정 활동에서의 자신감	

(4) 규칙성

<table>
<tr><td colspan="2">핵심 아이디어</td><td colspan="5">• 생활 주변의 여러 규칙적인 현상을 경험하고 탐구하는 활동은 변화하는 현상과 대상 간의 관계를 이해하는 기초가 된다.</td></tr>
<tr><td colspan="2" rowspan="3">범주</td><td colspan="5">내용 요소</td></tr>
<tr><td colspan="3">초등학교</td><td>중학교</td><td>고등학교</td></tr>
<tr><td>1~2학년</td><td>3~4학년</td><td>5~6학년</td><td>1~3학년</td><td>1~3학년</td></tr>
<tr><td>지식 · 이해</td><td>규칙성</td><td>• 규칙 따라 하기</td><td>• 물체 배열의 규칙</td><td>• 물체, 무늬 배열의 규칙</td><td>• 대응하는 규칙</td><td>• 규칙의 활용</td></tr>
<tr><td colspan="2">과정 · 기능</td><td colspan="3">• 규칙 경험하고 모방하기
• 다음에 올 것 추측하고 확인하기
• 규칙에 맞게 배열하기
• 물체와 무늬 배열에서 규칙 찾기
• 규칙에 맞게 나타내기
• 규칙을 실생활과 놀이와 연결하기
• 도구를 활용하여 규칙 나타내기</td><td colspan="2">• 규칙에 따른 변화 찾기
• 한 양에 대응하는 다른 양 추측하기
• 규칙을 정해 배열하기
• 물체, 무늬, 수 배열 등에서 규칙 찾기
• 규칙에 대한 생각을 공유하기
• 규칙을 여가 및 직업생활에 적용하기
• 도구를 활용하여 규칙 문제 해결하기</td></tr>
<tr><td colspan="2">가치 · 태도</td><td colspan="3">• 규칙적 무늬의 아름다움
• 규칙적 배열에 대한 흥미와 호기심
• 규칙 찾기 활동에서의 성공 경험</td><td colspan="2">• 규칙 활용의 유용성
• 규칙 정하는 활동에의 흥미와 관심
• 다른 학생의 규칙에 대한 생각을 존중하는 태도</td></tr>
</table>

(5) 자료와 가능성

<table>
<tr><td colspan="2">핵심 아이디어</td><td colspan="5">• 자료를 일정한 기준에 따라 분류하는 활동은 자료의 특징을 파악하고 집단을 비교하는 데 활용된다.
• 표와 그래프의 정보를 파악하는 것은 생활 속 문제를 합리적으로 해결하는 데 유용하다.
• 가능성을 이해하는 것은 생활 속에서 미래를 예측하고 준비하는 데 도움이 된다.</td></tr>
<tr><td colspan="2" rowspan="3">범주</td><td colspan="5">내용 요소</td></tr>
<tr><td colspan="3">초등학교</td><td>중학교</td><td>고등학교</td></tr>
<tr><td>1~2학년</td><td>3~4학년</td><td>5~6학년</td><td>1~3학년</td><td>1~3학년</td></tr>
<tr><td rowspan="3">지식 · 이해</td><td>분류하기</td><td>• 분류 경험하기</td><td>• 두 개로 분류하기</td><td>• 세 개 이상으로 분류하기</td><td>• 두 가지 기준으로 분류하기</td><td>• 여러 가지 기준으로 분류하기</td></tr>
<tr><td>표와 그래프</td><td></td><td></td><td>• 표 만들기</td><td>• 간단한 그래프</td><td>• 여러 가지 그래프</td></tr>
<tr><td>가능성</td><td></td><td></td><td></td><td>• 놀이 속의 가능성</td><td>• 생활 속의 가능성</td></tr>
<tr><td colspan="2">과정 · 기능</td><td colspan="3">• 자료의 특성과 분류 기준 파악하기
• 기준에 따라 자료 분류하기
• 자료를 수집 · 정리하기
• 자료를 분류하고 비교하기</td><td colspan="2">• 자료의 분류 기준 파악하기
• 순차적으로 자료 분류하기
• 자료, 표, 그래프 연결하기
• 그래프 그리는 과정 따르기</td></tr>
</table>

범주	내용 요소				
	초등학교			중학교	고등학교
	1~2학년	3~4학년	5~6학년	1~3학년	1~3학년
	• 표 그리는 과정 따르기 • 자료를 표로 나타내기 • 표를 일상생활과 연결하기			• 자료를 그래프로 정리하기 • 그래프 정보를 활용하여 문제 해결하기 • 가능성 추측하기 • 가능성을 일상생활과 연결하기	
가치 · 태도	• 분류의 필요성 • 분류 활동에의 적극적 참여 • 표의 편리함과 유용성			• 그래프의 편리함과 유용성 • 실생활 자료 활용에의 자신감 • 가능성 예측의 필요성	

5. 과학

(1) 운동과 에너지

핵심 아이디어		• 전하나 전류는 다양한 자기 및 전기 현상을 일으키며, 자석과 전기의 성질을 전구, 전동기 등을 통해 관찰하고 전기기구를 실생활에서 안전하게 사용한다. • 물체의 따뜻하고 차가운 정도는 온도로 나타내며 온도계로 정확하게 측정할 수 있고, 열은 온도가 높은 곳에서 낮은 곳으로 이동하며 일상생활에서는 단열 등과 같은 방식으로 유용하게 활용한다. • 빛과 소리는 반사, 굴절, 진동 등 파동의 특성이 있으며 그 특성을 활용한 거울과 렌즈, 악기와 방음 장치 등을 관찰하여 실생활에 활용한다. • 우리 주변에 작용하는 힘에 관심을 두고, 물체 사이에 작용하는 여러 가지 힘과 이로 인해 자연과 일상생활 속 여러 운동의 속력과 방향이 변하는 사례를 관찰하여 실생활에 활용한다.			
범주		내용 요소			
		초등학교		중학교	고등학교
		3~4학년	5~6학년	1~3학년	1~3학년
지식 · 이해	전기와 자석	• 자석과 물체 사이의 힘 • 자석과 자석 사이의 힘	• 전기가 통하는 물질과 통하지 않는 물질	• 전기의 이용	• 전기기구의 안전한 사용
	열	• 차가운 정도와 따뜻한 정도	• 온도	• 열의 이동	• 단열
	소리와 빛	• 소리의 세기와 높낮이	• 빛과 그림자 • 거울의 이용	• 소리의 발생과 전달	• 렌즈의 이용
	힘과 운동	• 미는 힘과 당기는 힘 • 힘과 물체의 위치 변화	• 속력과 안전	• 무게 측정 • 여러 가지 저울	• 중력과 마찰력

<table>
<tr><th rowspan="3">범주</th><th colspan="4">내용 요소</th></tr>
<tr><th colspan="2">초등학교</th><th>중학교</th><th>고등학교</th></tr>
<tr><th>3~4학년</th><th>5~6학년</th><th>1~3학년</th><th>1~3학년</th></tr>
<tr><td>과정 · 기능</td><td colspan="2">• 교실에서의 다양한 도구를 관찰하고 사용하기
• 자연과 일상생활에서 운동과 에너지 관련 현상을 관찰하기
• 다양한 특성에 따라 비교 · 분류하고, 도구를 활용하여 측정하기
• 다양한 방법 및 도구를 사용하여 자료를 수집하기
• 경험과 관찰로부터 실험 결과를 예상하기
• 안내에 따라 관찰 및 자료로부터 결과를 도출하기
• 자기 생각을 다양한 방식으로 표현하기</td><td colspan="2">• 자연과 일상생활에서 운동과 에너지 관련 문제를 인식하기
• 문제를 해결하기 위한 탐구 설계하기
• 관찰, 측정, 분류, 예상, 추리 등을 통해 자료를 수집하고 비교, 분석하기
• 수학적 기능과 컴퓨터, 모형을 활용하기
• 안내에 따라 결론을 도출하고, 자연과 일상생활의 운동과 에너지 관련 상황에 적용하기
• 협력적으로 소통하기</td></tr>
<tr><td>가치 · 태도</td><td colspan="2">• 자연과 생명에 대한 존중과 배려심
• 자연과 과학에 관한 관심과 호기심
• 과학 활동 적극적 참여와 협력
• 생활 속 위험에 대한 인식과 대처</td><td colspan="2">• 생활 속 과학 및 과학 탐구의 유용성
• 과학 상상력과 창의성
• 과학 공동체 활동 참여 및 문화 향유
• 생활 속 위험에 대한 안전 생활 실천</td></tr>
</table>

(2) 물질

<table>
<tr><td colspan="2">핵심 아이디어</td><td colspan="4">• 물체는 여러 가지 물질로 구성되며, 물질의 성질에 따라 다양한 용도로 활용된다.
• 물질은 고유한 특성을 가지며 물질의 상태에 따라 물리적 성질도 다르다.
• 물질이 연소할 때 새로운 물질이 만들어지며, 연소 과정에서 물질의 성질이 달라진다.</td></tr>
<tr><td colspan="2" rowspan="3">범주</td><td colspan="4">내용 요소</td></tr>
<tr><td colspan="2">초등학교</td><td>중학교</td><td>고등학교</td></tr>
<tr><td>3~4학년</td><td>5~6학년</td><td>1~3학년</td><td>1~3학년</td></tr>
<tr><td rowspan="3">지식 · 이해</td><td>물체와 물질</td><td>• 물체의 관찰
• 물체의 종류
• 물체의 용도</td><td>• 물체를 이루는 물질</td><td></td><td></td></tr>
<tr><td>물질의 성질</td><td>• 물질의 질감</td><td>• 물질의 상태
• 여러 가지 용액
• 물에 녹는 물질과 녹지 않는 물질</td><td>• 혼합물의 분리
• 액체의 성질
• 용질의 녹는 양
• 물의 여러 가지 상태</td><td>• 기체의 성질
• 용액의 진하기
• 물과 얼음의 상태 변화</td></tr>
<tr><td>물질의 변화</td><td></td><td></td><td></td><td>• 연소와 소화</td></tr>
</table>

범주	내용 요소			
	초등학교		중학교	고등학교
	3~4학년	5~6학년	1~3학년	1~3학년
과정 · 기능	• 자연과 일상생활에서 물질 관련 현상을 관찰하기 • 물체의 다양한 특성에 따라 비교 · 분류하고, 도구를 활용하여 측정하기 • 다양한 방법 및 도구를 사용하여 자료를 수집하기 • 경험과 관찰로부터 실험 결과를 예상하기 • 안내에 따라 관찰 및 자료로부터 결과를 도출하기 • 자기 생각을 다양한 방식으로 표현하기		• 자연과 일상생활에서 물질 관련 문제를 인식하기 • 용해 관련 탐구 설계하기 • 관찰, 측정, 분류, 예상, 추리 등을 통해 자료를 수집하고 비교, 분석하기 • 수학적 기능과 컴퓨터, 모형을 활용하기 • 물의 상태와 변화 예측하고 추론하기 • 안내에 따라 결론을 도출하고, 자연과 일상생활의 물질 관련 상황에 적용하기 • 협력적으로 소통하기	
가치 · 태도	• 자연과 생명에 대한 존중과 배려심 • 자연과 과학에 관한 관심과 호기심 • 과학 활동 적극적 참여와 협력 • 생활 속 위험에 대한 인식과 대처		• 생활 속 과학 및 과학 탐구의 유용성 • 과학 상상력과 창의성 • 과학 공동체 활동 참여 및 문화 향유 • 생활 속 위험에 대한 안전 생활 실천	

(3) 생명

핵심 아이디어		• 우리 몸은 다양한 기관으로 구성되어 있으며, 각 기관의 유기적인 작용으로 생명을 유지한다. • 동물과 식물은 환경에 적응하여 다양한 생김새와 생활 방식으로 생장한다. • 생태계의 구성 요소들은 서로 영향을 주고받으며 균형을 이룬다.			
범주		내용 요소			
		초등학교		중학교	고등학교
		3~4학년	5~6학년	1~3학년	1~3학년
지식 · 이해	우리 몸	• 우리 몸의 생김새		• 감각기관의 구조와 기능 • 뼈와 근육의 생김새와 기능	• 소화 · 배설, 순환 · 호흡 기관의 구조와 기능 • 인간의 탄생과 성장 • 인간의 유전
	동물과 식물	• 동물의 특징 • 식물의 특징 • 생물의 특징	• 동물의 한살이 • 식물의 한살이 • 동물의 생활 • 식물의 생활	• 다양한 환경에 사는 동물 • 다양한 환경에 사는 식물 • 식물의 생장 조건	• 뿌리, 줄기, 잎, 꽃의 구조와 기능 • 생활 속 동물과 식물의 이용
	환경과 생태계			• 생물 요소와 비생물 요소	• 생태계 평형

<table>
<tr><th rowspan="3">범주</th><th colspan="4">내용 요소</th></tr>
<tr><th colspan="2">초등학교</th><th>중학교</th><th>고등학교</th></tr>
<tr><th>3~4학년</th><th>5~6학년</th><th>1~3학년</th><th>1~3학년</th></tr>
<tr><td>과정 · 기능</td><td colspan="2">• 자연과 일상생활에서 생명 관련 현상을 관찰하기
• 생물 관찰 및 분류하기
• 다양한 방법 및 도구를 사용하여 자료를 수집하기
• 모형으로 설명하기
• 안내에 따라 관찰 및 자료로부터 결과를 도출하기
• 자기 생각을 다양한 방식으로 표현하기</td><td colspan="2">• 자연과 일상생활에서 생명 관련 문제를 인식하기
• 문제를 해결하기 위한 탐구 설계하기
• 생물 관찰 및 분류하기
• 관찰, 측정, 분류, 예상, 추리 등을 통해 자료를 수집하고 비교, 분석하기
• 모형으로 설명하기
• 안내에 따라 결론을 도출하고, 자연과 일상생활에서 만나는 생명 관련 상황에 적용하기
• 협력적으로 소통하기</td></tr>
<tr><td>가치 · 태도</td><td colspan="2">• 자연과 생명에 대한 존중과 배려심
• 자연과 과학에 관한 관심과 호기심
• 과학 활동 적극적 참여와 협력
• 생활 속 위험에 대한 인식과 대처</td><td colspan="2">• 생활 속 과학 및 과학 탐구의 유용성
• 과학 상상력과 창의성
• 과학 공동체 활동 참여 및 문화 향유
• 생활 속 위험에 대한 안전 생활 실천</td></tr>
</table>

(4) 지구

<table>
<tr><td colspan="2">핵심 아이디어</td><td colspan="4">• 지구는 지권, 수권, 기권, 생물권 등으로 구성되며, 이들의 상호작용으로 인하여 다양한 자연 현상들이 발생한다.
• 지구의 기후 시스템 안에서 지권, 수권, 기권, 생물권 등은 끊임없이 활발하게 상호작용하며, 그로 인하여 다양한 기상 현상과 기후 변동이 나타난다.
• 인간과 지구 환경은 상호 영향을 미치며, 환경오염 및 자연재해에 대한 과학적 이해와 대처 방안의 모색은 개인과 사회의 안전에 기여한다.
• 태양, 달, 별과 같은 다양한 천체는 고유한 모습과 특징을 지니며, 밤하늘에서 별과 별자리 관찰을 통해 과학적 호기심과 상상력을 키운다.</td></tr>
<tr><td colspan="2" rowspan="3">범주</td><td colspan="4">내용 요소</td></tr>
<tr><td colspan="2">초등학교</td><td>중학교</td><td>고등학교</td></tr>
<tr><td>3~4학년</td><td>5~6학년</td><td>1~3학년</td><td>1~3학년</td></tr>
<tr><td rowspan="4">지식 · 이해</td><td>지구 모습과 지각변화</td><td>• 지구의 모습</td><td>• 땅의 변화</td><td>• 바다의 모습</td><td>• 지구의 역사
• 화산과 지진</td></tr>
<tr><td>날씨와 기후</td><td>• 날씨의 관찰</td><td>• 날씨와 우리 생활</td><td>• 기후의 변화</td><td></td></tr>
<tr><td>지구와 인간활동</td><td></td><td>• 인간과 지역 환경</td><td>• 자연재해</td><td></td></tr>
<tr><td>천체</td><td>• 천체 관찰</td><td></td><td></td><td>• 밤하늘 관찰</td></tr>
</table>

<table>
<tr><th rowspan="3">범주</th><th colspan="4">내용 요소</th></tr>
<tr><th colspan="2">초등학교</th><th>중학교</th><th>고등학교</th></tr>
<tr><th>3~4학년</th><th>5~6학년</th><th>1~3학년</th><th>1~3학년</th></tr>
<tr><td>과정 · 기능</td><td colspan="2">• 자연과 일상생활에서 지구 관련 현상을 관찰하기
• 다양한 특성에 따라 비교 · 분류하고, 도구를 활용하여 측정하기
• 다양한 방법 및 도구를 사용하여 자료를 수집하기
• 모형으로 설명하기
• 안내에 따라 관찰 및 자료로부터 결과 도출하기
• 자기 생각을 다양한 방식으로 표현하기</td><td colspan="2">• 자연과 일상생활에서 지구 관련 문제를 인식하기
• 문제를 해결하기 위한 탐구 설계하기
• 관찰, 측정, 분류, 예상, 추리 등을 통해 자료를 수집하고 비교, 분석하기
• 수학적 기능과 컴퓨터, 모형을 활용하기
• 안내에 따라 결론을 도출하고, 자연과 일상생활에서 만나는 지구 관련 상황에 적용하기
• 협력적으로 소통하기</td></tr>
<tr><td>가치 · 태도</td><td colspan="2">• 자연과 생명에 대한 존중과 배려심
• 자연과 과학에 관한 관심과 호기심
• 과학 활동 적극적 참여와 협력
• 생활 속 위험에 대한 인식과 대처</td><td colspan="2">• 생활 속 과학 및 과학 탐구의 유용성
• 과학 상상력과 창의성
• 과학 공동체 활동 참여 및 문화 향유
• 생활 속 위험에 대한 안전 생활 실천</td></tr>
</table>

6. 실과

(1) 기본생활

핵심 아이디어	• 의식주 생활에 필요한 기본적인 기능을 익히고 실천하는 것은 일상생활 자립 준비의 기본이 된다. • 여가활동을 선택하여 즐길 수 있는 역량은 일과 여가생활이 조화되는 행복하고 풍요로운 삶의 토대가 된다.
범주	내용 요소
	초등학교
	5~6학년
지식 · 이해	• 기본적인 의식주 생활 • 즐거운 여가생활
과정 · 기능	• 건강한 식생활 실천하기 • 단정한 옷차림 실천하기 • 생활공간 청소와 쓰레기 분리배출 실천하기 • 이웃 간 지켜야 할 예절 실천하기 • 자신에게 맞는 여가활동 즐기기
가치 · 태도	• 자립적인 일상생활을 준비하는 자세 • 일상생활 문제에 대처하는 태도

(2) 기술 · 정보

핵심 아이디어	• 공구를 사용하여 생활용품을 제작하는 활동을 통해 작업 기초 기능을 익히고 작업의 즐거움과 가치를 느낀다. • 디지털 전환 시대에 대비하여 정보통신 기기의 기초 기능을 익히고 기본적인 디지털 문해력을 기르는 것은 편리한 일상생활 영위를 위한 기초가 된다.
범주	내용 요소
	초등학교
	5~6학년
지식 · 이해	• 여러 가지 공구 • 정보통신 기기의 종류와 기능
과정 · 기능	• 다양한 재료와 적절한 공구를 사용하여 생활용품 만들기 • 정보통신 기기의 기초 기능 익히기 • 정보통신 기기의 건전한 사용 습관 및 정보통신 예절 실천하기 • 절차적 사고로 문제 해결하기
가치 · 태도	• 작업의 즐거움과 가치 인식 • 디지털 문해력 함양

(3) 생명 · 안전

핵심 아이디어	• 생활 속에서 동식물이 주는 도움을 이해하고 동식물을 기르고 돌보는 과정을 통해 생명 존중을 실천하는 토대를 마련한다. • 가정 및 학교, 지역사회에서의 위험 상황을 인지하고 안전 수칙을 지키는 태도는 건강하고 안전한 생활의 기초가 된다.
범주	내용 요소
	초등학교
	5~6학년
지식 · 이해	• 생활 속 동물과 식물 • 생활 속 안전
과정 · 기능	• 생활 속 동물 돌보기 • 생활 속 식물 가꾸기 • 생활에서의 안전사고 예방 및 대처 방법 익히기
가치 · 태도	• 생명을 소중히 여기는 태도 • 안전한 생활 습관의 중요성 인식

(4) 진로 인식

범주	내용 요소
핵심 아이디어	• 자기 능력과 흥미를 탐색하는 활동은 자기 이해의 토대가 된다. • 생활 속 다양한 직업 탐색은 일의 가치와 소중함을 인식하는 기초가 된다. • 초등학교 졸업 이후의 교육환경 변화를 인식하고 중학교 진학을 준비하는 과정은 성공적인 교육 전환의 토대가 된다.
범주	내용 요소
	초등학교
	5~6학년
지식 · 이해	• 나의 특성 • 일의 가치와 소중함 • 진학할 수 있는 중학교 유형
과정 · 기능	• 나의 꿈, 좋아하는 것, 잘하는 것 탐색하기 • 생활 속 다양한 직업 탐색하기 • 진학 선택 과정에 참여하기
가치 · 태도	• 직업에 대한 긍정적인 인식 • 진학을 준비하는 태도

7. 진로와 직업

(1) 자기 인식

범주	내용 요소	
핵심 아이디어	• 미래 설계는 자신의 특성을 알고 진로 및 직업과 연결하는 과정에서 시작된다. • 자기 이해와 긍정적 자아 개념의 확립은 자기주도적 진로 탐색의 기초가 된다.	
범주	내용 요소	
	중학교	고등학교
	1~3학년	1~3학년
지식 · 이해	• 자신의 기본 정보와 특성 • 자신의 특성과 미래 모습	• 자신의 직업 특성 • 직업 특성과 졸업 후 미래
과정 · 기능	• 인적사항, 흥미, 적성 등 나를 소개하기 • 자신의 특성과 직업 관계 찾기 • 자신의 미래 모습 표현하기	• 자신의 신체적 · 심리적 특성 등 파악하기 • 직업적 강점 강화 방안 찾기 • 졸업 후 삶의 모습 구상하기
가치 · 태도	• 자신을 소중히 여기는 마음 • 자신의 미래를 그려보는 주체적인 태도	• 자신의 미래에 대한 긍정적 태도 • 자기 인식을 통한 주체적인 자기개발 자세

(2) 직업의 세계

<table>
<tr><td>핵심
아이디어</td><td colspan="2">• 직업은 사회적 · 경제적으로 다양한 의미가 있고 사람들은 일을 통해 가치와 보람을 느낀다.
• 다양한 직업과 미래의 직업에 대한 정보를 수집하는 것은 직업 탐색의 기초가 된다.
• 직업을 선택하기 위해 다양한 직군과 직종에서 하는 일을 탐색하고 직접 체험하는 과정이 필요하다.</td></tr>
<tr><td rowspan="3">범주</td><td colspan="2">내용 요소</td></tr>
<tr><td>중학교</td><td>고등학교</td></tr>
<tr><td>1~3학년</td><td>1~3학년</td></tr>
<tr><td>지식 · 이해</td><td>• 직업의 의미
• 다양한 직업을 가진 사람들</td><td>• 일을 통한 가치와 보람
• 현재와 미래의 직업</td></tr>
<tr><td>과정 · 기능</td><td>• 직업의 의미 조사하기
• 다양한 직업에서 하는 일 조사하기
• 학교 및 지역사회의 직군 탐색하기</td><td>• 일을 통한 가치와 보람 찾기
• 미래 변화에 따른 새로운 직업 조사하기
• 학교 및 지역사회의 직종 탐색하기</td></tr>
<tr><td>가치 · 태도</td><td>• 일에 대한 소중한 마음
• 직업에 대한 관심 있는 태도</td><td>• 직업인으로서의 긍지심
• 직업 변화에 대한 적응력</td></tr>
</table>

(3) 작업 기초 능력

<table>
<tr><td>핵심
아이디어</td><td colspan="2">• 작업 기초 능력을 기르는 것은 직업 생활을 유지하는 데 기초가 된다.
• 올바른 작업 수행은 작업의 정확성, 지속성, 신속성을 향상시켜 작업의 효율을 높인다.
• 직군과 직종에 적합한 도구와 기기의 효과적인 사용은 작업의 능률을 높이며 안전한 작업을 가능하게 한다.</td></tr>
<tr><td rowspan="3">범주</td><td colspan="2">내용 요소</td></tr>
<tr><td>중학교</td><td>고등학교</td></tr>
<tr><td>1~3학년</td><td>1~3학년</td></tr>
<tr><td>지식 · 이해</td><td>• 직군별 작업 과정과 방법
• 직군별 작업 도구</td><td>• 직종별 작업 단계와 기술
• 직종별 작업 기기</td></tr>
<tr><td>과정 · 기능</td><td>• 직군별 작업 과정의 순서 확인하기
• 직군별 올바른 작업 방법 체험하기
• 직군별 사용하는 도구 활용하기</td><td>• 직종별 작업 단계의 절차 점검하기
• 직종별 올바른 작업 기술 실습하기
• 직종별 사용하는 기기 활용하기</td></tr>
<tr><td>가치 · 태도</td><td>• 올바른 방법으로 도구를 사용하려는 자세
• 안전에 유의하는 작업 태도</td><td>• 올바른 방법으로 기기를 사용하는 작업 습관 형성
• 안전하고 효율적인 작업을 위한 노력</td></tr>
</table>

(4) 직업 태도

핵심 아이디어	• 바른 직업 태도는 직업인으로서의 기본적인 자세를 갖추고 자신의 역할과 책임을 수행하는 데서 출발한다. • 자기 관리 및 긍정적인 대인 관계 형성은 직업을 유지하는 중요한 기술이다. • 안전한 직업 태도는 작업 현장의 사고를 예방하게 하며 성공적인 직업생활을 가능하게 한다.	
범주	내용 요소	
	중학교	고등학교
	1~3학년	1~3학년
지식 · 이해	• 기본적 자기 관리 • 대인 관계	• 직업적 자기 관리 • 직장 예절
과정 · 기능	• 기본적인 자기 관리 실천하기 • 간단한 지시 따르기 • 원만한 대인 관계 형성하기 • 학교 안전 규칙 지키기	• 직업적인 자기 관리 점검하기 • 연속된 지시 이행하기 • 원만한 대인 관계 유지하기 • 직장 안전 규칙 준수하기
가치 · 태도	• 근면성과 독립성 • 사회성과 협력 • 안전에 대한 인식	• 직업적 책무성 • 경청과 공감 • 안전 의식 형성

(5) 진로 설계

핵심 아이디어	• 진로 방향과 목표의 설계는 정확한 진로 정보의 수집과 분석을 기반으로 한다. • 합리적인 진로 의사 결정은 진로 정보와 자신의 직업 특성을 연계하는 능력을 통해 이루어진다. • 능동적인 진로 선택 및 계획의 수립은 행복하고 성공적인 미래 설계의 기초가 된다.	
범주	내용 요소	
	중학교	고등학교
	1~3학년	1~3학년
지식 · 이해	• 진학 정보 • 진학 계획	• 진로 정보 • 진로 계획
과정 · 기능	• 고등학교 진학과 관련된 정보 분석하기 • 자신의 특성과 진학 정보를 연계하기 • 진학 계획하기	• 졸업 후 진로 방향과 관련된 정보 분석하기 • 자신의 직업 특성과 진로 정보를 연계하기 • 진로 계획하기
가치 · 태도	• 진학 의사 결정에 대한 책임감 • 진학 계획에 능동적으로 참여하는 자세	• 다양한 정보를 종합적으로 살펴보는 태도 • 진로 계획을 점검하고 보완하려는 노력

(6) 진로 준비

<table>
<tr><td>핵심 아이디어</td><td colspan="2">• 진로 설계 이후 결정된 사항을 수행하기 위해 구체적이고 실제적으로 진로를 준비하는 과정이 필요하다.
• 능동적인 진로 준비 태도와 다양한 교내외 현장실습은 성공적인 전환과 진로 목표 달성에 기여한다.</td></tr>
<tr><td rowspan="3">범주</td><td colspan="2">내용 요소</td></tr>
<tr><td>중학교</td><td>고등학교</td></tr>
<tr><td>1~3학년</td><td>1~3학년</td></tr>
<tr><td>지식 · 이해</td><td>• 진학 준비
• 진로 체험</td><td>• 전환 준비
• 현장실습</td></tr>
<tr><td>과정 · 기능</td><td>• 선택한 고등학교 정보 수집하기
• 선택한 고등학교 교육과정 탐색하기
• 진로 체험 활동에 참여하기</td><td>• 지역사회 전환 기관 이용 정보 조사하기
• 전환 서류 및 면접 준비하기
• 교내외 현장실습에 참여하기</td></tr>
<tr><td>가치 · 태도</td><td>• 진학 준비를 위한 노력</td><td>• 능동적인 진로 준비 태도</td></tr>
</table>

8. 체육

(1) 운동

<table>
<tr><td colspan="2">핵심 아이디어</td><td colspan="4">• 운동은 건강과 체력 향상을 위해 필수적인 신체활동으로 일상생활에서 실천함으로써 건강하고 행복한 삶의 토대가 된다.</td></tr>
<tr><td colspan="2" rowspan="3">범주</td><td colspan="4">내용 요소</td></tr>
<tr><td colspan="2">초등학교</td><td>중학교</td><td>고등학교</td></tr>
<tr><td>3~4학년</td><td>5~6학년</td><td>1~3학년</td><td>1~3학년</td></tr>
<tr><td rowspan="2">지식 · 이해</td><td>체력 운동</td><td>• 신체 부위별 움직임</td><td>• 체력의 의미와 유형</td><td>• 체력 운동 방법</td><td>• 체력 운동과 건강 증진</td></tr>
<tr><td>건강 활동</td><td>• 신체와 주변 청결의 중요성
• 야외활동 안전 수칙</td><td>• 질병 예방 방법
• 운동 장비와 시설의 위험 요소</td><td>• 음식과 영양
• 운동 상해 원인과 응급처치</td><td>• 건강과 생활 습관
• 생활 안전 수칙</td></tr>
<tr><td rowspan="2">과정 · 기능</td><td>체력 운동</td><td>• 체력 운동 경험하기</td><td>• 건강 체력 운동 모방하기
• 운동 체력 운동 모방하기</td><td>• 건강 체력 기르기
• 운동 체력 기르기</td><td>• 체력 운동 생활화하기</td></tr>
<tr><td>건강 활동</td><td>• 신체와 주변 청결 습관 기르기
• 안전하게 야외활동하기</td><td>• 질병 예방하기
• 운동 장비와 시설 안전하게 사용하기</td><td>• 건강한 식습관 기르기
• 운동 상해 예방과 대처하기</td><td>• 건강한 생활 습관 형성하기
• 생활 안전 실천하기</td></tr>
</table>

범주		내용 요소			
		초등학교		중학교	고등학교
		3~4학년	5~6학년	1~3학년	1~3학년
가치·태도	체력 운동	• 운동에 대한 관심	• 체력 운동 시 주의 집중	• 체력 증진 과정에서 자신감 향상	• 스스로 자신의 건강을 관리하는 습관
	건강 활동	• 청결에 대한 주의 • 야외활동 안전에 대한 주의	• 건강에 대한 관심과 노력 • 운동 장비와 시설 안전사고 예방에 대한 관심과 노력	• 바른 식습관을 실천하는 태도 • 상해 예방과 처치의 중요성 인식	• 건강한 생활 습관 유지 • 생활 속 안전 수칙 준수

(2) 스포츠

핵심 아이디어		• 스포츠는 발달 움직임을 토대로 수행되는 숙련된 신체활동으로 사회적으로 제도화된 스포츠를 다양하게 실시하는 과정에서 사회 전체의 가치를 공유하고 생태계 내에서 더불어 살아 나가고 삶의 질을 높이는 데 공헌한다.			
범주		내용 요소			
		초등학교		중학교	고등학교
		3~4학년	5~6학년	1~3학년	1~3학년
지식·이해	도전형 스포츠	• 신체활동 경험을 통한 움직임 이해	• 기초 움직임 특징	• 연속적인 기초 움직임 동작 방법	• 도전형 게임 규칙과 방법
	표현형 스포츠	• 움직임 표현 요소	• 모방 표현의 의미와 유형	• 민속 및 주제 표현 방법	• 표현형 스포츠 구성 및 발표 방법
	경쟁형 스포츠	• 공 보내기와 치기 동작 인식	• 여러 방향으로 보내는 방법	• 정확하게 보내는 방법	• 경쟁형 게임 규칙과 방법
	생태형 스포츠	• 바른 걷기 방법	• 팔과 다리 협응 방법	• 인라인스케이팅과 하이킹 방법	• 자전거 타기와 캠핑 방법
과정·기능	도전형 스포츠	• 달리기 경험하기 • 물 익히기	• 기초 달리기 • 물에서 이동하기	• 빠르게 달리기와 오래달리기 • 기초수영 동작 익히기	• 달리기 간이 게임하기 • 수영 간이 게임하기
		• 뜀뛰기 경험하기 • 물체 던지기 경험하기	• 멀리뛰기 • 물체 멀리 던지기	• 높이 넘기 • 물체 높게 던지기	• 뜀뛰기 간이 게임하기 • 던지기 간이 게임하기
		• 이동 및 비이동 움직임 경험하기	• 움직임 만들어 수행하기	• 연속되는 움직임 수행하기	• 동작 도전 간이 게임하기
		• 물체 조작 움직임 경험하기	• 표적을 향해 보내기	• 표적 가까이 보내기	• 표적 도전 간이 게임하기

범주		내용 요소			
		초등학교		중학교	고등학교
		3~4학년	5~6학년	1~3학년	1~3학년
	표현형 스포츠	• 민속 표현 기본 움직임 익히기 • 움직임 표현의 기본 움직임 익히기	• 민속 표현 모방하기 • 표현 움직임 모방하기	• 민속 특징 표현하기 • 주제 표현하기	• 민속 표현 발표 및 감상하기 • 협동 표현 발표 및 감상하기
	경쟁형 스포츠	• 공 보내기	• 공 주고받기	• 이동하며 공 주고받고 슛하기	• 영역형 경쟁 간이 게임하기
		• 라켓으로 치기 경험하기	• 라켓으로 쳐서 네트 넘기기	• 라켓으로 쳐서 네트 너머로 주고받기	• 네트형 경쟁 간이 게임하기
		• 배트로 치기 경험하기	• 배트로 멀리 치기	• 배트로 치기와 공 처리하기	• 필드형 경쟁 간이 게임하기
	생태형 스포츠	• 계단 걷기	• 줄넘기	• 인라인스케이팅	• 자전거 타기
		• 플로깅하기	• 숲 체험하기	• 하이킹하기	• 캠핑하기
가치·태도	도전형 스포츠	• 적극적인 자세로 움직임 탐색	• 도전하는 과정에서 성취감 경험	• 힘들고 어려운 움직임을 참고 견디는 태도	• 자신의 한계에 도전
	표현형 스포츠	• 움직임을 즐기는 태도	• 상세히 관찰하고 모방하는 노력	• 자신만의 방식으로 움직이는 창의성	• 동료의 표현을 존중하는 태도
	경쟁형 스포츠	• 활동에 대한 관심과 흥미	• 동료와 협동하는 태도	• 규칙을 지키며 스포츠에 참여	• 공동 목표를 위해 구성원과 단결
	생태형 스포츠	• 주변 환경에 대한 관심과 탐색	• 자연을 사랑하고 아끼는 마음	• 건전한 여가에 대한 관심과 노력	• 타인과의 친화력

9. 음악

(1) 표현

핵심 아이디어	• 음악은 고유한 음악 요소와 원리에 따라 인간의 감각과 느낌을 목소리나 악기 등으로 표현하는 것이다. • 개인적 혹은 협력적 음악 표현은 자신의 감수성이나 배경에 따라 다양한 행위 과정으로 나타난다. • 학생은 생활 속에서 다양한 음악 매체와 표현 방법을 활용하여 음악을 경험하며 소통한다.			
범주	내용 요소			
	초등학교		중학교	고등학교
	3~4학년	5~6학년	1~3학년	1~3학년
지식 · 이해	• 노랫말의 소리 • 신체나 물체, 타악기	• 노랫말의 리듬 • 여러 가지 타악기	• 발성과 목소리 • 가락악기	• 편안한 발성과 호흡 • 다양한 악기

범주	내용 요소			
	초등학교		중학교	고등학교
	3~4학년	5~6학년	1~3학년	1~3학년
	• 음악 요소(박, 가락, 셈여림, 빠르기)	(선율, 무선율) • 음악 요소(리듬/장단, 가락, 셈여림, 빠르기)	• 음악 요소(리듬/장단, 가락, 셈여림, 빠르기)	• 음악 요소(리듬/장단, 가락, 셈여림, 빠르기)의 변화
과정 · 기능	• 듣고 따라 부르거나 악기 연주하기 • 어울리는 신체 표현하기 • 노래나 연주하며 놀이하기	• 듣고 따라 부르거나 악기 연주하기 • 음악에 맞추어 신체 표현하기 • 노래나 연주로 주변 행사에 참여하기	• 노래 부르거나 악기 연주하기 • 신체나 악기를 활용하여 표현하기 • 노래나 연주하며 발표하기	• 노래 부르거나 악기 연주하기 • 역할을 나누어 표현하기 • 노래나 연주를 준비하여 공연하기
가치 · 태도	• 주변 소리에 대한 관심 • 표현을 통한 즐거움	• 연주에 대한 흥미 • 표현을 통한 자신감	• 함께하는 연주의 즐거움 • 표현을 통한 노력과 성취감	• 연주의 조화로움 • 표현을 통한 생활 속 소통과 협력하는 태도

(2) 창작

핵심 아이디어	• 음악은 고유한 음악 요소와 원리에 따라 인간의 상상과 가능성을 탐색하여 만들어 내는 것이다. • 개인적 혹은 협력적 음악 만들기는 자신의 주도성이나 배경에 따라 다양한 과정과 결과물로 나타난다. • 학생은 생활 속에서 다양한 매체를 활용하여 자유롭게 음악을 구성하며 음악 문화 발전에 기여한다.			
범주	내용 요소			
	초등학교		중학교	고등학교
	3~4학년	5~6학년	1~3학년	1~3학년
지식 · 이해	• 주변 소리, 느낌 • 음악 요소(박, 가락, 셈여림, 빠르기)	• 느낌, 상상 • 음악 요소(리듬/장단, 가락, 셈여림, 빠르기)	• 줄거리, 상상 • 음악 요소(리듬/장단, 가락, 셈여림, 빠르기)	• 줄거리, 상상, 의도 • 음악 요소(리듬/장단, 가락, 셈여림, 빠르기)의 변화
과정 · 기능	• 다른 소리로 바꾸기 • 모방하여 음악 만들기	• 노랫말 바꾸기 • 장면/상황에 어울리는 소리나 음악 만들기	• 간단한 리듬 만들기 • 이야기의 일부를 음악으로 만들기	• 간단한 가락 만들기 • 역할을 나누어 음악극 만들기
가치 · 태도	• 소리에 대한 호기심	• 음악 만들기에 대한 흥미	• 음악의 새로움을 즐기는 태도	• 협동하여 음악을 완성하는 태도

(3) 감상

<table>
<tr><td>핵심 아이디어</td><td colspan="4">• 음악은 고유한 음악 요소와 원리에 따라 인간의 느낌, 정서, 경험, 생각 등을 청각적으로 구현한 것이다.
• 음악적 수용과 반응은 자신의 감각, 감수성, 배경에 따라 다양하게 나타난다.
• 학생은 생활 속에서 다양한 음악을 경험하며 음악의 활용과 가치를 발견하고 공감한다.</td></tr>
<tr><td rowspan="3">범주</td><td colspan="4">내용 요소</td></tr>
<tr><td colspan="2">초등학교</td><td>중학교</td><td>고등학교</td></tr>
<tr><td>3~4학년</td><td>5~6학년</td><td>1~3학년</td><td>1~3학년</td></tr>
<tr><td>지식 · 이해</td><td>• 나, 가족, 친구가 좋아하는 음악
• 분위기, 느낌
• 음악 요소(박, 가락, 셈여림, 빠르기)</td><td>• 일상생활과 함께하는 음악
• 상황, 느낌
• 음악 요소(리듬/장단, 가락, 셈여림, 빠르기)</td><td>• 공동체와 사회에서 활용되는 음악
• 주제, 장면
• 음악 요소(리듬/장단, 가락, 셈여림, 빠르기)</td><td>• 여러 문화권과 매체의 음악
• 배경, 줄거리
• 음악 요소(리듬/장단, 가락, 셈여림, 빠르기)의 변화</td></tr>
<tr><td>과정 · 기능</td><td>• 탐색하며 듣기
• 듣고 신체, 목소리 등으로 반응하기</td><td>• 탐색하며 듣기
• 듣고 신체, 악기, 그림 등으로 표현하기</td><td>• 떠올리며 듣기
• 듣고 음악으로 표현하거나 이야기하기</td><td>• 구분하며 듣기
• 듣고 서로 이야기하기</td></tr>
<tr><td>가치 · 태도</td><td>• 주변 음악에 대한 관심
• 우리 음악에 대한 흥미</td><td>• 소리와 음악에 대한 즐거움
• 우리 음악의 친숙함</td><td>• 생활 속 음악을 통한 참여
• 우리나라와 세계 음악을 즐기는 태도</td><td>• 다양한 음악에 대한 존중과 예절
• 다양한 음악의 가치 인식</td></tr>
</table>

10. 미술

(1) 체험

<table>
<tr><td>핵심 아이디어</td><td colspan="4">• 체험은 다양한 감각으로 자신과 환경을 탐색하여 주변과 소통하고 아름다움을 발견하며 즐기는 것이다.
• 미술 체험은 시각 이미지에 대한 생각과 느낌을 공유하며 소통하는 과정에서 이루어진다.
• 학생은 생활 속 시각 문화 환경에서 이미지를 활용하여 소통하고 협력한다.</td></tr>
<tr><td rowspan="3">범주</td><td colspan="4">내용 요소</td></tr>
<tr><td colspan="2">초등학교</td><td>중학교</td><td>고등학교</td></tr>
<tr><td>3~4학년</td><td>5~6학년</td><td>1~3학년</td><td>1~3학년</td></tr>
<tr><td>지식 · 이해</td><td>• 자신의 감각
• 주변 환경
• 미술과 나, 너, 우리</td><td>• 감각의 활용
• 주변의 대상
• 미술과 이미지
• 미술과 타 교과</td><td>• 감각과 매체
• 대상과 현상
• 이미지의 의미
• 미술과 다양한 분야</td><td>• 감각을 활용한 미적 인식
• 이미지와 시각 문화
• 지역과 시대의 미술
• 미술과 직업</td></tr>
</table>

<table>
<tr><th rowspan="3">범주</th><th colspan="4">내용 요소</th></tr>
<tr><th colspan="2">초등학교</th><th>중학교</th><th>고등학교</th></tr>
<tr><th>3~4학년</th><th>5~6학년</th><th>1~3학년</th><th>1~3학년</th></tr>
<tr><td>과정 · 기능</td><td>• 감각 확인하기
• 주변 환경 탐색하기
• 몸으로 표현하기</td><td>• 감각을 활용하여 탐색하기
• 생각과 느낌을 나타내기
• 생활 속 미술과 이미지 발견하기</td><td>• 감각과 매체로 탐색하기
• 시각적 특징 찾기
• 생활 속 이미지로 소통하기</td><td>• 아름다움 발견하기
• 생활 속 이미지 활용하기
• 미술 관련 직업 탐색하기</td></tr>
<tr><td>가치 · 태도</td><td colspan="2">• 흥미와 관심
• 즐기는 태도
• 참여하는 태도</td><td>• 다양성의 수용
• 소통하는 태도</td><td>• 다양성의 존중
• 협력하는 태도</td></tr>
</table>

(2) 표현

<table>
<tr><td>핵심 아이디어</td><td colspan="4">• 표현은 다양한 주제와 소재를 탐색하여 구상하고 자신의 생각과 느낌을 시각적으로 나타내는 것이다.
• 개인적 혹은 협력적 미술 표현은 자신의 주변 환경과 배경에 따라 다양한 표현 활동으로 나타난다.
• 학생은 생활 속에서 다양한 미술 매체와 표현 방법을 자유롭게 활용하여 자기주도적이고 창의적인 표현을 한다.</td></tr>
<tr><th rowspan="3">범주</th><th colspan="4">내용 요소</th></tr>
<tr><th colspan="2">초등학교</th><th>중학교</th><th>고등학교</th></tr>
<tr><th>3~4학년</th><th>5~6학년</th><th>1~3학년</th><th>1~3학년</th></tr>
<tr><td>지식 · 이해</td><td>• 친숙한 소재
• 색과 모양
• 주변의 표현 재료와 용구</td><td>• 표현 주제
• 조형 요소
• 기본적인 표현 재료와 용구</td><td>• 주제와 소재
• 조형 요소와 원리의 관계
• 다양한 표현 재료와 방법</td><td>• 조형 원리의 효과
• 새로운 표현 재료와 방법
• 미술과 직업</td></tr>
<tr><td>과정 · 기능</td><td>• 주변에서 소재 찾기
• 색과 모양 표현하기
• 표현 재료와 용구 경험하기</td><td>• 표현 주제 찾기
• 표현 재료와 용구의 방법 익히기
• 타 교과와 연결하여 표현하기</td><td>• 주제와 소재 연결하기
• 재료와 방법의 특징을 살려 표현하기
• 다양한 분야와 연계하여 표현하기</td><td>• 주제와 소재 구상하기
• 조형 요소와 원리 활용하기
• 창의적으로 표현하기
• 미술 관련 직업 표현 활동하기</td></tr>
<tr><td>가치 · 태도</td><td colspan="2">• 즐기는 태도
• 흥미와 관심
• 자기주도성
• 환경의 소중함</td><td>• 즐기는 태도
• 흥미와 자신감
• 다양한 표현 수용</td><td>• 즐기는 태도
• 흥미와 도전
• 다양한 표현 존중</td></tr>
</table>

(3) 감상

<table>
<tr><td>핵심 아이디어</td><td colspan="4">• 감상은 미술 작품에 관심을 갖고 아름다움이나 감동을 느끼며 가치를 발견하는 것이다.
• 미술적 수용과 반응은 미술 작품의 특징과 자신의 감수성이나 배경에 따라 다양하게 나타난다.
• 학생은 생활 속에서 다양한 미술 작품 감상을 통해 서로 다른 관점을 존중하고 공동체의 미술 문화를 즐긴다.</td></tr>
<tr><td rowspan="3">범주</td><td colspan="4">내용 요소</td></tr>
<tr><td colspan="2">초등학교</td><td>중학교</td><td>고등학교</td></tr>
<tr><td>3~4학년</td><td>5~6학년</td><td>1~3학년</td><td>1~3학년</td></tr>
<tr><td>지식 · 이해</td><td>• 내가 좋아하는 미술
• 나와 주변의 미술 작품</td><td>• 미술 작품의 특징
• 미술 작품과 생활</td><td>• 미술과 미술가
• 공동체의 미술 문화</td><td>• 미술 작품의 배경
• 미술과 환경</td></tr>
<tr><td>과정 · 기능</td><td>• 주변의 미술 작품 찾아보기
• 미술 작품 전시하기</td><td>• 미술 작품 자세히 살펴보기
• 미술 작품에 관한 생각과 느낌 나누기</td><td>• 미술 문화 활동 경험하기
• 미술 작품 비교하기</td><td>• 다양한 방법으로 분석하기
• 환경 친화적인 미술 작품 감상하기</td></tr>
<tr><td>가치 · 태도</td><td colspan="2">• 흥미와 관심
• 즐기는 태도
• 감상 태도</td><td>• 흥미와 관심
• 수용하는 태도
• 참여하는 태도</td><td>• 흥미와 관심
• 존중하는 태도
• 환경을 소중히 여기는 태도</td></tr>
</table>

11. 선택: 정보통신활용

(1) 정보통신 이해와 기기의 사용

<table>
<tr><td>핵심 아이디어</td><td colspan="2">• 인간은 소리, 문자, 영상 등 다양한 방법으로 정보를 표현하고, 생활 속에서 정보를 전달함으로써 정보의 가치를 확인한다.
• 정보통신 기술은 일상생활과 밀접한 관련이 있고, 다양한 정보통신 기기의 사용은 생활을 편리하게 한다.</td></tr>
<tr><td rowspan="2">범주</td><td colspan="2">내용 요소</td></tr>
<tr><td>중학교 1~3학년</td><td>고등학교 1~3학년</td></tr>
<tr><td>지식 · 이해</td><td>• 정보통신의 의미
• 정보통신 기기의 종류와 기능</td><td>• 변화하는 정보통신
• 다양한 정보통신 기기의 활용</td></tr>
<tr><td>과정 · 기능</td><td>• 정보통신 종류 탐색하기
• 정보통신 기기 조작하기
• 정보통신 기기의 기본 프로그램 사용하기
• 정보 수집하고 교환하기</td><td>• 정보통신 특징과 발전 과정 살펴보기
• 정보통신 기기 사용하고 관리하기
• 정보통신 기기의 응용 프로그램 사용하기
• 정보 생산하고 공유하기</td></tr>
<tr><td>가치 · 태도</td><td>• 정보통신과 소통
• 정보통신 기기에 대한 관심과 흥미</td><td>• 정보통신의 유용성
• 정보통신 기기의 적극적 활용</td></tr>
</table>

(2) 정보통신 생활과 소프트웨어

<table>
<tr><td>핵심 아이디어</td><td colspan="2">• 컴퓨터의 활용은 인간의 삶을 보다 유용하게 하고, 컴퓨터 네트워크인 인터넷을 통해 다양한 정보를 검색하고 활용한다.
• 인간은 컴퓨팅 사고를 통해 일상생활에서 나타나는 문제를 합리적으로 분석하고 해결한다.
• 인공지능 기술의 발전은 인간의 삶을 빠르게 변화시키고, 인공지능의 활용과 보편화는 인간의 삶을 윤택하게 한다.</td></tr>
<tr><td rowspan="2">범주</td><td colspan="2">내용 요소</td></tr>
<tr><td>중학교 1~3학년</td><td>고등학교 1~3학년</td></tr>
<tr><td>지식 · 이해</td><td>• 컴퓨터의 구성 및 특징
• 인터넷과 인공지능의 이해</td><td>• 컴퓨팅 시스템의 이해
• 소프트웨어와 인공지능의 활용</td></tr>
<tr><td>과정 · 기능</td><td>• 컴퓨터 장치와 기본 기능 익히기
• 인터넷 정보 검색하기
• 순차, 선택, 반복 구조 탐색하기
• 생활 속 인공지능 탐색하기</td><td>• 컴퓨터 프로그램 사용하기
• 인터넷 정보 활용하기
• 실생활 문제 해결 절차 구성하기
• 생활 속 인공지능 경험하기</td></tr>
<tr><td>가치 · 태도</td><td>• 컴퓨터의 활용과 편리함
• 인터넷 정보와 인공지능의 유용성</td><td>• 문제 해결을 위한 실천적 자세
• 정보 활용을 통한 소통과 협력</td></tr>
</table>

(3) 정보통신 윤리와 디지털 문화

<table>
<tr><td>핵심 아이디어</td><td colspan="2">• 개인 정보를 보호하고, 디지털 윤리를 실천하여 안전한 사회를 만든다.
• 디지털 기술의 발달로 이루어진 디지털 문화는 인간의 삶을 풍요롭게 하여 삶의 질을 높인다.</td></tr>
<tr><td rowspan="2">범주</td><td colspan="2">내용 요소</td></tr>
<tr><td>중학교 1~3학년</td><td>고등학교 1~3학년</td></tr>
<tr><td>지식 · 이해</td><td>• 개인 정보 보호의 중요성
• 디지털 사회와 문화에 대한 이해</td><td>• 디지털 윤리 의식의 중요성
• 미래 디지털 문화에 대한 전망</td></tr>
<tr><td>과정 · 기능</td><td>• 디지털 예절 실천하기
• 개인 정보 보호하기
• 가정 내 디지털 생활 경험하기
• 디지털 환경의 여가활동 체험하기</td><td>• 건전한 디지털 윤리 실천하기
• 디지털 중독 및 디지털 범죄 예방하기
• 지역사회 디지털 문화 경험하기
• 디지털 사회의 직업 체험하기</td></tr>
<tr><td>가치 · 태도</td><td>• 개인 정보 보호의 생활화
• 디지털 문화에 대한 관심</td><td>• 디지털 공간 속 상호 존중과 배려
• 디지털 문화의 가치와 즐거움</td></tr>
</table>

12. 선택: 생활영어

(1) 듣기 · 말하기

핵심 아이디어		• 일상생활에서 영어 낱말과 표현을 듣고 목적에 맞게 전달한다. • 주의 깊게 듣고 의미를 파악하여 말하고, 맥락에 맞게 상대방과 대화한다. • 상대방을 존중하는 듣기와 말하기 태도를 지닌다.	
범주		내용 요소	
		중학교	고등학교
		1~3학년	1~3학년
지식 · 이해	언어	• 알파벳의 이름과 소리 • 주변에서 사용하는 낱말과 표현 • 주변에서 사용하는 외래어	• 주변에서 볼 수 있는 낱말 • 주변에서 볼 수 있는 어구, 문장 • 여러 나라의 문화와 관련된 영어표현
	맥락	• 자기 주변 및 생활 • 가정 및 학교	• 직업생활 • 지역사회
과정 · 기능		• 음성 언어 식별하기 • 알파벳 두문자의 의미 말하기 • 생활 낱말과 표현의 의미 파악하기 • 듣고 알맞게 반응하기 • 매체를 활용하여 의미를 이해하고 표현하기	• 영어표현을 듣고 의미 파악하기 • 지시 및 설명을 듣고 과제 수행하기 • 영어표현을 듣고 말하기 • 주제에 맞게 대화하기 • 매체를 활용하여 대화하기
가치 · 태도		• 음성 자료 및 상대방의 말을 경청하는 태도 • 상대방을 존중하며 말하는 태도 • 매체를 바르게 활용하는 태도 • 여러 나라의 문화를 이해하는 태도	• 상대방의 말을 경청하는 태도 • 상대방을 존중하며 말하는 태도 • 매체를 바르게 활용하는 태도 • 여러 나라의 문화를 수용하고 존중하는 태도

(2) 읽기

핵심 아이디어		• 일상생활에서 알파벳을 읽고 이해한다. • 다양한 맥락에서 매체를 활용하여, 영어 낱말과 표현을 읽는다. • 영어에 관심을 가지고 읽기 활동에 자신감을 갖는다.	
범주		내용 요소	
		중학교	고등학교
		1~3학년	1~3학년
지식 · 이해	언어	• 알파벳 대 · 소문자의 형태 • 주변에서 사용되는 낱말과 표현 • 주변에서 볼 수 있는 외래어	• 주변에서 볼 수 있는 낱말 • 주변에서 볼 수 있는 어구, 문장 • 여러 나라의 문화와 관련된 영어표현
	맥락	• 자기 주변 및 생활 • 가정 및 학교	• 직업생활 • 지역사회

범주	내용 요소	
	중학교	고등학교
	1~3학년	1~3학년
과정 · 기능	• 알파벳 대 · 소문자 식별하기 • 알파벳 대 · 소문자 읽기 • 낱말과 표현 읽기 • 낱말과 표현의 의미를 파악하기 • 매체를 활용하여 읽고 의미 파악하기	• 낱말, 어구, 문장 읽기 • 낱말, 어구, 문장의 의미 파악하기 • 주제별 영어정보 활용하기 • 매체를 활용하여 영어정보 활용하기
가치 · 태도	• 영어 표현에 대한 관심 • 읽기에 흥미를 가지고 바르게 읽는 태도 • 매체를 바르게 활용하는 태도 • 여러 나라의 문화를 이해하는 태도	• 영어 읽기에 대한 자신감 • 매체를 바르게 활용하는 태도 • 여러 나라의 문화를 수용하고 존중하는 태도

(3) 쓰기

핵심 아이디어		• 일상생활에서 알파벳과 낱말을 쓰고 이해한다. • 다양한 맥락 속 영어표현을 쓰고 그 정보를 활용한다. • 영어에 관심을 가지고 쓰기 활동에 자신감을 갖는다.	
범주		내용 요소	
		중학교	고등학교
		1~3학년	1~3학년
지식 · 이해	언어	• 알파벳 대 · 소문자의 형태 • 주변에서 사용하는 낱말과 표현 • 주변에서 볼 수 있는 외래어	• 주변에서 볼 수 있는 낱말 • 주변에서 볼 수 있는 어구, 문장 • 여러 나라의 문화와 관련된 영어표현
	맥락	• 자기 주변 및 생활 • 가정 및 학교	• 직업생활 • 지역사회
과정 · 기능		• 알파벳 대 · 소문자 쓰기 • 낱말과 표현 쓰기 • 매체를 활용하여 쓰기	• 낱말, 어구, 문장 쓰기 • 주제별 영어표현 쓰기 • 매체를 활용하여 쓰기
가치 · 태도		• 영어표현에 대한 관심 • 매체를 바르게 활용하는 태도 • 여러 나라의 문화를 이해하는 태도	• 영어 쓰기에 대한 자신감 • 매체를 바르게 활용하는 태도 • 여러 나라의 문화를 수용하고 존중하는 태도

13. 선택: 보건

(1) 생활 속 건강 관리

핵심 아이디어	• 일상생활 속 건강 관리 방법 및 질병에 대한 예방과 관리 기술을 생활화하여 건강한 삶을 영위한다. • 감정 이해와 조절, 정신 건강 문제의 예방과 대처를 통해 신체적, 정신적, 사회적 건강의 균형을 이루고 행복한 삶을 실현한다.

<table>
<tr><th rowspan="3">범주</th><th colspan="2">내용 요소</th></tr>
<tr><th>중학교</th><th>고등학교</th></tr>
<tr><th>1~3학년</th><th>1~3학년</th></tr>
<tr><td>지식 · 이해</td><td>• 건강한 생활 관리
• 질병의 예방과 관리
• 감정 조절과 정신 건강 관리</td><td>• 질병과 건강한 생활
• 감염병의 예방과 관리
• 스트레스와 정신 건강 관리</td></tr>
<tr><td>과정 · 기능</td><td>• 건강한 생활 관리 방법 실천하기
• 질병의 예방과 관리 방법 적용하기
• 감정을 적절하게 조절하고 표현하기</td><td>• 질병 예방을 위한 건강 관리 계획 수립하고 실천하기
• 감염병 예방과 관리 방법 실천하기
• 스트레스 및 정신 건강 문제의 예방과 대처 방법 적용하기</td></tr>
<tr><td>가치 · 태도</td><td>• 건강한 생활 관리의 습관화
• 질병 예방 수칙 생활화
• 감정 조절의 생활화</td><td>• 질병 예방을 위한 건강 관리의 생활화
• 감염병 예방과 관리를 위한 협력적 태도의 내면화
• 스트레스 관리와 정신 건강 유지의 생활화</td></tr>
</table>

(2) 건강한 선택

<table>
<tr><th>핵심 아이디어</th><td colspan="2">• 건강 정보와 자원을 활용하여 개인과 공동체의 건강을 유지하고 증진하며 건강 문화를 확산한다.
• 청소년기 올바른 선택은 건강한 발달과 건강 수명 연장에 기여한다.</td></tr>
<tr><th rowspan="3">범주</th><th colspan="2">내용 요소</th></tr>
<tr><th>중학교</th><th>고등학교</th></tr>
<tr><th>1~3학년</th><th>1~3학년</th></tr>
<tr><td>지식 · 이해</td><td>• 건강 정보와 자원
• 흡연 및 음주의 위험
• 약물 오 · 남용의 위험
• 스마트폰 · 인터넷 과의존의 위험</td><td>• 건강 정보와 자원 및 건강 문화
• 흡연 및 음주의 예방과 대처 방법
• 약물 중독의 예방과 대처 방법
• 스마트폰 · 인터넷 중독의 예방과 대처 방법</td></tr>
<tr><td>과정 · 기능</td><td>• 건강 정보와 자원 찾기
• 흡연 및 음주 거절 기술 적용하기
• 약물 안전하게 사용하기
• 스마트폰 · 인터넷 올바르게 사용하기</td><td>• 건강 정보와 자원 활용하기
• 흡연 및 음주의 예방과 대처하기
• 약물 중독의 예방과 대처하기
• 스마트폰 · 인터넷 중독의 예방과 대처하기</td></tr>
<tr><td>가치 · 태도</td><td>• 건강 정보와 자원의 탐색을 위한 능동적 태도
• 흡연 및 음주에 대한 비판적 태도
• 약물 오 · 남용에 대한 비판적 태도
• 올바른 스마트폰 · 인터넷 사용의 습관화</td><td>• 건강 정보와 자원 활용을 위한 비판적 태도 형성 및 건강 문화의 내면화
• 흡연 및 음주의 예방과 대처의 생활화
• 약물 중독의 예방과 대처의 생활화
• 스마트폰 · 인터넷 중독 예방과 대처의 생활화</td></tr>
</table>

(3) 건강한 성

<table>
<tr><td>핵심 아이디어</td><td colspan="2">• 청소년기 신체 및 심리 변화를 적절하게 관리하여 성적 발달에 대한 긍정적인 태도를 기른다.
• 건전한 성 가치관과 생명 윤리를 확립하고 성적 자기 결정 능력을 향상하여 건강한 삶을 영위한다.
• 성 인권에 대한 이해와 존중을 통해 성폭력을 예방하고 대처하며 건강한 사회 구성원으로서의 자세를 지닌다.</td></tr>
<tr><td rowspan="3">범주</td><td colspan="2">내용 요소</td></tr>
<tr><td>중학교</td><td>고등학교</td></tr>
<tr><td>1~3학년</td><td>1~3학년</td></tr>
<tr><td>지식 · 이해</td><td>• 청소년기 신체 및 심리 변화
• 성폭력의 위험
• 성 인권 존중</td><td>• 임신 · 출산 · 피임과 부모의 역할
• 성폭력과 성 상품화의 위험
• 성적 자기 결정권과 성 인권 존중</td></tr>
<tr><td>과정 · 기능</td><td>• 청소년기 신체 및 심리 변화에 대처하기
• 성폭력 예방과 대처하기
• 성 인권 존중하기</td><td>• 건강한 임신 · 출산 관리 및 피임 방법과 부모 역할 조사하기
• 성폭력과 성 상품화 예방과 대처하기
• 바람직한 성적 의사 표현 및 성 인권 존중 실천하기</td></tr>
<tr><td>가치 · 태도</td><td>• 청소년기 신체 및 심리 변화에 대한 긍정적 태도의 내면화
• 성폭력으로부터 안전의 생활화
• 성 인권 존중의 생활화</td><td>• 건전한 성 가치관과 생명 윤리 확립
• 성폭력과 성 상품화로부터 안전의 생활화
• 성적 자기 결정권과 성 인권 존중의 생활화</td></tr>
</table>

(4) 생활 속 안전

<table>
<tr><td>핵심 아이디어</td><td colspan="2">• 신변 안전을 위협하는 폭력 상황을 이해하고 이에 올바르게 대처함으로써 안전하고 건강한 생활을 유지한다.
• 안전사고 및 재난의 위험성을 이해하고 적절히 대응함으로써 안전한 삶을 영위한다.</td></tr>
<tr><td rowspan="3">범주</td><td colspan="2">내용 요소</td></tr>
<tr><td>중학교</td><td>고등학교</td></tr>
<tr><td>1~3학년</td><td>1~3학년</td></tr>
<tr><td>지식 · 이해</td><td>• 가정폭력 및 학교폭력
• 생활 안전과 교통안전
• 일상생활 속 응급처치</td><td>• 학교폭력 및 사이버 폭력
• 사회 재난 및 자연 재난의 위험
• 환경오염과 건강</td></tr>
<tr><td>과정 · 기능</td><td>• 가정폭력 및 학교폭력의 예방과 대처하기
• 생활 안전 및 교통사고의 예방과 안전 수칙 적용하기
• 일상생활 속 응급처치 적용하기</td><td>• 학교폭력 및 사이버 폭력의 예방과 대처하기
• 사회 재난 및 자연 재난에 대응하기
• 환경오염으로부터 건강 지키기</td></tr>
<tr><td>가치 · 태도</td><td>• 가정폭력 및 학교폭력에 대한 비판적 태도 내면화
• 생활 안전 및 교통안전의 습관화
• 일상생활 속 응급처치 방법의 내면화</td><td>• 학교폭력 및 사이버 폭력의 예방과 대처의 내면화
• 사회 재난 및 자연 재난 상황별 대응의 생활화
• 환경 감수성의 내면화</td></tr>
</table>

14. 창의적 체험활동

(1) 자율 · 자치

활동	활동 목표	활동 내용 및 예시
자율 활동	• 개개인의 관심과 흥미에 따른 선호하는 활동을 탐색하고 체험하여 자신의 삶을 주체적으로 형성한다.	• 재능과 자신감 증진 활동 예) 체력 증진 활동, 자연 활용 창의 활동, 절기 놀이, 그림책 놀이, 클레이 놀이, 목공 놀이, 샌드 아트 놀이 등 • 주제 선택 활동 예) 절기별 전통문화 체험, 생활 금융 프로그램, 인공지능과 로봇(로봇 서빙, 청소, 위치 안내, 사물 인터넷 활용, 드론, 인터랙티브 콘텐츠) 등
자치 · 적응 활동	• 민주시민으로서의 다양한 활동에 능동적으로 참여하여 공동체 의식을 함양한다. • 학년 초 규칙을 준수하고, 타인과의 원만한 대인관계를 형성하며 기본 생활 습관을 함양한다.	• 민주적 의사 결정 예) 학급 회의 운영, 학급 협동 놀이 및 프로젝트, 학급 규칙 제정 및 실천, 반대 의견 수용 및 문제 해결 활동, 리더십 활동 등 • 자기 옹호 활동 예) 도움 요청, 자기주장과 선택 활동, 요구 및 거부 의사 표현, 자신의 강점 소개 및 대중 스피치 기술, 스트레스 해소 기술 등 • 건전한 신체상과 성 정체성 예) 자신의 신체 변화에 대한 이해, 신체 보호 방법 실천, 남자와 여자의 신체적 특징과 성 정체성 역할극 등 • 입학, 학년 초기 및 학교급 전환기의 학교생활 적응 예) 학교 일과 계획 및 실천, 학교 시설 위치 및 편의 시설 이용 방법 습득, 교실 물건 사용 방법 익히기, 또래 사귀기 등 • 기본 생활 습관 형성 예) 교실 착석 익히기, 학교 복도와 계단 질서 준수, 선생님과 친구에 대한 인사 예절, 학교와 공공장소에서 질서 지키기, 화장실 사용 예절, 스마트폰 사용 예절, 일상생활 예절 준수 등 • 주변 사람들과 관계 맺기 예) 상대의 감정 구별하기, 상황에 적절한 행동 익히기, 상호 작용 시작 및 반응 행동 습득, 또래와 우정 쌓기, 약속 준수 활동 등 • 교사 및 친구를 돕는 배려와 양보 실천 예) 필요한 상황에서 친구 돕기, 학교 실내외 공기 정화 및 쓰레기 줍기, 학교 동 · 식물 보호 활동 등

(2) 동아리

활동	활동 목표	활동 내용 및 예시
예술·문화·스포츠 활동	• 예술 활동을 통해 다양한 표현력을 키우고 이를 생활 속에서 활용하여 심미적 감성 역량을 함양한다. • 세계 각국의 문화 체험을 통해 타문화에 대한 이해를 함양한다. • 스포츠 활동 참여를 통해 건강한 신체 유지, 상호 협력 및 소통 역량을 함양한다.	• 미술 활동 예) 그리기, 만들기, 창의 미술, 명화 패러디, 캘리그래피, 협동 미술, 전통 미술, 사진 등 • 음악 활동 예) 가창, 합창, 난타 및 타악기 연주, 전자 악기 연주, 합주, 우쿨렐레, 음악 놀이, 전래동요, 음악 감상(클래식, K-POP, 영화음악 등), 사물놀이 등 • 문화 체험 활동 예) 전통문화, 세계 문화, 다문화 등 • 체육 활동 예) 생활체육(인라인스케이트, 볼링, 탁구, 배드민턴, 게이트볼, 점핑 등), 뉴스포츠(티볼, 플라잉디스크 등), e-스포츠 댄스 등 • 놀이 활동 예) 보드게임, 공동체 놀이, 전통 놀이, 인터넷 게임 등
생활실습 활동	• 개인의 관심과 적성에 기초한 가사, 생산, 공예 활동을 통해 일상생활에 필요한 기초 능력과 기술을 함양한다.	• 가사 활동 예) 요리 교실, 제과제빵, 정리수납, 조립하기, 바리스타 등 • 생산 활동 예) 생활원예, 텃밭 가꾸기, 반려동물 기르기 등 • 공예 활동 예) 종이공예, 흙 놀이, 토탈 공예, 스탬프 아트 등
단체·봉사 활동	• 교내·외 단체 활동을 통해 더불어 살아가는 사회의 중요성을 인식하고 소속감과 연대감을 함양한다. • 주어진 환경과 자원을 보호할 수 있는 나눔과 봉사를 실천할 수 있는 시민성을 함양한다.	• 교내·외 단체 활동 예) NGO활동(예: 독도지킴이), 야영 활동, 동물 체험 활동, 지역사회 참여 활동, 유소년 및 청소년 단체 활동, 스카우트 활동, 국토 순례 활동 등 • 봉사 활동 예) 달리며 쓰레기 줍기(플로깅), 자연 보호 캠페인, 생태 숲 걷기, 유기견 보호 활동, 또래 상담, 위문 활동, 도시락 배달 활동 등
정보통신 기술 활동	• 급변하는 사회에 적응하기 위한 다양한 정보통신기술을 익히고 이를 일상생활에 실천함으로써 사회 적응 능력을 함양한다.	• 디지털 소양 교육 활동 예) 사이버 지킴이(예: 사이버 폭력, 인터넷 윤리), 파워포인트, 워드프로세서, 로봇 코딩 및 제작, 블록 언어 등

활동	활동 목표	활동 내용 및 예시
		• 정보통신기술 활용 활동 예) 스마트폰 및 태블릿, 증강현실(AR) 및 가상현실(VR) 체험, 3D 펜과 입체물, 무인단말기, 인공지능, 스마트 앱(Smart App), 드론 등

(3) 진로

활동	활동 목표	활동 내용 및 예시
자기 이해 활동	• 생애 주기에 따른 나의 모습을 다양한 활동을 통해 자기 이해를 증진하고 이를 바탕으로 긍정적인 자아 정체성을 형성한다.	• 나의 이해/나의 발견과 탐색 활동 예) 내가 좋아하고 잘하는 일 찾기, 나의 성격과 강점 알아보기, 나의 흥미와 적성 알아보기, 생애 주기별 직업 및 흥미 찾기, 생애 주기별 나의 모습 표현 등 • 나의 역할 활동 예) 가정에서 부모님을 도울 수 있는 일 찾기, 학급에서 나의 1인 1 역할 찾기, 지역사회에서 내가 할 수 있는 흥미로운 일 조사 등
진로 인식 및 탐색 활동	• 다양한 직업의 특성을 이해하여 자신의 진로와 관련된 긍정적인 직업 가치관을 확립한다.	• 직업 인식 및 탐색 활동 예) 가족과 친척의 직업 알아보기, 지역사회 사람들의 직업 조사, 관심 있는 직업 찾기, 다양한 직업군 조사, 가상현실(VR) 직업 선택 등 • 진학 인식 및 탐색 활동 예) 졸업 후 나의 모습 표현, 상급 학교 조사, 진학사례 공유, 가상 모의 면접 실시, 지역사회 내 복지관 및 대학 내 평생교육기관 탐방 등 • 진로 및 여가생활 탐색 활동 예) 직업 관련 검사 참여, 온라인 진로 검사 참여, 지역사회 내 여가활동 유형 조사, 여가생활 경험 나누기, 여가생활 규칙 준수, 지속가능한 생태 보전 활동 참여 등
진로 체험 및 계획 활동	• 다양한 진로 활동에 참여하여 여가 생활을 계획하고 성인 생활을 위한 직업기술을 함양한다. • 자신의 진로와 연관된 여가와 직업을 체험하여 희망하는 진로를 설계하고 실천한다.	• 나의 미래 활동 예) 인공지능과 미래 다양한 직업 조사, 미래의 나의 직업 선택하여 역할극 및 발표, 미래 자신의 이력서 및 명함제작 등 • 직업 체험 활동 예) 가상현실(VR)직업 체험, 교내 직무체험 실습, 학교 기업 작업 체험, 교내 행정 보

활동	활동 목표	활동 내용 및 예시
		조 도우미 체험, 직장 내 여가 체험 등 • 직업 계획 활동 예) 미래 유망 직종 조사, 미래 직업을 위한 준비 기술 조사, 인공지능 로봇이 하는 일 조사, 생애 주기별(청년기, 중년기, 노년기) 가사, 직업, 여가, 지역사회 생활 청사진 구안 등

15. 일상생활 활동

활동	의사소통	자립생활	신체활동	여가활동	생활적응		
					시각중복	청각중복	지체중복
내용 요소 및 활동 내용	의사소통의 기초	신변 자립	신체 인지와 움직임	개인 여가활동	감각 지각과 활용	수용과 표현	신체 긴장도 조절
	• 다양한 소리를 듣고 반응하기 • 상대방의 말을 듣고 반응하기 • 조음을 위한 호흡과 발성하기 • 간단한 말소리로 표현하기	• 식생활 기초 기능 익히기 • 의생활 기초 기능 익히기 • 올바른 용변 습관 형성하기	• 감각 정보를 활용해 움직이기 • 감각과 근육 협응하여 움직이기 • 사물 조작하기 • 신체 보호를 위해 움직이기	• 선호하는 여가활동 탐색하기 • 취미 활동 즐기기 • 안전하고 건전하게 여가활동하기	• 자극 경험하기와 자극 유무 지각하기 • 다양한 자극 변별하기 • 감각 정보 조절하기 • 감각 단서를 기능적으로 적용하기	• 잔존 청력으로 지각하고 변별하기 • 시각과 촉각으로 지각하고 변별하기 • 간단한 몸짓과 기초 수어 익히기 • 보조공학 기기 활용하기	• 호흡과 발성 준비하기 • 볼, 입술, 턱, 구강 운동하기 • 여러 부위의 관절 조절하기
	보완대체의사소통의 탐색과 선택	자기 관리	신체 조절과 이동	공동체 여가활동	의사소통 방법의 선택과 적용	대인 관계 형성과 규범 실천	신체 동작 기초 기술
	• 다양한 실물·상징 탐색하기 • 실물·상징으로 요구하기 • 실물·상징으로 다양한 의사 표현하기 • 실물·상징으로 의사소통하기	• 개인위생 기초 기능 익히기 • 몸단장 기초 기능 익히기 • 건강한 생활 습관 기르기	• 힘 조절하기 • 균형 유지하기 • 이동하기 • 바른 자세로 신체 움직이기	• 함께 놀이하기 • 함께 여행하기 • 함께 친교 활동하기	• 신체로 의사소통하기 • 사물과 상징물로 의사소통하기	• 타인의 생각과 감정 파악하기 • 자기 생각과 감정 표현하기 • 생활 속에서 규범 실천하기	• 누운 자세와 엎드린 자세에서 운동하기 • 앉은 자세에서 운동하기 • 서기 기초 동작 수행하기 • 보조기기를 활용해 이동 동작 수행하기 • 소근육 조절하기와 사물 조작하기

	의사소통	자립생활	신체활동	여가활동	생활적응		
					시각중복	청각중복	지체중복
	의사소통의 활용	안전한 생활	생활 속 체력 증진	지역사회 여가활동	신체 조절과 이동	공동체 및 지역사회 참여	의사소통 기초 기술
	• '나'를 표현하는 의사소통하기 • 가정에서 의사소통하기 • 학교에서 의사소통하기 • 지역사회에서 의사소통하기	• 생활 속 위험 인식하기 • 위험 상황 대처 기술 기르기 • 안전한 생활 습관 형성하기	• 맨손으로 신체활동 하기 • 도구를 활용하여 신체활동하기 • 기술 융합형 신체활동 하기 • 생활 속 신체활동 실천하기	• 실내 여가 시설 이용하기 • 실외 여가활동 즐기기 • 지역 문화 행사 즐기기	• 자신의 신체와 움직임 인식하기 • 이동 준비하기 • 안전하게 이동하기	• 가정생활 참여하기 • 학교생활 참여하기 • 지역사회 참여하기	• 표정과 몸짓으로 기초적인 표현하기 • 의사소통 판으로 기초적인 표현하기 • 스위치, 컴퓨터 보조기기를 이용하여 기초적인 표현하기
		자기 결정과 상호 작용					
		• 자기 욕구 인식하기와 표현하기 • 자기 감정 인식하기와 관리하기 • 다른 사람의 감정과 상황을 고려하여 상호 작용하기					

참고문헌

강현석, 유제순, 이지은, 김필성 역(2008). 거꾸로 생각하는 교육과정 개발: 이론편. 교과에 대한 진정한 이해를 목적으로. Wiggins, G. & McTighe, J. 저. Understanding by design (2Eds). 서울: 학지사.

강현석, 이지은, 배은미(2019). 최신 백워드 교육과정과 수업설계의 미래. 서울: 교육과학사.

경기도교육청(2016). 교사의 교육과정문해력 신장. 교육과정정책과 제2017-15호.

경남특수교육원(2015). 행복한 배움 중심 특수교육 수업 만들기. 66~84.

경상남도교육청(2018). 교사 수준 교육과정-실천편. 경남교육 2018-315.

교육부(2015). 기본 교육과정. 교육부 고시 제2015-81호. [별책 3].

교육부(2015). 특수교육 교육과정 총론. 교육부 고시 제2015-81호. [별책 1].

교육부(2018). 2015 특수교육 교육과정 해설서(2018-151).

교육부(2021). 국가교육위원회 설치 및 운영에 관한 법률. [법률 제18298호, 2021.7.20., 제정].

교육부(2022). 2015 개정 특수교육 교육과정 총론 해설서. 교육부 고시 제2015-81호(고시 제 2022-3호 일부개정 포함).

교육부(2022a). 2022 개정 교과 교육과정 개발 방향과 기준. 국민참여소통채널.

교육부(2022). 2022 개정 특수교육 교육과정 질의・응답 자료(2022.12.22.).

교육부(2022). 문화·예술·디자인·방송 전문 교과 교육과정. 교육부 고시 제2022-33호. [별책 25].

교육부(2022). 기본 교육과정. 교육부 고시 제2022-34호. [별책 3].

교육부(2022). 특수교육 교육과정 총론. 교육부 고시 제2022-34호. [별책 1].

교육부(2023). 유아교육법. [법률 제19737호, 2023.9.27., 일부개정].

교육부(2023). 초・중등교육법. [법률 제19738호, 2023.9.27., 일부개정].

국립특수교육원(2021). 장애학생을 위한 교과연계 교수・학습 보완자료 교육과정 재구성.

권요한, 윤광보, 이만영, 정희섭, 김원경, 정은희, 김요섭(2012). 특수교육 교육과정론. 서울: 학지사.

권택환, 강대식, 김상선, 김은주, 서혜정, 신재한, 신재훈, 이점조, 임문택, 정경렬, 하미애(2010). 특수교육 교과교육론: 수업모형에 따른 지도의 실제. 파주: 양서원.

김대현(2014). 교육과정의 이해. 서울: 학지사.

김동인(2022). 특수교사의 교사 수준 교육과정역량 평가도구 개발 및 연수 프로그램 구성과 효과. 조선대학교 대학원 박사학위 논문.

김동인, 정은희(2022). 특수교사의 교사 수준 교육과정 개발 연수 프로그램 구성과 효과. 한국청각・언어장애교육연구, 13(3), 97-118.

김새봄, 최성록, 정소정(2015). 교실 속의 고장, 고장 속의 교실. 2015. 경남 수업연구교사 발표대회 1등급.

김선, 반재천, 박정(2018). 수행평가와 채점기준표 개발. 대전: 도서출판 AMEC.

김세영(2015). 초등교사의 교육과정 리터러시에 관한 실제적 접근. 한국교원대학교 대학원 박사학위 논문.

김영미, 김혜리, 김정미, 한경화(2016). 교육과정 재구성에 관한 실태 및 특수교사의 인식과 지원 요구. 교육혁신연구, 26(3), 335-363.

김영미, 김혜리, 한경화, 김정미, 김아영(2018). 특수교육 교육과정 재구성. 파주: 교육과학사.

김은영(2023). 개념기반으로 설계된 교육과정 분석: 2022 개정 교육과정 '공통국어1 · 2'와 IBDP '언어A:언어와 문학' 중심으로. 인하대학교 대학원 석사학위논문.

김정미(2014). 제5회 전국 교사의 창의적 수업사례 공모전 특수학급 수업사례: 교과 통합 '생활 기능 중심'의 교육과정 재구성(한국교원대학교, 최우수).

김정미(2017). 제8회 전국 교사의 창의적 수업사례 공모전. 특수학교 수업사례: 선택 중심 교육과정 '공예' 중심 교과 통합 교육과정 재구성(한국교원대학교, 최우수).

김현규, 정광순(2018). 교육과정 자료 사용자로서 교사와 교육과정 자료 개발로서 교사 개념 탐색. 통합교육과정연구, 12(3), 49-72.

나미란(2022). 개념 기반 초등 역사교육과정 내용 선정과 조직. 한국교원대학교 대학원 박사학위 논문.

민윤(2023). 사회과 역사수업에서 초등교사의 교수내용지식에 대한 이해. 한국교원대학교 대학원 박사학위 논문.

박수원, 심성호, 이동철, 이원님, 임성은, 임재일, 정원희, 최진희(2020). 교사 교육과정을 디자인하다. 서울: 테크빌교육.

박현숙, 이경숙(2014). 어! 교육과정? 아하! 교육과정 재구성. 맘에드림.

법제처(2022). 장애인 등에 대한 특수교육법. [법률 제18992호, 2022.10.18., 일부개정].

서울교육정책연구소(2021). 생태전환교육의 현장 적용 실태 분석 및 활성화 방안 연구.

세종누리학교(2023). 학교교육과정 운영계획.

온정덕, 윤지영 역(2019). 생각하는 교실을 위한 개념기반 교육과정 및 수업. Ericson, H. L., Lanning, L. A., & French, R. 저. Concept Based Curriculum and Instruction for the Thinking Classroom (2Eds). 서울: 학지사.

유영식(2023). 2022 개정 교육과정 기반 교사 교육과정과 수업 디자인. 서울: 테크빌교육.

윤성한(2016). 교육과정 재구성과 수업디자인. 파주: 교육과학사.

이경원(2014). 교육과정 콘서트. 행복한미래.

이성대 외(2015). 프로젝트수업 교육과정을 만나다. 행복한미래.

이유훈, 김형일, 정동영, 정희섭(2016). 특수교육 교육과정. 파주: 교육과학사.

이유훈, 정동영, 김형일, 정희섭(2023). 특수교육 교육과정 4판. 파주: 교육과학사.

임재일(2020). 초등학교 교사 수준 교육과정기준 개발 연구. 고려대학교 대학원 박사학위논문.

전병운, 유재연(2009). 특수교육과 교과교육. 파주: 교육과학사.

정광순, 홍영기, 강충열(2012). 2009 개정 교육과정에 따른 초등학교 통합교과교육론. 서울: 학지사.

조재식(2005). 백워드(backward) 교육과정 설계 모형의 고찰. 교육과정연구, 23(1), 63-94.

조호제, 김자영, 김정윤, 김현정, 노선임, 문향숙, 박은하, 안희숙, 이경미, 최성이, 최은아(2022). 2022 개정 교육과정에 대비한 개념 기반 교육과정 및 평가의 이론과 실제. 서울: 박영스토리.

한경임, 한경화(2019). 교육과정 재구성과 학생 수행평가에 대한 특수교사의 인식과 실태 및 지원 요구. 교육혁신연구, 29(2), 271-295.

한경화(2017). 거꾸로 보는 「해 · 달 · 별 인권교육프로그램」을 통한 고등학교 장애학생들의 인권존중 의식 함양. 61회 현장교육연구대회, 한국교원총연합회.

한혜정(2023). 총론과 각론의 연계 관점에서 2015 개정과 2022 개정 각론 개발 지침 비교 · 분석 및 시사점 고찰. 학습자중심교과교육연구, 23(5), 367-385.

홍후조(2017). 알기쉬운 교육과정 2판. 서울: 학지사.

홍후조, 조호제, 김자영, 민부자, 배난희, 안희숙, 임유나, 임재일, 최은아(2021). 교실로 ON 최신 교육과정 재구성의 이론과 실제. 서울: 박영스토리.

Ericson, H. L. & Lanning, L. A. (2014). Transitioning to Concept-Based Curriculum and Instruction: How to bring content and process together. Thousand Oaks, CA: Corwin.

McTighe, J. & Wiggins, G. (2004). Understanding by design: Professional development workbook(p.30). Alexandria, VA: Association for Supervision and Curriculum Development.

Shulman, L. S. (1987). Knowledge and Teaching: Foundation of the New Reform, in A. C. Orstein & L. S. Behar(ed.), Contemporary Issues in Curriculum, Massachusetts: Allyn and Bacon.

찾아보기

저자 약력

김영미
부산대학교 대학원 특수교육학과 지체장애 전공(특수교육학 박사)
현재 광주여자대학교 특수교육과 교수

김혜리
일본 히로시마대학교 대학원 장애아교육과 중도중복장애교육 전공(교육학 박사)
현재 중부대학교 초등특수교육과 교수

한경화
창원대학교 대학원 특수교육학과 지체중복장애 전공(교육학 박사)
현재 경상남도교육청 장학사

김정미
공주대학교 대학원 특수교육학과 지적장애 전공(교육학 석사)
현재 세종누리학교 특수교사

김동인
조선대학교 대학원 특수교육학과 언어 · 청각장애 전공(교육학 박사)
현재 나주교육지원청 특수교육지원센터 특수교사

2022 개정 특수교육 교육과정 기반
특수교육 교육과정 재구성(제2판)

2018년 3월 5일 1판 1쇄 발행
2019년 3월 5일 1판 2쇄 발행
2024년 2월 28일 2판 1쇄 발행
2025년 8월 30일 2판 3쇄 발행

저자와의 협의하에 인지생략

저 자: 김영미, 김혜리, 한경화
김정미, 김동인
발행자: 한 정 주
발행처: 교 육 과 학 사

경기도 파주시 광인사길 71
전화 (031)955-6956~8/팩스 (031)955-6037
Home-page: www.kyoyookbook.co.kr
E-mail: kyoyookbook@daum.net
등록: 1970년 5월 18일 제2-73호

낙장 · 파본은 교환해 드립니다.
Printed in Korea.

정가 17,000 원
ISBN 978-89-254-1867-4